公共管理研究文库

中国养老服务PPP项目风险管理研究

刘瑞莲　著

中国财经出版传媒集团
中国财政经济出版社

图书在版编目（CIP）数据

中国养老服务 PPP 项目风险管理研究 / 刘瑞莲著. --北京： 中国财政经济出版社，2021. 12

（公共管理研究文库）

ISBN 978 -7 -5223 -0934 -7

Ⅰ. ①中… Ⅱ. ①刘… Ⅲ. ①政府投资 - 合作 - 社会资本 - 应用 - 养老 - 社区服务 - 研究 - 中国 Ⅳ. ①D669. 6

中国版本图书馆 CIP 数据核字（2021）第 232866 号

责任编辑：李筱文　　责任校对：张　凡

封面设计：思梵星尚　　责任印制：党　辉

中国养老服务 PPP 项目风险管理研究

ZHONGGUO YANGLAO FUWU PPP XIANGMU FENGXIAN GUANLI YANJIU

中国财政经济出版社 出版

URL：http：//www. cfeph. cn

E - mail：cfeph@ cfeph. cn

社址：北京市海淀区阜成路甲 28 号　邮政编码：100142

营销中心电话：010 - 88191522

天猫网店：中国财政经济出版社旗舰店

网址：https：//zgczjjcbs. tmall. com

北京财经印刷厂印刷　各地新华书店经销

成品尺寸：170mm × 240mm　16 开　16 印张　228 000 字

2021 年 12 月第 1 版　2021 年 12 月北京第 1 次印刷

定价：65. 00 元

ISBN 978 - 7 - 5223 - 0934 - 7

（图书出现印装问题，本社负责调换，电话：010 - 88190548）

本社质量投诉电话：010 - 88190744

打击盗版举报热线：010 - 88191661　QQ：2242791300

本书受到教育部人文社会科学研究《政府补贴政策下收益——风险机制对医养结合养老服务公私合作治理的影响研究》项目资助（项目批准号：20YJC630088）

山西财经大学公共管理研究文库资助，谨致谢意！

前　言

PPP 是 Public – Private Partnerships 的缩写，意为政府和社会资本合作。PPP 作为一种制度安排，利用公共部门与私人部门建立的公私伙伴关系来向社会共同提供公共产品或服务，它强调收益共享、风险共担，是实现国家治理体系和治理能力现代化的重要手段。

随着我国老龄化程度加深，基本养老服务压力不断加大，PPP 模式应用于养老服务领域，对于实现政府职能转变，完善财政投入和管理方式，提升养老服务供给效率，形成多元化养老服务投资渠道可以起到非常大的推动作用。然而养老服务 PPP 项目通常投资金额较大、合同周期长，不但需重视养老服务 PPP 项目建设中的公私合作绩效，更需要在项目运营阶段充分发挥利益相关方的作用来向特殊人群，即老年人提供优质的养老及医疗服务，这在一定程度上促进养老服务 PPP 项目不同合作方之间信息交叉程度、相互依存度进一步加深，实施过程的复杂性及高难度性进一步提升，风险发生概率和危害程度进一步增加。近几年，我国政府在养老服务领域不断推动公私合作发展，养老服务 PPP 项目数量逐年增加，投资额度逐年增长，养老服务 PPP 项目的风险管理也逐步成为大家关注的重点。因为政府部门与私营部门在养老服务领域对于养老项目的终极目标不同，双方对风险分担和收益分配等方面要求也存在差别，且 PPP 本身存在非常复杂的交易结构，往往会导致整个养老项目的约束条件增加；还因为公私双方地位往往存在不平等，很多时候私营部门会被迫接受政府部门提出的苛刻要求，造成私营部门在项目中的风险加大；政府还由于受到财政预算的约束，在养老服务 PPP 合同有效期内会出现政府付费或是补贴承诺超出政府承受能力的现象，进而形成财政支付风险等问题。这些实际情况无形中都加大了政府与社会资本合作的难度，增加了养老服务 PPP 项目风险发生的可能性，导致一些养老服务 PPP 项目无法正常进行。如何让政府在整个养老服务 PPP 项目中“物有所值”，让社会资本投资后“盈利但不暴利”，如何在降低政府财政压力、吸引社会资本参与、提升养老服务供给品质、扩大社会福利的同时控制养老服务 PPP 项目风险、实现风险合理分担、增加合作收益，都需要通过养老服务 PPP 项目风险管控措施来进一步实现这些目标，达到养老服务 PPP 项目顺利进行的目的。因此，开展养老服务 PPP 项目风险管理研究，对于推进我国养老服务 PPP 项目开展具有非常重要的理论价值与实践指导意义。

本书首先通过查阅和分析大量国内外有关养老服务 PPP 项目风险管理的相关文献，在对此基础上研究发现，PPP 不但强调公私合作本身，它更强调把合同作为主要法律依据，围绕公共服务建立起一种风险共担、利益共享的长期合作关系；在当前我国地域辽阔、城乡发展极不平衡的环境下，利用 PPP 模式来创新优化养老服务供给，激发养老服务市场民营资本的活力，满足更多老年人多样化养老服务需求，一定程度上决定了我国不能完全照搬国外 PPP 制度；我国养老服务 PPP 项目风险管理过程中既要积极借鉴国外的先进经验，更要与我国的实际国情相结合，从多角度去思考养老服务 PPP 项目风险管理就显得尤为重要。其次，通过 PPP 理论、博弈论、风险分担理论分析，挖掘养老服务 PPP 项目风险管理的理论渊源，为深入开展养老服务 PPP 项目风险管理论证奠定了理论基础；在分析养老服务 PPP 项目风险管理内涵、外延、特征及应用方式的基础上，明确养老服务 PPP 项目风险管理要延伸到制度和治理层面，兼顾公平与效率，进行风险分配及管理，从而实现“物有所值”的公私合作绩效最优；通过分析中国养老服务业发展困境，对 PPP 模式支持中国养老服务业的必要性、可行性以及 PPP 模式应用于养老服务业的应用条件进行阐述，探讨养老服务领域应用 PPP 模式的优势和劣势，以及 PPP 模式应用于养老服务业亟待解决的问题。再次，通过对中国社区居家养老服务 PPP 项目、医养结合服务 PPP 项目及机构养老服务 PPP 项目发展现状分析，获得了阻碍养老服务 PPP 项目风险管理执行的原因；基于这些原因，分析养老服务 PPP 项目风险特征，推断养老服务 PPP 项目风险形成机制，并获得了影响养老服务

PPP 项目成败的 42 个风险因素，并对这 42 个风险因素进行了层级归纳和后果分析；然后利用两次德尔菲调研评估养老服务 PPP 项目中 42 个风险的发生概率、危害程度及影响程度，并利用建立的养老服务 PPP 项目风险指数矩阵，划分所有风险因素的风险等级。最后，通过对养老服务 PPP 项目主要利益相关方的行为和目的分析，构建不完全信息下的讨价还价博弈模型，并确定养老服务 PPP 项目的风险分担方案；通过对养老服务 PPP 项目运作模式的设计与选择来作为防范养老服务 PPP 项目风险的首要措施，达到管理和控制养老服务 PPP 项目风险控制的目标；提出在养老服务 PPP 项目风险治理中，可以利用征信机制、收益平衡机制、退出机制三个途径来实现风险预防、风险补偿和风险规避。

本书利用项目风险管理的研究框架，分析了养老服务 PPP 项目可能面临的各类共性风险，评估了风险发生概率和危害程度，提出了养老服务 PPP 项目风险防范措施和治理路径。对促进中国养老服务 PPP 项目风险管理发展规范化、标准化以及明确政府部门、私人部门在养老服务 PPP 项目中风险分担、角色分工具有重要的意义。

2021 年 11 月

Preface

PPP is the abbreviation of Public-Private-Partnership, which means cooperation between government and social capital. PPP is an institutional arrangement in which the public sector provides public goods or services with the private sector. The PPP model emphasizes revenue sharing and risk allocation, and it is an important means to achieve the modernization of the national governance system and governance capacity.

As China's Deepening of aging, the pressure on basic old-age services continues to increase. The PPP model is applied in the area of old-age service, which can transform government functions, perfect financial input and management methods, improve the efficiency of old-age services supply, and form a diversified investment channel for old-age services. However, the PPP project for the old-age service usually has a large investment amount and a long contract period. It not only needs to pay attention to the public-private partnership performance in the construction of the PPP project, but also the stakeholders need play the role to provide High-quality old-age care and medical services to old people in the operation stage , which lead to the deepening of information cross-linking and interdependence among different partners of the PPP project, the complexity and difficulty of the implementation process are further enhanced, the probability of occurrence and the degree of harm will increase. In recent years, the Chinese government has continuously promoted the development of public-private partnerships in the field of aged care services. The number of PPP projects for old-age services has increased year by year, and the amount of investment has increased year by year. It is important to manage the risk for old-age service PPP projects , Because the government and the private sector have different goals for the old-age care project , there are also differences in the requirements for risk sharing and income distribution and PPP itself has a very complicated transaction structure, which often leads the constraints Conditions of the aged service PPP project to increase, also because of the inequality of public and private status, the private sector will be forced to accept the demanding requirements of the government, causing the private sector to increase the risk of the project; government is also constrained by the budget. When the government's payment or Subsidy Commitments exceed the government's affordability, financial payment risk will form. These facts increase the difficulties and risk of cooperation between the government and private sector, leading to some PPP projects of aged services can not be carried out normally. Therefore, it is a theoretical value and practical significance to carry out the risk management research for promoting the development of PPP project of aged service in China.

Firstly, through consulting and analyzing a large number of domestic and foreign literature on risk management of PPP project for the aged service, this book finds that PPP not only emphasizes the public-private cooperation itself, but also emphasizes the contract as the main legal basis, and establishes a long-term cooperative relationship of risk-sharing and benefit-sharing around the public service. At present, It is an unbalanced development of urban and rural at aged care services in China, we should use PPP model to optimize the old-age service system, improve the quality of supply of old-age service, so our country can not completely copy the foreign PPP system, in the process of risk management of PPP project of old-age service in China, we must not only actively learn from the advanced experience of foreign countries, but also consider the actual national conditions of our country. Secondly, through the PPP theory, game theory and risk sharing theory analysis, the theoretical origin of risk management of PPP project for aged care service is explored, which lays a theoretical foundation for the in-depth implementation of risk management demonstration of PPP project for aged care service; Based on the analysis of the connotation, extension, characteristics and application methods of PPP project risk management, it is clarified that the PPP project risk management should be extended to the system and governance level, taking into account fairness and efficiency to carry out risk allocation and achieve the "good value for money". By analyzing the development dilemma of China's old-age service industry, it is expounded about the necessity and feasibility of PPP mode to support China's old-age service industry and the application conditions of PPP mode for the aged service industry, and it is discussed about the advantages and disadvantages of applying PPP mode in the field of aged care service. There are some problems to solve about The PPP model. Thirdly, through the analysis of the development situation of the PPP project of the Chinese community-home care service, the PPP project of the medical care and the PPP project of the aged institutional service, the reasons for hindering the implementation of the risk management of the PPP project for the aged care service are obtained; Based on these reasons, this paper analyses the risk characteristics of PPP project of old-age service, infers the risk formation mechanism of PPP project of old-age service, and obtains 42 risk factors influencing the success or failure of PPP project of old-age service, and carries out hierarchical induction and consequence analysis of these 42 risk factors. Then, it evaluates the occurrence probability and harm process of 42 risks in PPP project of old-age service by using two Delphi surveys. and using the PPP project risk index matrix to divide the risk level of all risk factors. Finally, through the analysis of the main stakeholders, the bargaining game model under incomplete information is constructed, and it is determined about the risk sharing plan of the PPP project of the aged care . Then the paper adopt the new design for the PPP project operation mode to prevent the risk of PPP project of the aged care service, and it is utilized that in the risk management of the PPP project of the aged care service about the risk prevention - credit enhancement mechanism, risk compensation - income balance mechanism, risk avoidance - exit mechanism.

This book uses the research framework of project risk management to analyze the common risks that the PPP project may face, evaluate the probability of risk and the degree of harm, and propose the risk prevention measures and governance path of the PPP project for the old-age service. It is of great significance to promote the standardization of risk management development of PPP projects in China's old-age services, and to clarify the risk sharing and different role of government departments and private departments in the PPP project of old-age services.

目 录

第 1 章

绪　论

1.1 研究背景及意义

1.1.1 研究背景

(1) 老龄化程度加深，基本养老服务压力加大

民政部《2017 年社会服务发展统计公报》显示①，中国 60 岁及以上老年人口到 2017 年年底达到 2.4 亿，占到全中国人口的 17.3%，而 65 岁及以上老年人口也大约为 1.6 亿。其中 2682.2 万老年人享受高龄补贴，61.3 万老年人享受护理补贴，354.4 万老年人享受养老服务补贴，均比 2016 年有所增长。与此同时，全国各类养老服务机构和设施比上年增长 10.6%，达到 15.5 万个，其中社区养老服务机构和设施增长最快，比 2016 年增加 0.8 万个，各类养老床位达到 744.8 万张，比上年有所增长，但床位年增速趋缓。有学者预测，2050 年我国老龄人口将达到 5.25 亿，占我国总人口数的 32%（张荣艳等，2013）。如此严峻的现状，越发突显我国养老服务需求与供给之间的矛盾。如何在老龄化、高龄化、空巢化进一步扩大的趋势下，满足老年人多元化、个性化、差异化的养老服务需求，提升老年人对养老服务供给的整体满意度，将成为当前以及未来很长一段时间需要解决的难题。而 PPP 模式应用到养老服务领域，对于突破这一难题不失为一个积极的探索尝试。一方面，可以利用社会资本的资金来缓解政府财政压力、增加养老服务社会供给；另一方面，可以利用社会资本的管理优势来不断提升养老服务机构和设施的综合服务能力，推动我国养老服务体系可持续发展。

---

① 中华人民共和国民政部网站，http://www.mca.gov.cn/article/sj/tjgb/2017/201708021607.pdf。

（2）政府部门积极倡导推动，养老PPP项目不断涌现

近几年，我国政府出台大量政策来推动养老服务领域的公私合作。在这些政策中，不但鼓励民间资本参与居家和社区养老服务、机构养老服务、医养结合养老服务等项目的融资、建设和运营，还对养老服务领域推广运用政府和社会资本合作模式进行了详细说明，提出PPP模式适用于养老服务领域的经济条件、市场条件及判断标准，为优化养老服务资源配置，营造公平、公正、规范的公私合作发展环境，创新养老服务PPP模式提供了发展方向。由此可见，从政府的角度来讲，希望通过PPP方式来发展中国的养老服务业，推动养老服务公私合作常态化是显而易见的。我们对财政部全国PPP综合信息平台项目管理库2018年三季度报中关于养老PPP的项目数据进行了分析①，截至2018年9月末，我国养老类PPP项目共有188个，其中管理库中已完成物有所值评价和财政承受能力论证的养老服务PPP项目共计105个，占管理库项目总数的1.3%；而储备库中尚未完成物有所值评价和财政承受能力论证的养老服务PPP项目共有83个。从养老服务PPP项目地域分布来看，目前管理库中养老服务PPP项目主要集中在我国东部地区（如山东、江苏、浙江）、中部地区（如河南、湖南）以及西南地区（如云南、贵州），上海、天津、海南目前还没有一个项目，布局存在严重不均衡；从实施阶段来看，养老PPP项目识别阶段项目数为83个，准备、采购、执行三个阶段项目数总和为105个，移交阶段项目数为0，管理库养老PPP项目入库数目为55个，落地率为52.4%；从养老PPP项目所属行业来看，综合养老项目排第一位；从投资总量来看，养老服务PPP项目投资总额为810亿元，占管理库总投资额的0.7%；从养老服务项目实际运作来看，尽管每个养老PPP项目的资本金要求比例不同，涉及的投资收益水平不同，但社会资本高昂的前期投入是必不可少的，这一定程度上会影响社会资本方的投资意愿，加大政府与社会资本合作的难度，产生更多养老服务PPP项目运行风险。

---

① 财政部政府和社会资本合作中心网站，http：//www.cpppc.org/zh/pppjb/7450.jhtml。

（3）养老服务 PPP 项目需要风险管控

尽管绝大多数专家和项目管理者都承认，通过 PPP 模式可以实现把政府所要承担的风险向私营机构转移，与此同时降低政府部门的管理成本，解决政府预算不足的困境，提供更高质量的公共产品和服务等。但是，没有一个项目建设是没有风险的。过去由政府单独承担的项目都要面临成本超支、工期超期、质量安全不佳、环境效果不良等诸多风险，更不用说一些 PPP 项目所暴露出的复杂性和更高风险问题（Chen 和 Doloi，2008）。一方面，我们需要利用 PPP 模式进一步扩大养老服务融资渠道，减轻政府在养老服务领域的财政支出压力；另一方面，我们要利用合作优势防范风险，防止政府部门趋向于将更多的风险转移给私营部门，最终导致养老服务 PPP 项目失败。养老服务 PPP 项目通常投资金额较大、合同周期长，不但需重视项目建设，更需在运营阶段向特殊人群——老年人提供优质的养老及医疗服务，这在一定程度上增加了养老服务 PPP 项目实施过程的复杂性及高难度性，使养老服务 PPP 项目不同阶段、不同合作方之间信息发生重合、互相依赖情况也变得突出，这也导致了养老服务 PPP 项目在识别、准备、采购、执行、移交等阶段风险难度随之增加。近几年，随着 PPP 在养老服务领域的运用和发展，其关注的重点已发生了转移，如何让政府在整个养老服务 PPP 项目中“物有所值”，让社会资本投资后“盈利但不暴利”，一个驱动因素就是风险转移和风险分担，即通过风险向最有控制能力一方的转移来实现风险的合理分配，通过有效的风险管控，保证养老服务 PPP 项目的成功。

1.1.2 研究意义

随着 PPP 模式在我国养老服务业中的应用范围越来越广，养老服务 PPP 项目运行实施的数量也逐步增加，其中风险管理问题就越发显得重要了。虽然通过政府和私人部门共同合作的方式来提供养老服务顺应了经济新常态下养老服务业供给侧改革的新要求，转变了必须由政府来提供养老服务的传统思维，为更多的主体参与养老服务市场化建设提供了契机和方向，但是 PPP 本身复杂的交易结构，多重委托代理以及资本天生的逐利行为都为政府和社会资本合作带来了另外形式的风险；而且整个 PPP 项目从立项决策、融资、设计、建设、运营到项目中止，出于对养老服务产品的公益性和正外部性的考量，各参与方表现出了不同收益预期和风险分担要求，这也使政府和企业在 PPP 养老项目中面临的风险与其他工程项目相比更具复杂性。综上所述，如何对养老服务 PPP 项目进行风险识别、风险评估、风险分担和风险治理问题就变得尤其重要。截至目前，我国养老服务 PPP 项目风险研究还处于初级阶段，因此选取“中国养老服务 PPP 项目风险管理研究”作为题目进行研究，就是要利用风险管理理论来对中国养老服务 PPP 项目进行相关风险分析，通过研究政府部门和私营部门在养老服务领域的投资收益期望、参与管理程度、风险承担等方面的追求及偏好，完善养老服务 PPP 项目中公私双方的风险分担机制，减少风险控制及管理过程中对待风险所表现的直观性、主观性和易变性（Lam 等，2007），帮助 PPP 各参与方理顺关系，减少项目运作过程中风险发生概率，以达到养老服务 PPP 项目安全运行的目标。

1.2 国内外相关研究综述

1.2.1 养老服务 PPP 项目风险管理国外研究综述

PPP 模式被世界上越来越多的国家利用来提供基础服务设施，尤其是应用在债务负担较重的国家中。但不同国家的经验表明，经济基础设施（如公路、电力、港口等）通常会获得私人部门的重点关注，而社会基础设施（如医疗保健和教育）却很难获得 PPP 模式的应用，这主要包含三个原因：第一，经济基础设施中公路、铁路、港口和电力可能具有较高的经济效益，回报率对私营部门具有吸引力；第二，经济基础设施项目中用户收费通常更可靠；第三，经济基础设施项目的建设和运营及维护通常会比社会基建项目更适于市场维护（Schwartz 等，2008）。所以，在很多国家，需要投入金额非常巨大的经济基础设施类 PPP 项目等长期性资产，得到政府的积极推行，在学术界和政界等都受到了极大的关注，目的就是通过私营合作方资金的引入一定程度上缓解政府资金约束压力。当前，发达国家中澳大利亚、加拿大和美国已利用多种 PPP 类型来安排融资，英国的私人融资计划政策（PFI）也获得了丰富的经验，更不用说世界其他地区的经验，如亚洲、欧洲大陆和南美洲（Garvin，2009）。

因为受国家预算限制，英国政府在健康和社会护理服务领域面临越来越大的压力，需要以更低的成本、更高的质量来提供健康和社会护理服务，而通过私营部门来提供更多的资金和优质服务的方法，被视为解决方案的主要部分，但在评估私人与公共部门提供方法的相对优点时，风险可能是一个重要的区分因素（Asenova 等，2007）。英国当前医疗健康护理类的 PFI 项目无论是在数量、资本价值和规模方面都在增加，因此采用程度不同的风险评估及管理技术是非常重要的经验。例如，使用风险清单和风险登记册来进行“风险提示”，在定价和分配任何剩余风险之前首先探讨风险规避等都是非常重要的风险管理手段（Akintoye 和 Chinyio，2005）。

公共部门和私人部门在参与 PPP 项目时存在文化和制度差异，将两者结合在一起就会因为收益分配和风险分担方面要求不同而出现合作困难，对成功的公私伙伴关系构成严重威胁（Ham 和 Koppenjan，2005）。因此，公共部门和私营部门有必要在 PPP 项目合同谈判阶段就客观识别、评估整个 PPP 项目的风险，保证风险分担的合理性和公平性（Jin 和 Doloi，2008）。其中，Grimsey 和 Lewis（2002）认为，在全球经济萎靡不振的情况下，评估基础设施 PPP 项目的风险中，评估金融环境导致的风险，特别是新兴国家的金融风险是必要的；Sfakianakis 等（2013）认为，PPP 项目政府担保可能产生政府财政赤字的实际影响，透明地评估 PPP 项目带来的公共债务风险，会优化一个国家的财政状况。当前，智利、秘鲁、南非、土耳其等越来越多的国家在利用 PPP 进行融资的过程中，评估、管理政府财政风险被越来越重视，这些国家的政府通过量化及直接管理手段来明确

PPP 项目资产负债表，并且要求 PPP 项目中政府担保内容要在中期财政框架和年度预算编制时得以体现，从而进一步控制政府在 PPP 合同有效期内产生的财务成本和风险（Duarte 和 Aslan，2014）。

尽管 PPP 模式相对于传统政府投资建设运营模式存在特殊优势，但 PPP 项目相比其他类型的项目，本身面临的风险更具复杂性。因此，PPP 项目风险研究一直是公私伙伴关系研究中的焦点。风险识别方式和技术被 PPP 项目风险管理研究广泛采用。例如，Ozdoganm 和 Birgonul（2000）对土耳其水电站 BOT（Build - Operate - transfer，建造 - 经营 - 移交）项目进行风险因素识别，共识别出六大类风险。Anna Walker 等（2015）识别了影响加纳 PPP 水项目的 20 个关键风险因素，其中前五大风险涉及外汇汇率、腐败、水盗窃、不支付账单和政治干预。Wang 等（2000）认为，中国 BOT 项目共有 50 个风险因素。Xu 等（2010）认为，中国 PPP 项目包含 34 个风险因素，其中最关键的风险因素是 17 个。Zayed 和 Chang（2002）认为，BOT 项目中私营部门面临高风险，因此需特别注意分析和管理已识别的政治、财务、收益和市场、激励、采购、建造、完工、运营风险。

评估 PPP 项目风险程度，创新 PPP 风险定性分析方法和风险定量分析方法，是 PPP 项目风险管理的另外一个研究热点。Li 和 Liu（2011）通过物元理论，确定风险评估物元矩阵，以更加精确地评估风险因素的严重程度。Kurniawan 和 Fredy（2013）通过使用综合项目评估工具（IPET）来帮助政府机构评估 PPP 项目的财务风险及财务可行性，并在五个不同的项目阶段协商 PPP 海港项目的风险分担机制。Chan 等（2018）通过开发一种模糊评估模型，评估通过 PPP 模式采购基础设施大型项目（如港珠澳大桥）的风险敞口，其中风险模糊评估模型由四个关键风险分组组成，包括建设和土地风险、商业风险、操作风险等。Chee 和 Yeo（1995）采用概率分析、敏感性分析和方差分析三种方法对发电厂 BOT 项目进行风险分析和评估，并获得风险的影响程度，其中基于影响图的 DynRisk 软件的应用，对评估项目风险起到了非常重要的作用。除了蒙特卡洛模拟、敏感性分析、模糊数学法、概率分析等方法被用来评估 PPP 项目风险，层次分析法（AHP）也被用来对 PPP 项目风险进行评估，例如 Jianbo W 等（2010）用

AHP 方法对城市轨道交通 PPP 融资项目进行风险评估。

除了风险识别与评价，风险分担也非常重要。PPP 项目中风险分担问题的决策是一个至关重要的过程，直接影响项目的及时性、成本和质量（Alireza 等，2014）。风险分担的过程，实际是公私合作双方共享利益的过程，平衡公私伙伴之间的利益和风险，遵守道德行为准则，评估伙伴关系兼容性，有效进行风险分担，利用现有的工具和流程，最大限度地发挥合作效益（Kraak 等，2011）。根据 PPP 项目风险分担原则，风险承担者需具备风险控制和管理能力，还应该愿意承担此风险。正是在这个前提下，公私双方进行风险分担。交通基础设施 PPP 项目合同中公共和私营部门之间的风险分配过程被认为是这两个利益相关者之间的讨价还价博弈过程（Medda F，2007）。显然，风险分担过程中谈判极其重要。在政府和私人部门分担风险的谈判过程中，私人部门可以利用政府提出的补偿价格来弥补自己的风险损失，进而达到风险管理的目标（Li 等，2005）。例如，在希腊，尽管 PPP 项目参与者通过经验，对风险及其愿意和能够承担的风险类型有初步认识和倾向，在确定的大多数风险中，利益相关者就优先风险分配能够达成一致意见，但更有效的风险分配框架，会在签署合同之前就制定，以减少谈判和博弈成本（Roumboutsos 等，2008）。目前已有许多研究人员通过案例研究，归纳了多种风险分担方案。例如 Alireza 等（2014）通过对马来西亚 PPP 多个案例研究，利用增强型多目标优化方法来获得公私合作项目风险分配方案。Hwang 等（2013）对新加坡 10 个已投入运营的 PPP 项目研究后认为，项目风险中有 8 个风险最好分配给公共部门，而 19 个风险可以分配给私营部门，双方共享 11 种风险，4 种风险的分配取决于项目情况。

针对整个 PPP 项目的风险管理，需重点关注公私合作的组织形式与项目实施不确定性之间的联系，因为在公私伙伴关系下，多种情景下 PPP 项目设计和运营成本的变化可能带来信息不对称、道德风险等问题（Iossa 和 Martimort，2012）。因此，在养老服务 PPP 项目风险管理中，关注 PPP 项目合同设计和缔约方激励措施的同时，政府必须考虑缔约方之间的需求风险分配，如果消费者对服务提供的偏好会随着时间的推移而改变，那么地方政府应该在 PPP 合同中对私人提供者施加需求风险（Athias 和 Laure，2013）。而苏格兰地方政府则认为，PFI / PPP 风险管理的一个关键要素是风险转移，但由于风险管理参与程度的可变性，导致苏格兰地方当局存在项目风险管理决策不良的问题。

显然，对 PPP 模式、PPP 项目风险产生原因、PPP 项目风险识别、评估、分担和管理的研究方面，国外学者及专家在理论和实证两方面都已形成较为系统的研究体系，跨学科、跨文化、跨领域的研究范式的应用正成为 PPP 风险研究领域的未来发展方向。但是具体到养老类 PPP 项目的研究在发达国家就相对较少了，这主要原因是发达国家无论是公立还是私立养老机构在建设和运营方面都非常成熟、规范，老年人的养老需求可以得到有效满足，不存在依靠公私合作的方式和手段来进行养老服务融资、建设和运营（余鹏程，2016）。虽然养老机构涉及 PPP 模式较少，但一些医疗和护理类项目却受到 PPP 追捧。例如在欧洲，PPP 模式更多用来建立和管理医院、医疗保健设施和医疗护理设施，这些和我国的养老服务领域还是有一定差别的。因此，对国内而言，我们才进入养老服务 PPP 项目风险管理的初始阶段不久，理论基础相对薄弱，国外研究者在 PPP 风险管理领域许多宝贵的研究经验为我们养老服务 PPP 项目风险管理提供了可借鉴的参考依据。

1.2.2 养老服务 PPP 项目风险管理国内研究综述

（1）近几年我国政府密集出台多项养老服务扶持政策和指导意见，支持养老服务产业发展

国家试图对我国养老服务发展做出具体规划，但落实难度较大；养老服务领域发展空间巨大，但可借鉴的成熟经验并不多。因此在养老服务领域，涉及市场参与、公私合作以及风险管理方面研究的内容主要涉及以下 4 个方面：

①关于社会养老服务体系的问题研究。面对人口老龄化，单纯依靠家

庭养老已不能适应社会化大发展，多元化养老必须加速发展，“9064”① 养老服务体系建设目标被规划实践。在完善养老服务建设上，绝大多数学者都认为养老服务开展需要社会化、市场化、体系化，无论是家庭养老服务、社区养老服务还是机构养老服务，老年人口可根据自己的职业、收入、社会地位等情况进行养老类型取舍（谭英花，2012；王佳，2011）。养老服务体系的构成复杂且庞大（王福英、潘婷婷，2013），养老资源的配置要以市场为主导，政府做配合的方式运作（程强，2012）。但如何实现养老服务资源市场配置、政府的干预程度多大是合理的，这些都与政府对养老服务机构及设施的资金投入等密切相关。当前，为完善社会养老服务体系，需推动多元化社会养老服务体系基本架构建设（王桂云，2015）。一方面，应加大社区服务功能培育，提高居家养老补贴标准，优化公立养老服务机构的政府补贴机制（夏涛，2014）；发挥市场机制作用，引导多元主体共同参与，培育多层次养老机构（魏文斌、李永根、高伟江，2013）。另一方面，加强养老专业队伍建设，完善长效运作机制，发挥政府与市场间协作机制；改善养老服务在供给、需求与利用之间的差异，实现养老服务均等化（丁志宏、王莉莉，2011；屈群苹、许佃兵 ，2018）；从规范政府预算的行为和制度入手，细化购买养老服务补贴政策及财政经费支出目录，解决养老服务供求失衡问题（张艳芳，2016）。

②关于养老服务模式的问题研究。从创新养老服务模式研究视角，多数学者试图根据我国国情提出养老服务供给模式，如机构养老、居家养老、社区养老等多种方式。但“机构养老”不等于“社会养老”，“居家养老”也不是传统意义上由子女供养及服务的“家庭养老”，养老方式主要是依据养老支持渠道来确定的，即由谁来提供养老的资源（穆光宗，2000）。我国无论是家庭、社会和自我养老哪一种方式，以及这些方式的混合体，都是由供给主体来区分服务模式的。当前我国社会养老服务的资

---

① 北京市民政局等部门联合下发《关于加快养老服务机构发展的意见》，提出了“9064”养老服务新模式，即到2020年，90%的老年人在社会化服务协助下通过家庭照顾养老；6%的老年人通过政府购买社区照顾服务养老；4%的老年人入住养老服务机构集中养老。

金供给方主要是政府，而企业、非盈利机构的供给比例较低。所以，创新社会养老服务供给方式、采取多渠道养老服务供给将对我国养老服务供给产生巨大作用（邓大松、刘昌平，2007）。家居养老和家居护理模式集家庭养老和机构养老的优点为一体，对于我国地大物博但资源分布不均衡且老年人口众多的情况来说，是非常适宜的（杨宜勇、杨亚哲，2011；缪青，2000）。但居家养老面临各种养老支持系统不足困境，所以发达国家在解决老年照料问题获得的经验就是发展社区管理，提升社区对居家养老的辅助作用（王海燕，2002）。最近十多年的时间里，诸多中国学者对居家养老、社区照料、机构养老服务的构建及发展模式等问题进行了探讨，绝大多数学者还是赞同多种养老服务模式并存。其中社区居家养老模式备受关注，因为通过完善的家政服务体系，基于社区提供各种服务的基础之上的居家养老模式可以让更多老人获得幸福感（韩俊江等，2013）。而民办社区养老机构的出现为解决老人在社区中获得全天候、专业化养老服务的需求，为社会养老服务供给提供了更多选择（郁建兴、金蕾、瞿志远，2012）。在机构养老资源有限的情况下，优先为失能老人提供机构照料服务是当务之急（张文娟，2017）。当前医养结合模式备受研究者关注，在医养结合中如建设资金短缺、医养结合形式单一、医疗服务监管困难等问题对养老机构转型提出了新的要求（黄佳豪、孟昉，2014；鲍捷、毛宗福，2015）。

③关于养老服务治理优化的问题研究。从加强养老服务治理的角度，如何实现养老服务治理优化，成为当前学者研究的重点。在市场经济条件下，政府在养老产品与服务提供中的角色定位已发生改变，从原来的直接供给者转变为政策规划者、购买者和监督者（邓国胜，2001；姜玉贞，2017），市场将在养老服务领域发挥越来越突出的作用；引导更多社会主体加入养老服务社会化进程，达到多元主体共同治理养老服务来提升各地养老服务供给数量及质量（朱浩，2016；杨晓慧，2016）。当前养老服务社会化进程急需推进社会治理在体制机制方面的创新。养老服务网络治理在实现多元行动主体自身利益的同时促成了公共利益（黄俊辉，2012；宋煜，2014）；智慧养老在有效促进养老服务资源优化配置的同时还促进多

元主体参与协同的养老服务体系的建立和完善（向运华、姚虹，2016）；具有回应性、服务性、参与性和联动性的养老服务复合治理，可以通过多元治理主体的复合联动，优化城市社区养老服务机制（屈群苹，2015）。政府购买养老服务越来越得到重视和推广，利用公共财政的投入及税收优惠机制来引导老年人转变养老服务消费观念，促进养老服务业的发展越来越得到社会认可。改变政府以往在基本养老服务领域的资金投入思路，与社会组织在养老服务供给过程中形成平等的合作伙伴关系（苟欢，2013）。打破政府垄断与彻底民营化非此即彼的僵局，通过公私合作（PPP）模式激励相容的契约安排，发挥公私各部门在资金、技术、管理等方面的独特优势，在养老服务领域可以实现比单打独斗更为有利的结果（巢莹莹、张正国，2016）。在养老领域，政府、企业、非营利组织、服务机构、老年人等形成多中心治理的局面（魏一，2001；安宝丹，2007；尹银，2009；王桥，2015），被证明是可以提高养老服务的质量和绩效的。

④关于养老服务机构改革的问题研究。我国养老服务业发展不平衡，养老服务水平的提升相对比较缓慢，养老服务机构经营发展困难，养老服务的供给与老年人的养老服务需求存在差距等问题仍然存在。一方面，我国政府多年来在公立养老服务设施建设上投入巨大，但公立养老机构获得大量资源的同时高耗低效（穆光宗，2012；孙红玉，2017），而民营养老机构却陷入低价格—低质量—低入住率的恶性循环（关信平、赵婷婷，2012）；另一方面，养老服务设施建设方面资金仍然投入不足，扶持政策落实力度不够，养老服务供需矛盾突出（姜向群、丁志宏、秦艳艳，2011），养老服务机构运行风险上升（章晓懿、刘永胜，2012）。在推动公办养老服务机构改革的同时促进民办养老机构建设，突出对民办养老机构的支持政策，可以解决我国养老机构发展中存在的发展结构失衡问题（康蕊、吕学静，2016）。养老机构建设和运营应该依据政企分离、政事分离的原则，明确政府职能，发挥市场作用，激活社会力量，形成多元发展模式（杨立雄，2013）。在积极探索科学合理的公办养老服务机构运行机制的同时，创新现有的公办养老机构的管理方式（单大圣，2011；王莉莉，2014），对推进我国养老机构实行差异化战略，进一步优化养老服务供给

结构起到很大的辅助作用。当前已有成型的公建民营模式，是推动公办养老机构改革的重要方式之一（王雪辉，2016）；但需要明确公建民营后机构的公益属性和职能、风险防范措施，以保障各方权益，实现公办养老机构的改革预期（董红亚，2016）；民办公助模式利用市场化手段来优化养老服务资源配置，为老人提供不同层次养老服务的作用十分明显（黎民、胡斯平，2009）。当前，我国养老机构在建设与运营过程中利用 PPP 模式来进行融资和风险分担，成为研究的热点。单纯依靠政府或市场化都无法完全满足老年群体的服务需求，且具有不可持续性，推动 PPP 模式在我国养老机构服务领域的应用具有重要现实意义（郜改英，2015；程启智、罗飞，2016）。

（2）国外很早就对公私合作进行了理论研究及拓展，并将其应用到公共服务领域的项目建设和运营中，例如，BOT（Build－Operate－Transfer）、TOT（Transfer－Operate－Transfer）、PFI（Private－Finance－Initiate）、ABS（Asset－Backed－Securitization）等模式。近几年国内关于 PPP 模式的研究虽然较以往明显增多，但研究仍旧处于初期，大致可以分为以下几个方面：

①PPP 模式研究。第一，PPP 模式在我国应用的必要性、可行性、运行机制和内在动因。在政府职能转变、财政预算不足、社会对高质量基础设施服务需求增加、基础设施项目融资难等背景下，分析 PPP 模式的必要性及可行性（伍迪、王守清，2014），探索 PPP 模式的融资优势，构建 PPP 融资结构（刘志，2005；袁永博等，2011 汤薇、吴海龙，2014）；有效探索公共项目公私合作形成机制，依据 PPP 模式的经济特性及合作特性，可以确定 PPP 项目的产权结构对合作效率产生很大影响（何寿奎，2009）；挖掘 PPP 模式在公共服务领域的优势，探索其在推进时的立法规制，以法律强制性规范形式确定保障 PPP 项目成功（袁竞峰，2007；仇晓光，2016；曹阳，2017）。第二，PPP 模式下公私合作关系治理研究。作为新型的合作伙伴关系，PPP 与交易契约关系具有区别，但仍具有关系契约的特点，在这种“伙伴关系”基础上，明确公私双方的权利、义务与责任和风险的合理分担，最终达到共赢的局面（王秀芹，2007；王俊豪、金暄

暄，2016；李晓光，2018）。第三，PPP 模式下公私部门利益的矛盾与协调研究。确定 PPP 模式下政府的职能定位，保证公共利益最大化（邢会强，2015；查勇、梁云凤，2015），有效协调 PPP 模式下各利益相关者之间的冲突，在注重公益因素考量下，合理确定投资回报率、价格机制的公平设置和对私营部门利益的充分保护，从而实现各利益相关者的平衡治理（胡丽等，2011；胡改蓉，2015）。实践来看，PPP 模式在我国基础设施建设、公用事业等领域发挥越来越重要的作用，政府部门及业界对 PPP 的认识也已发生了重大转变，PPP 模式从作为政府部门融资工具的微观范畴上升至促进投资体制改革的宏观层面（董光耀，2015）。是否一定在公共服务领域应用 PPP 模式，答案是否定的。因为从实践经验看，不同公共服务项目在成本、质量及期限等方面都不尽相同，PPP 模式并没有在任何方面都优于传统模式（姚东旻、李军林，2015）。结合公共服务的特质、政府财政承受能力及“物有所值”审查，考量适当的合约及规制，重点配置公私部门之间的收益和风险，才能让 PPP 更具优势（赖丹馨、费方域，2010）。

②PPP 项目风险研究。国内学者对 PPP 项目风险的研究借鉴了很多其他国家的经验，从对 PPP 风险的基础研究到 PPP 风险的实证研究；从注重识别项目风险到风险治理方面的研究；从对风险的定性分析到应用量化模型来进行定量评价，研究成果数量较多，研究深度和广度也在不断推进。

第一，PPP 项目风险识别研究。PPP 项目风险的科学分类是风险分担的基础，有必要对 PPP 项目进行深入系统的识别和研究（李丽等，2016；宁勇，2016）。王建波等（2011）对我国城市轨道交通 PPP 项目共识别出 8 大类，41 个小类风险。王雪青等（2007）通过分析 PPP 融资模式，把 PPP 项目所涉及的风险分成宏观、中观、微观三个类比，并认为风险应分配给最适合承担它的一方。柯永建、王守清（2011）对特许经营项目共识别出 3 大类 37 种风险，其中风险层级区分为国家层级风险、市场层级风险和项目层级风险。当前在 PPP 项目中，已有诸多风险被识别出，但王守清（2014）认为，政府信用风险和违约风险尤其需要防范。科学地识别风险、积极有效地分担风险，能帮助 PPP 项目参与者实现经济价值和社会效益的最大化（彭桃花、赖国锦，2004）。PPP 项目中有些风险显性，有些风险隐性（梁冬玲，2014），所以应通过对没有成功的 PPP 项目案例进行调查和研究，总结出致使 PPP 项目困境频发的风险因素是有效进行风险识别的方法（元霞、柯永建、王守清，2009；史永乐，2016）。利用这些识别的风险进行有策略风险管理及评估（邓小鹏、李启明等，2006），可有效防范风险发生，进而促进提高公私合作绩效。

第二，PPP 项目风险评估研究。PPP 项目风险评估是非常重要的过程。可以利用蒙特卡罗模拟的理论模型进行风险评估，实现在项目风险事件随机发生时明确风险影响程度，并做出风险分担安排（陈敬武等，2006；程连于，2009）；也可以将敏感性分析与概率分析相结合的改进方法用于 PPP 项目风险评估中，利用各风险对评价指标的敏感程度、变动的临界点及其概率大小，确定 PPP 项目风险管理措施（韩亚品、蒋根谋，2009；李明顺等，2011）；还可以采用灰色关联度分析法对 AHP 进行修正，用以对项目关键风险因素损失度进行评估（闫继文、王海平，2017）。还可以采用层次分析法和熵值法确定风险因素权重的基础上，运用 Vensim PLE 软件评估项目的总体风险水平，得出城市轨道交通 PPP 项目运营期风险 SD 模型仿真结果（吴守荣等，2016）。

第三，PPP 项目风险分担研究。采用 PPP 模式的公共项目一般会具有项目投资大、时间长、风险高、合同结构复杂且参与方众多等特点。而各参与方风险分担的合理与否是 PPP 项目成败的关键所在（周小付、闫晓茗，2017）。目前，PPP 项目风险分担的研究从前期的 PPP 风险分担原则、风险分担偏好扩展到 PPP 风险分担博弈、风险分担机制、风险分担绩效等更为具体的操作细节方面，研究方法更注重定量化的分析工具。PPP 项目风险分为政府部门承担的风险、私营部门承担的风险以及共担风险（王华等，2018）。在我国的经济制度背景下，提高 PPP 项目风险分担的合理性有利于减少政府和私人投资者之间由于不平等权利导致的不必要损失，通过加强利益相关者之间的合作，合作绩效也会提高（任志涛，2015）。遵循 PPP 项目风险分担原则，把不同风险匹配给最适合承担它的一方，会使项目整体满意度达到最大（王雪青等，2007）。更为合理的风险分担原则，对指导公共部门和私人部门谈判 PPP 项目具有实际指导作用（刘新平、王守清，2006）。除了风险分担原则，风险分担偏好的研究也极其重要。危恒昌等（2017）采用基于风险偏好的讨价还价博弈模型对公私合作双方进行风险分担。风险偏好系数与风险分担比例之间存在比例关系，数值模拟表明，基于双方风险偏好的最优风险分担比例以及经过风险分配后的最优风险净收益是可以确定的（王颖林等，2013；何涛、赵国杰，2011），而且是“风险偏好越大、承担风险越多、报酬越多”（葛果、侯懿，2015）。风险分担要在合理分担区间进行设计（李丽红，2014），重视项目的财务经济分析，确定合理的收益分配，风险分担才会有理有据（贾康、孙洁，2006）。明确风险分担流程，构建风险分担框架，总结风险选择方案与风险分配之间的相关关系（胡振、刘华、金维兴，2011），利用更为合理且灵活的风险分配机制，让各方都承担自己有相对承担优势的风险（周巧平、陈炳泉、许叶林，2014），最终达到通过提升与维持 PPP 项目交易双方的信任来实现缔约风险控制的目标（杜亚灵、闯鹏，2013）。

第四，PPP 项目风险治理研究。项目治理，从宏观角度来看就是通过一套制度体系来创造一种体制环境，从微观角度来看就是在项目交易内部化解各主体之间的利益冲突（杜亚灵、尹贻林，2010）。然而 PPP 项目通常以公共利益为先，其项目治理目标不能局限于某一方的利益，众多利益相关者的利益诉求都应被尊重（杜亚灵，2009）。PPP 项目风险治理一直是 PPP 项目的重心，当前诸多学者对此进行研究。PPP 项目强调全生命周期的动态集成化风险管理模式（廖剑、马浩，2016），把 PPP 项目融资风险管理的动态性和集成化相结合，可产生普适性的 PPP 项目的风险管理模式（叶晓甦、周春燕，2010）。一些风险由政府或者企业独立承担，一些风险由政府和企业共享，共享风险的治理是 PPP 成败的关键（周小付、萨日娜，2016）。PPP 项目风险治理需要公私双方合作信任。制度信任是认知信任和情感信任发展的基础，以信任作为事前信息不对称治理的切入点，利用信任达到 PPP 项目缔约风险的控制作用，利用信任预期的高激励、高惩罚策略也可以抵制事后机会主义和降低缔约成本（谢荷锋，2012；杜亚灵、闫鹏，2013；董宇等，2014）。科学合理的政府补偿是实现 PPP 风险治理，保障项目可持续运作和发展的重要前提。政府补偿在实现投资者要求收益的同时最大化项目社会效益（吴孝灵等，2013）。建设成本补偿和运营风险补偿，合理配置剩余控制权、积极引入第三方干预和赔偿方式、加强项目的有效监管等可在一定程度上提升效率，降低风险（曾莉、罗双双，2018）。退出机制的多样性设计可以对社会资本的参与热情有很大的提升作用，避免出现短期行为，是整个 PPP 设计中的重要一环（王善才，2017），例如，经营性 PPP 项目资产证券化机制的实施，可以帮助协调政府和社会资本方的利益实现（杨亚萍、王蕾、刘群英，2018）。将 PPP 项目运行过程中的政府治理与风险相结合，设置“独立性”与“综合性”相结合的专业 PPP 监管体系（王晓彦、钮若晗，2017），提升制度能力同时保持产业特性相匹配，进而通过匹配市场化的治理机制发挥市场降低生产成本的激励功能，才有可能实现 PPP 绩效的最优结果（和军、樊寒伟，2016），完善 PPP 项目法律规范体系、构建 PPP 项目风险分担与协同治理机制，创新金融工具和引入 PPP 项目后期评价制度，可以有效化解 PPP 项目中的风险（王志刚、郭雪萌，2018）；优化 PPP 项目的权责利调整机制，创新 PPP 项目政府、投资者、公众多主体多维度协同治理路径，完善利益协调与监督机制，对生成合作困境解决机制、协同治理风险制度体系提供决策参考（何寿奎、陈璨，2018）。

随着国内 PPP 项目的兴起，部分学者开始尝试养老服务 PPP 项目风险管理的理论研究，并取得了一定的发展和进步，但研究仍旧不够完善，主要集中在以下四个方面：

一是 PPP 模式应用于养老服务机构的可行性及模式的研究。通过对养老服务 PPP 项目政府和社会资本合作的必要性及可行性研究，探索公私合作对养老服务项目的影响（王经绫、华龙，2014；段洪波、杨竹晴，2015），利用 PPP 模式中对于私人部门选择、激励、监管、风险分担等各方面的优势（胡桂祥、王倩，2012），提升养老服务领域的社会化、公益性、专业化程度、机构运行效率，减轻政府财政负担（巢小丽、毛寿龙，2017）；挖掘 PPP 投融资方面的优势，探索 PPP 模式下社会化养老方式，提出符合各种养老方式的 PPP 可选模式集合（章晓懿，2012；马丹，2016；张韬，2018）；在养老服务领域引入市场竞争机制，挖掘养老服务的质量和供给效率提升（余鹏程，2016）。

二是养老服务PPP模式下政府与社会资本合作关系研究。PPP是公共部门与私人部门围绕公共服务供给，以合同作为主要法律依据，建立的一种风险共担、利益共享的长期合作关系（王俊豪、付金存，2014）；能否建立养老服务PPP模式合作伙伴选择关系，合作伙伴的选择是关键，通过合作伙伴选择指标体系的构建，可以帮助政府选出合格的社会养老PPP模式合作伙伴（王浩鹏，2014）；基于契约关系的内部治理机制和基于行政职权的外部治理机制，创建刚柔相济的缔约机制、产权清晰的激励机制和高效有力的监督机制，不断完善养老PPP项目的治理（闫明星、范君晖，2018）；在实际合作治理视域下，构建部门间的协同机制及长期合作网络提供机制，可以有效防止养老服务碎片化和资源分散问题（余鹏程，2016；栾文敬等，2018）。

三是养老服务PPP项目风险管理和利益共享相关方面研究。目前，养老服务PPP项目的风险研究从前期融资、采购和财务风险的研究扩展到更为具体的风险管理操作细节，包括投资环境、经济性分析、融资结构等方面，研究方法更注重定量化的分析工具。例如，有学者利用PSETEL分析法确立养老机构PPP项目的主要风险因素，运用模糊层次分析法获得各风险因素的权重，进而实现对不同地区养老机构的风险因素大小的综合评价（任琦鹏、杨青，2012）；有学者通过构建新的风险分配矩阵，可以降低BOT模式下医养结合项目寿命周期风险分配不合理，提高公私合作绩效（王玉静，2017）；通过对影响社区养老服务PPP项目未来收益的确定性和不确定性风险因素进行分析，构建项目投资决策模型，运用蒙特卡罗模拟方法分析项目风险大小，从而做出投资决策（郑生钦、冯雪东，2015）；还有学者对比多种模式下的收益分配效率，认为利用更能真实公平地反映公私双方的贡献度的shapley值方法，实现项目总收益最优，达到社会养老服务水平与质量的提升（贾丽、徐振宇，2014）。

四是PPP模式下养老服务合作治理绩效研究。多方参与是PPP项目的一个显著特征，作为合作的不同主体，在动机和利益诉求上明显存在分歧。厘清社会资本、合作管理机制及合作绩效三者之间的关系，以利益相关者为中心进行治理，实现有策略的合作，达到资源有效配置的目的（唐祥来，2016；任晶晶，2008）；公私合作中为了保证社会资本能够获得合理的收入，关键是根据公共服务绩效评估的结果支付社会资本报酬，确保公私双方责权利相匹配（崔炜，2016）；如吉鹏、李放认为在总结政府购买居家养老服务的绩效内涵及评价指标维度的基础上，构建效率性评价指标，可以对政府购买养老服务的绩效进行评价（吉鹏、李放，2013）；张韬认为通过激励机制（Motivate Mechanism）和保健机制（Hy—giene Mechanism）来加以优化养老机构的建设和运营的策略，达到提升效率的目标（张韬，2018）。

1.2.3 研究评述

在养老服务领域推行 PPP 模式是推进我国“放管服”改革，加快养老服务事业发展的有利选择。养老领域开展公私合作在我国其实已经有较长的实践过程，如公建民营、政府购买养老服务、民建公助等模式。但 PPP 不但是公私合作，它更强调把合同作为主要法律依据，建立起一种风险共担、利益共享的长期合作关系，这种关系依靠公共部门与私人部门围绕公共服务供给而建立。由于我国地域辽阔，城乡发展极不平衡，在不同的自然、人文等环境下，养老服务发展差异较大，存在一定的特殊性，利用 PPP 模式来优化养老服务体系，提升我国养老服务供给质量，一定程度上决定了我国不能完全照搬国外 PPP 制度。因此，我国养老服务 PPP 项目风险管理既要积极借鉴国外在 PPP 风险管理方面的先进经验，更要与我国的基本国情相结合，从多角度去思考养老服务 PPP 项目风险管理。国内已形成 PPP 模式下养老服务制度、内容、模式、技术等方面的广泛研究。但从 PPP 模式下养老服务的发展来看，我国养老服务 PPP 项目理论与实践研究还处于起步阶段。各级政府工作基本上处于各自为政的状态，缺乏规范、完善的公私合作组织体系、治理体系，缺乏有效的、可操作的风险分担、风险治理体系等，实践的经验积累较为缺乏。虽然养老服务公私合作风险管理相关理论研究内容琳琅满目，但完整的理论体系还没有形成，学术界需要对我国养老服务 PPP 项目风险进行深入的理论及实践研究。我国关于养老服务 PPP 项目风险研究，目前主要聚焦在以下几点：首先，研究对象为 PPP 模式下养老服务项目的风险，涉及风险识别、风险评估、风险分担和风险治理，政府及其项目利益相关方作为风险分担的主体，承担意愿和实际承担比例会通过多次博弈来确定。通过对养老服务 PPP 项目风险的理论研究可以为我国政府放管服改革推进、降低政府财政压力、吸引社会资本参与、控制项目风险、增加合作收益提供更加切实可行的对策建议。其次，在研究内容上关于养老服务 PPP 项目风险分担中涉及公私博弈、风险分担、风险管控、风险治理方面的研究较多。养老服务 PPP 项目风险治理优化，必须关注实际的情况，防止简单地模仿或照搬“先进”国家的立法经验和法律文本。最后，研究方法有待完善。跨学科研究、比较研究及系统分析、统计分析、历史分析和案例分析等方法的运用有助于发现养老服务 PPP 项目风险治理规律，推动养老服务体系发展进程。

1.3 研究内容、思路及研究方法

1.3.1 本书研究内容

本书就中国养老服务 PPP 项目的风险管理进行研究。从我国人口老龄化的现实背景和养老服务市场动因出发，基于 PPP 理论、风险分担理论、博弈理论，论证分析了我国在养老服务领域开展 PPP 模式的必要性和可行性。在对当前我国养老服务 PPP 项目发展情况和发展态势分析的基础上，对中国养老服务 PPP 项目运行过程中可能遇到的风险因素进行了全面的识别和评估，然后采用 PPP 模式的养老服务项目风险分担及管理提出科学的对策，为中国养老服务 PPP 项目在建设、运营过程中规避风险、健康可持续发展提出理论依据。

本书总体分为 9 个章节：

第 1 章，绪论。主要从选题的背景、研究意义出发，对国内外本研究主体的相关方面的研究进行了综合述评，构建了全书的基本思路和研究框架，描述了创新点和不足。

第 2 章，理论基础及相关概念界定。通过对 PPP 理论、博弈论、风险分担理论进行概述，从中挖掘养老服务 PPP 项目进行风险分担和风险治理的理论渊源。对养老服务、PPP、项目风险管理的定义、特征、目标、适用范围等进行界定和分析，进一步明确了我国当前养老服务 PPP 项目风险管理的内涵和外延。

第 3 章，PPP 模式应用于养老服务业的可行性与应用条件分析。通过对 PPP 模式支持中国养老服务业的必要性和可行性分析，明确养老服务领域应用 PPP 模式的优势和劣势。再通过对“物有所值”分析、政府财政承受能力论证这些应用条件的分析，提出 PPP 模式应用于养老服务业亟待解决的问题。

第 4 章，中国养老服务 PPP 项目风险管理现状分析。通过对中国养老服务业中社区居家养老服务 PPP 项目、医养结合 PPP 项目、机构养老服务 PPP 项目发展现状进行分析，获得了阻碍养老服务业 PPP 项目风险管理执行的原因。

第 5 章，中国养老服务 PPP 项目风险识别。首先概括了养老服务 PPP 项目风险产生机理及养老服务 PPP 项目风险类型。其次，对养老服务 PPP 项目的风险进行从宏观、中观、微观三个层面的分析，利用文献分析、风险歧义筛查确定初步识别风险清单后，再根据部分专家的建议进行风险因素二次识别来进一步明确养老服务 PPP 项目风险清单。

第 6 章，中国养老服务 PPP 项目风险评估。对养老服务 PPP 项目的风险评估采用两轮德尔菲调研，利用两次调研的反复征询、归纳和修改，绘制专家意见和看法，最终获得中国养老服务 PPP 项目风险因素的发生概率和危害程度，并以此为出发点通过养老服务 PPP 项目风险指数矩阵评估所有风险因素的风险等级，从而得出养老服务 PPP 项目中从特重大风险到最小风险有哪些。

第7章，中国养老服务PPP项目风险分担。基于对养老服务PPP项目中各主体的合作博弈关系进行分析，确定养老机构PPP项目主要利益相关方的行为和目的；通过不完全信息下讨价还价博弈模型构建，进一步明确了养老服务PPP项目各主体间的合作博弈关系；然后在分析养老服务PPP项目风险分担偏好与实际分担情况比较的基础上，最终确定养老服务PPP项目的风险分担方案。

第8章，中国养老服务PPP项目运作模式选择与风险治理。通过对PPP模式下养老服务领域合作治理定位与合作理性的分析，明确养老服务PPP项目开发中应考虑基础型、补充型及康乐型三种开发模式，不同开发模式在融资结构、收费机制等方面产生不同应用，可以进一步降低风险；最后明确养老服务PPP项目风险治理途径：风险预防—征信机制、风险补偿—收益平衡机制、风险规避—退出机制。

第9章，结论与展望。

1.3.2　本书研究思路

本书基本思路如图1-1所示。

1.3.3　本书研究方法

本书运用实证分析与规范分析相结合；定性分析与定量分析相辅助；理论分析与案例分析相渗透等多种研究方式对我国养老服务PPP项目风险进行了全面而深入的分析。具体有以下三种方法：

（1）系统分析法

系统分析法强调研究的系统性和研究对象的相互关系。风险管理强调风险分析系统化、专业化。养老服务PPP项目风险管理本身是一个系统工程，因此系统的、有步骤地对养老服务PPP项目风险进行研究具有一定意义。本研究把风险管理和系统分析法相结合，从风险识别、风险评估、风险分担到风险治理采取系统的、分步骤且全面的分析，努力抓住养老服务

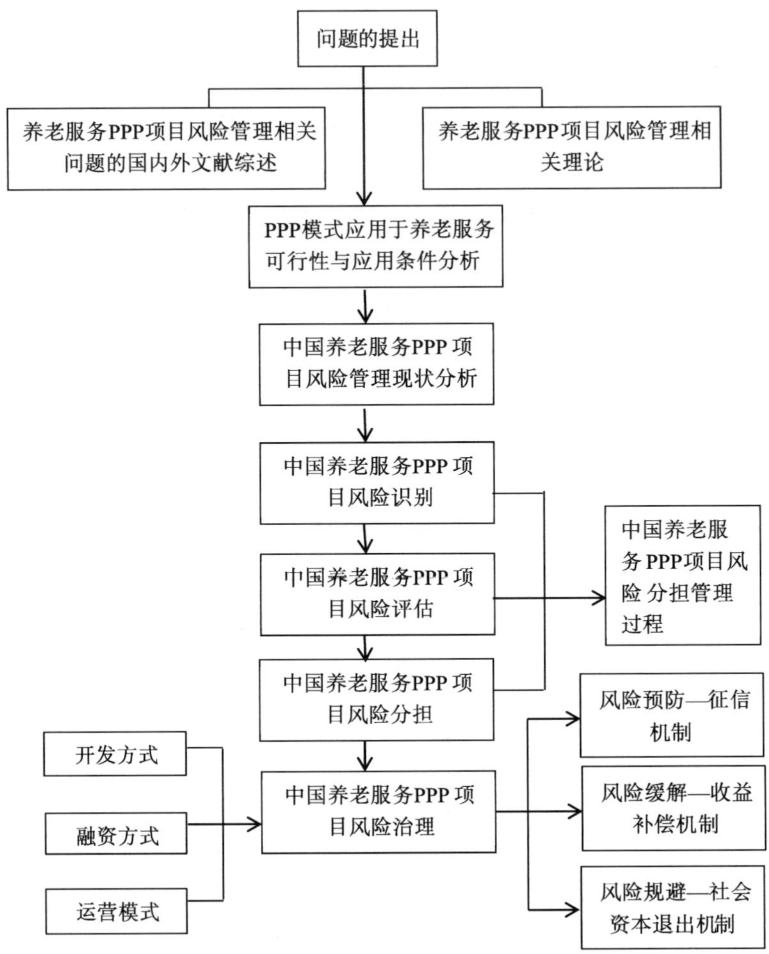

图1-1　本书研究的技术路线

PPP 项目风险管理各子系统内在的因果关系，构建风险分担的理论框架和风险治理的实践路径。

（2）基于文献分析法和德尔菲调查法进行风险等级定性分析

通过对有关 PPP 项目风险及养老服务的文献进行搜集、整理、总结分析，从已有的研究成果基础上，历史的、全面的了解养老服务 PPP 项目风险的成因、类别、概率大小、分担影响因素等内容。本研究在文献分析与德尔菲调查法的基础上，设计中国养老服务 PPP 项目风险因素评估问卷。对养老服务 PPP 项目的风险评估采用两轮德尔菲调研，利用两次调研的反复征询、归纳和修改，绘制专家意见和看法，获得了中国养老服务 PPP 项目风险因素的发生概率和危害程度，并以此为出发点达到了对所有风险因素进行风险等级评估的定性分析。

(3) 基于博弈论的定量分析方法

通过对公私合作中利益相关方的不同利益诉求和风险偏好的描述，采用博弈论等相关理论对不完全信息下养老服务 PPP 项目风险分担进行博弈模型构建，进而获得博弈均衡解，为实现公私双方最优风险分配提供理论支持和量化分析。

1.4 本书创新点与不足

当前，我国养老服务领域关于 PPP 的研究主要集中于养老服务 PPP 模式、制度、治理、绩效、风险分担、收益等方面的研究。但是把公私合作应用于养老服务项目中还存在诸多挑战：养老服务 PPP 项目风险治理的思路是什么？风险治理目标下，养老服务公私合作的动力因素及其作用机制是什么？养老服务 PPP 项目中风险治理效率提升的路径是什么？本书主要从人口老龄化、政府职能转变的时代背景和与 PPP 相关的理论出发，对 PPP 模式下养老服务项目的风险管理进行研究，涉及风险识别、风险评估、风险分担和风险治理。可能实现以下创新：

①研究从公私合作博弈、风险管理等多个分析视角，梳理了我国养老服务 PPP 项目风险管理现状，探讨了在公私合作模式下我国养老服务 PPP 项目风险产生机理，并通过宏观、中观、微观三个层面对养老服务 PPP 项目风险进行识别、评估、分担，构建了养老服务 PPP 项目风险分担三维体系框架。这对促进中国养老服务 PPP 项目风险管理发展规范化、标准化以及明确政府部门、私人部门在养老服务 PPP 项目中风险分担、角色分工具有重要的意义。

②综合利用系统分析法、文献分析法、德尔菲问卷调查法等多种方

法，最终识别出 42 类养老服务 PPP 项目风险，并获得中国养老服务 PPP 项目风险因素的发生概率和危害程度，并以此为出发点通过养老服务 PPP 项目风险指数矩阵评估所有风险因素的风险等级，为政府和私人部门进行风险管理策略改进给予了理论及方法支持。

③本书利用项目风险管理的分析框架，在风险识别、风险评估、风险分担的基础上，基于我国当前的经济环境、法律框架、政府情况，通过对养老服务 PPP 项目风险传导机制的分析，提出了基于养老服务领域公私合作价值定位下的中国养老服务 PPP 项目运作模式选择，构建了风险预防—征信机制、风险补偿—收益平衡机制、风险规避—退出机制三重治理机制，为中国养老服务 PPP 项目风险治理提供了进一步的理论支持。

本书存在的不足：由于受本人知识能力限制，对养老服务 PPP 项目风险分担的分析和量化不足，对养老服务 PPP 项目风险分担的分析还只是停留在分析框架建立，更多还停留在规范性分析层面；对养老服务 PPP 项目风险治理问题只是分析了征信机制、收益平衡机制、退出机制三个层面，对于其他风险转移层面没有过多涉及，这也是以后研究的一个方向；对政府在养老服务 PPP 项目中的角色定位、风险控制及管理研究得还不够全面；对养老服务 PPP 项目风险管理的其他问题，如不同 PPP 模式下养老服务项目的风险可能有所不同，如何进一步识别不同养老服务 PPP 项目的特殊风险还未进行深入探讨，这些都需要在今后的进一步研究中得到解决。

第 2 章

理论基础及相关概念界定

2.1　相关理论基础

2.1.1　PPP 理论

PPP 作为公私合作的制度安排首先在西方发达国家被运用，随后在世界各国全面推广。作为一项制度变革，PPP 有着广泛的、经济和社会背景及原因。其中，既有政府为缓解国家财政负担而进行公私合作的原始动力，也有政府为提高公共产品供给效率而进行改革的迫切要求，还有与公共产品供给理论、民营化、新公共管理等思潮影响息息相关。

美国著名经济学家萨缪尔森（Samuelson，1954）认为，理论上公共产品与私人产品存在本质不同，“纯公共产品”无法通过市场价格机制来实现有效供给。随后，有学者证明了在纯公共产品与私人产品中间存在所谓的“准公共产品”，有些准公共产品具有非排他性却具有竞争性的特征；“非排他性”天然带有的“共享资源”特征为政府以外的其他社会力量参与准公共产品供给奠定了理论基础（许坚等，2012）。由政府完全提供公共产品和公共服务虽然可以一定程度上实现公共产品的完全供给，但政府的行政垄断权可能会导致技术创新机制缺失、预算成本软约束，提供的公共产品和服务在数量和质量上无法和真实市场需求相匹配，导致消费者不满意状况持续存在。在市场体系中，完全私人产品与纯公共产品之间存在着数量巨大、特征明显的准公共产品，准公共产品本身具有的特性会要求外部的产品供给机制差别化，只有差别化的供给机制才能保证供给效率，而差别化的供给机制一定程度上也决定了政府功能发挥的不同。纯粹的公共产品是政府的职能，可通过传统手段如政府定价、生产来满足产品供给，但是具有准公共产品性质的服务、资源则使除政府之外的企业、非营利组织等外部力量参与公共管理变得可能。市场上优质的企业、第三方组织具有优良的管理绩效和先进的管理方法，在提供某些社会服务及产品方面比政府花费更少、质量更优，更有效的节约了资源。这在某种程度上就要求政府必须做出改革，进行政府公共管理制度创新，选择市场力量来帮助政府绩效提升；在保障政府公共性的基础上，寻求政府公共性与市场化的合理均衡，打破公共服务的政府垄断供给，推动公共服务社会化。

“民营化”浪潮由来已久。萨瓦斯（2002）认为，可通过民营化来改革公共管理，提出民营化战略；奥斯本和盖布勒（1996）构建了像企业一样的政府模式，倡导利用市场来帮助政府管理方式改革；英国前首相撒切尔夫人和美国前总统里根都曾力推民营化发展。国有企业改革和民营化浪潮在各个国家所涉及的领域越来越广，从传统交通、供水、电力等行业覆盖到政府所垄断的所有部门，公共部门和企业的合作不但领域越来越广，深度也越来越深。从控制国民经济命脉的能源、铁路等基础部门到影响民众生活的养老、医疗、住房等服务领域，民营化的领域都在不断扩大。民营化浪潮一定程度上打破了政府的垄断和直接生产，他为政府治理模式的变革提供了有益的思路，为多元主体参与社会治理提供了有效的实践。虽然民营化某种程度上降低了融资约束、缓解了政府财政压力，提高了某些公共产品及服务的供给效率，增进了部分公民的社会的福利水平，但是全盘民营化不是提高效率的“万能药”，有些民营化不但损害了公平，甚至加重了政府的债务，造成更大的政府风险。所以，“野蛮的”的民营化如政府出售、拍卖、租赁等方式需要回归理性，PPP 模式是民营化改革的理性回归（凯特尔，2009）。PPP 模式与一般意义上的民营化不同，PPP 强调公私合作、利益共享及风险共担，受到公私双方所签合同的约束，政府并非只是一般性的监管约束，而是成为公共项目的主要融资主体，它不断强化和保护公共利益，承担着公共服务领域不可推卸的责任。因此，PPP 的优势就在于保证社会部门盈利但不暴利，通过完善的定价与调价机制、公众满意度评估以及政府补贴等方式来进一步提高公共管理水平和公共服务的质量和效率，实现私营部门的先进的管理手段与竞争机制与政府等公共部门公共管理的有机结合，创造政府与市场的运作机制融合绩效提升。

PPP 这种公私合作模式被认为是一种契约化关系。是在政府新公共管理改革背景下，公共部门与民营部门长期共同合作生产或提供公共物品或准公共物品的契约关系。在该契约下，资源共用、优势互补、利益共享、风险分担是公私合作关系的本质特征。这种以公私合作为表现形式的契约关系，不同于纯粹的市场交易关系，在一定程度上具有共生的性质，但由于参与各方保持独立的产权、经营权，因此合作关系建立在差异共生的基础上。在共生环境下，公私合作的各方表现为差异化的主体行为和不同的价值定位，政府希望公共利益最大化，而私营部门则希望获得合理投资回报。因此，公私合作关系所要探讨的就是公共部门和私营部门如何形成新的“合作共生体”，通过资源整合，增强整个社会的福利水平，让具有多种偏好和多重利益的相关者之间实现互惠互利、在风险共担基础上的权利和义务对等，最终达到提高政府组织效率、市场资源配置效率以及公共产品和公共服务供给效率。

在区别于传统政府单独完成公共服务提供机制下，利用公私合作的方式来获得项目融资、增加公共产品的供给、回应公众需求等方面，PPP 已取得了一定的成绩，在某些项目上实现了风险共担、利益共享的目标。例如，PPP 使政府的负债及融资模式发生了转变：一方面，从原来的政府完全负债转向间接的部分负债，SPV（Special Purpose Vehicle 特别目的载体）的设立会使政府在债务偿还方面多了一层保障；另一方面，政府融资方式从原来的债务融资转向直接公共融资，利用社会融资渠道如股权融资、股东借款等方式实现了除财政投资外的多种资本介入公共项目的目的。但是，从 PPP 这个概念被提出来，就有对该模式提出批评的论断。尤其是在价值层面的反思、运行机制的合理设计、风险的分担机制、政府的行政方式等方面存在诸多质疑。例如，公私部门存在不同价值取向，在面对同一问题时会采取不同策略，这会导致社会资本在追求利润最大化的过程中可能损害社会公平。因此，公共价值重塑、公私合作机制优化可能都是未来 PPP 理论研究与实践要解决的问题方向。

2.1.2 风险分担理论

风险作为经济活动中的基本特征和属性，意味着结果的不确定性和损失发生的可能性。风险事件发生的概率、时间、程度都是在事前无法完全预知的，其结果也包括好结果和坏结果。面对风险，最直接的办法就是采取正确的措施恰当的介入风险形成过程，进行有效的风险防范和风险转移，防止经济损失的发生。处理风险需要决策。冯·诺依曼和摩根斯坦（1947）在公理化假设的基础上，运用逻辑和数学工具，证明了期望效用理论。该理论不但促使期望效用最大化成为人们进行风险管理的前提假设，还进一步阐明了不确定风险条件下如何进行决策。“风险态度”作为期望效用理论中的重要概念，反映的是行为人一种不易变动的特定心理特征，其也成为效用函数的曲率，这种风险态度包括风险厌恶、风险规避等。例如，相对风险规避（Arrow - Pratt，1965）从期望效用最大化的角度，阐明财富变化与风险之间的影响关系。之后，期望效用理论发展到双重期望效用理论，进一步证明了在一阶风险厌恶条件下，一个主体有可能会承担所有风险，但在双重期望效用假设下，一个主体承担所有风险却是经常发生的，因为在这种情况下，一阶风险厌恶条件与线性结果相同。期望效用理论虽可以解释很多现象且应用简便，但也受到了很多质疑，尤其是如何解释不确定性风险下的个人行为。前景理论主要研究的是决策者对一定概率下收益或损失所表现的风险态度，可用来预测在不同的风险预期条件下人们的行为倾向。面对收益，边际效用递减的凹函数展示了人们在高概率获利时表现为“见好就收”的风险规避态度；面对损失，凸函数展示了人们不甘心失去而想要“赌一把”的风险偏好态度；人们对损失和获利的敏感程度不完全相同，损失时的痛苦感要大大超过盈利时的快乐感。无论是期望效用理论还是前景理论，对风险态度、风险认知及风险承担的研究都是积极的。但在现实中，风险态度和风险承担都是随着环境而变化的，决策者对不同风险因子进行分析时，通常会偏爱适中的风险。当然，风险态度受到很多外在因素的影响，利用风险态度干预策略和纠正不良风险承担意愿显然对降低风险具有积极作用。

风险分担是既定时点上不同决策者对同一风险所愿意承担的风险归属和比例。风险分担的形式及风险分担的结果对于建立合理的经济风险安排都具有重要的作用。在委托代理理论的研究中发现，不同类型代理人会选择不同的风险分担形式，理性的风险厌恶型代理人会愿意选择风险分担（John. W. Pratt，2000），恰当的风险分担机制与监督、激励、约束有机结合起来，可以有效控制代理成本和总体风险水平。有效的风险分担是非线性的，在某种条件下，风险分担会增加风险资产市场组合预期效用，达到帕累托最优。如果要界定风险分担的效果优劣，需要从风险分担的目标和分担结果来评判。理论界主张风险分担要达到多赢的结果，实现风险承担主体在承担风险的同时“有权获得风险的收益”。尤其是在各类项目的风险分担研究中，项目参与主体所做的风险分担与防范安排，可以降低参与各方在建设和运营过程中面临的各类风险，显然参与各方可以通过发挥各自的优势来有效化解所承担的某类风险，最终确保整体利益。一般而言，经济活动中总会有各类风险在各部门、各主体、各参与方之间存在并相互分担，而增减、转移、累积等分担状态的变化会直接影响经济活动运行的效率和经济主体的运行安全。如何实现经济活动中各参与主体的风险合理配置，达到最优风险分担方案，构建风险综合分析框架，对于实现风险控制、达到帕累托最优是十分必要的。

PPP 项目风险分担是 PPP 项目风险管理中非常重要的一部分，近些年被持续关注并深入研究。公私合作（PPP）模式能够成功的关键因素之一就是在 PPP 项目中公私双方之间能够实现有效的、合理的风险分担。显然 PPP 项目风险在公私之间进行合理分配可以降低风险发生的概率，减少风险管理成本，获得最大收益，促使公私双方愿意合作来达到共赢；当然在 PPP 项目生命周期内，遵循一定的风险分担原则，如公平原则、责权利对等原则、风险最优控制原则、风险承担上限原则等多项原则，对主要参与主体的承担风险类别、大小等进行公平的划分，达到项目参与者能互惠互利、合作共赢。目前，工程管理主要从公平性、预见能力、经济能力、管理能力四个方面来分析 PPP 项目风险分担原理（朱冰等，2005）。公平性强调风险公平合理分配的决策过程，也强调风险承担者的承担意愿与承担能力相一致，突出公私双方合作的地位平等、风险共担；预见能力方面强调能够预见风险发生阶段且能预估会造成哪些损失的参与主体应承担更多风险；经济能力方面是强调风险分担要与经济效率相联系，利用数学和计量方法来衡量风险的合理分配问题，突出风险分担的风险收益比，取得用最小成本来规避风险换取最高收益的目标；管理能力方面强调如何运用科学合理的方式方法来识别项目风险、评估项目风险、分担项目风险，突出利用哪些有效的管理方法将风险合理的分担给项目其中的某一个参与方。

从科学研究到工程实践，从理论探索到实践应用，风险分担存在诸多观点。但显然金融领域里的风险分担和工程项目中的风险分担在原则上、方法上和形式上是不同的。PPP 项目风险分担基于风险识别、风险评估基础之上来对风险进行合理分配，是对可能导致项目未来损失或责任权利进行划分的前提条件，为了对风险承担方实现有效激励，抑制道德风险产生，对“Who”即谁来承担风险；“When”何时进行风险承担；“What”参与方会承担什么类型；什么比例的风险；“How”怎样进行风险分担，需进行充分考虑，促使风险总体成本降到最低。

2.2 相关概念界定

迄今为止，全国各地区已掀起了一股 PPP 热潮。PPP 模式应用在养老服务领域，不但有助于推动公共养老服务项目的创新性融资与管理模式优化，而且有益于实现养老服务供给增加、养老服务交易成本降低和养老服务质量提高。

2.2.1 PPP 的概念与类型

(1) PPP 的内涵及本质

PPP 被有些学者定义为一种长期公私伙伴关系，是公共部门和私营部门为提供公共服务而建立起来的契约关系（任志涛，2015）；也被定义为公私合作模式，是公共部门与私人企业通过长期合作来提供公共产品和服务的模式（张奇，2016）；也被定义为利用公私合作来提供公共产品和服务的运行机制；还被定义为一系列融资方式的总称（柯永建、王守清，2011）。亚洲开发银行、联合国开发署、欧盟委员会等对 PPP 的定义都是公私合作伙伴关系，我国财政部在《关于推广运用政府和社会资本合作模式有关问题的通知》中提出 PPP 是在基础设施及公共服务领域建立的一种长期合作关系，私营部门可通过“使用者付费”或“政府付费”方式获得恰当的投资收益，而政府部门则在确保公共利益最大化的前提下，与私营部门产生实质性合作，合作内容包括融资入股等，显然各方对 PPP 的定义各不相同，尚未形成一致表述，无论是从公私合作模式到公私合作契约关系，还是从狭义的融资模式到广义的合作范式，各国对 PPP 的解释求同存异，但大致包含以下四个关键信息：一是以公共部门和社会资本的合作为前提，体现一种市场关系而非行政主导关系，倡导契约形式，区别于其他融资模式；二是以实现公共需求为目的，为社会提供公共产品和公共服务，非单纯的商业营利模式，可获得“政府付费”；三是需要长期、有效的公共政策、制度规范及合同约束，即公私双方需通过各种“契约类型的总和”来实现双方的协调，达到融资目的，实现优势互补；四是合作期间利益共享、风险共担和资源优化配置的共赢局面是实现公私合作的理想结果。因此，从合作的视角出发，对 PPP 的定义应该突显合作、契约、共赢及风险分担。在本书中，对 PPP 的界定是在一定的契约约束下，公共部门和社会资本通过建立合作伙伴关系来提供公共产品及服务，达到风险共担、利益共享的目标。当然也间接实现了公共项目的融资。

PPP 的核心价值就是合作伙伴、收益共享、风险分担，这也体现了 PPP 的本质。PPP 本质是基于事物固有的根本属性来阐释的。我国 PPP 的本质一方面包含公与私的内涵，涉及合作主体的选择扩大过程（叶晓甦、徐春梅，2013）；另一方面包括合作主体优势互补，共同实现资源配置的帕累托最优过程。在我国，由于公共项目各方的目标和出发点不同，公（Public）是指省、市、县、乡（镇）各级人民政府，也涉及人民政府的各级职能部门及相关事业单位；私（private）不完全是私人企业，它是指除政府机构以外的各类企业和机构，因此与政府公共财政相对应的社会资本不仅意味着是私人资本，还进一步明确了只要不是本级政府能够控制、左右的任何市场主体，甚至是非营利组织，均可以成为 PPP 模式中的社会资本。在公共产品及服务供给领域，公私合作的发展反映了公众对公共部门有限能力的清醒认识，对私人部门独特优势的充分肯定，公私合作伙伴关系打破政府或是市场单一配置资源的范式，公私合作模式利用双方的优势进行互补，可在公益性与盈利性的矛盾中作为公共服务的载体来对公众提供物美价廉、物有所值的持续性公共服务及公共产品，最终达到帕累托最优。

PPP 具有显著不同的特征。第一，PPP 项目合约责任的整合。在委托代理理论及不完全合同理论框架下，SPV 公司统一负责 PPP 项目的运作，这种公私之间责任被完全整合的方式一定程度上促进了项目建设、运营等各阶段协同努力，在与项目本身的外部性特征相匹配的情况下会提升项目相对运行效率，实现各阶段总体效率的最优化。政府部门的角色从项目的全责者转变为项目的监管者，进而只承担运营的激励成本就可同时促进建设阶段的投资（赖丹馨、费方域，2010）。第二，PPP 项目融资的多元性。PPP 可利用项目本身的预期收益、资产及合同权益进行多渠道融资，缓解政府的资金约束，降低政府风险；基于融资与其他任务之间的互补关系，PPP 融资方式将影响各参与人的收益分配与激励，进而影响项目的结果。私人融资的 PPP 的合意性，能够激励其通过技术转移和服务优势来降低项目所需的开发及运营费用，进而实现社会福利提升。第三，PPP 长期合约的不完全性。PPP 必须通过缔结现代关系契约、签署商业合同来建立基本公私合作框架。由于 PPP 项目不但受外在不确定性风险因素的影响，还要在 20—30 年的时间跨度内实现公私合作，导致 PPP 合同具有天然的不完全性。在长期的合作中，信息不对称、资本逐利的天然属性、政府保障公共服务的公平性，会使任何参与者都会力图承担更小的风险并分享更大的利润，因此在 PPP 合约治理过程中，合理的约束激励机制将伴随整个 PPP 项目过程。

（2）PPP 的类型

PPP 在实践中具有多种类型，不同类型的 PPP 在融资模式、合作内容、合作程度、付费方式及私有化程度等方面都表现各异。根据这些差异，世界各国对 PPP 做出不同的分类。世界银行将 PPP 模式分为服务外包、管理外包、租赁、特许经营、BOO 和完全剥离六种模式，英国政府明确了八种 PPP 类型，加拿大 PPP 委员会根据社会部门所承担的风险和参与公共服务的程度来确定了七种 PPP 类型。我国也有学者按照合作的程度，即社会部门参与公共项目的程度来进行类型划分，例如，王灏（2004）以私人部门在不同合作形式中承担不同风险为划分依据，将 PPP 分为外包类、特许经营类和私有化三大类，其中私人部门承担的风险依次递增。任志涛（2015）根据项目所处的实施阶段将 PPP 分为新建设施模式、已建设施模式、改建实施模式三种类型。我国财政部财金〔2014〕113 号文件和发改委的发改〔2014〕2724 号文件中规定，PPP 项目的具体类型包括 O&M、MC、BOT/BOOT、BOO、TOT、ROT 六种类型。根据合作程度，可以将这六种类型放在一个连续谱上，连续谱的两端是政府服务和私人服务，分别代表了完全公营和完全私营，其间的六种类型代表了公共部门和私人部门某种程度的结合，是典型的 PPP 模式（见表 2－1）。

表 2－1　　PPP 类型连续谱

政府服务	管理合同（MC）	委托运营（O&M）	建设—运营—移交（BOT）	转让—运营—移交（TOT）	改建—运营—移交（ROT）	建设—拥有—移交（BOO）	私人服务

完全公营←————————————————————→完全私营

私人部门参与程度

PPP 模式不同一般意义上的民营化，政府或者公共部门在 PPP 模式下发挥着实质性的作用，它所强调的仍然是保护和强化公共利益。因此，在 PPP 领域，社会部门在项目定价和服务质量方面必须接受政府参与和监督，以保证公共福利不会因为社会部门权利过大而受到损失，所以投资规模大、时间长、市场化程度较高的公共项目和公共产品供给可以利用 PPP 模式。PPP 具体类型的含义如下：

管理合同（Management Contract，MC）属于模块式外包，它与整体式外包相同点在于都拥有存量公共资产的所有权，只是向社会资本方让渡管理权，不同点在于该模式外包时间不超过三年。

委托运营（Operations & Maintenance，O&M）属于整体式外包。通常合同签订周期不超过八年。在这段时间内，社会资本或是项目公司受政府委托来运营和维护政府所拥有的公共资产，受委托期间，受委托方向政府收取管理费。

建设—运营—移交（Build - Operate - Transfer，BOT）一般是指在20—30 年的特许经营期内，政府授予社会资本或是项目公司在特许经营协议下，承担 PPP 项目设计、融资、建造、运营、维护等活动。等到特许期结束后，PPP 项目所存资产及权利会移交给政府。项目存续期内，项目公司会在保证用户获得优质服务的同时，利用特许经营项目本身收益偿还贷款并获得投资回报。

移交—经营—移交（Transfer - Operate - Transfer，TOT）是指在特许经营合同期内，政府会把已投产运行的存量公共项目的一定期产权或经营权转让给社会资本或项目公司，但受让方须一次性向政府支付特许经营权费用，然后利用合同续存期内向用户提供服务来获得投资回报，合同期满后，经营权或是一定期产权重新移交回政府。这种模式不涉及最终产权之争，在我国会规避国有资产流失问题。

改扩建—运营—移交（Renovate - Operate - Transfer，ROT），实质是在 TOT 模式上增加了改扩建环节，利用改扩建后的设施和所拥有的特许经营权利来进行项目运营、提供服务，其中原来旧的设施只是翻新扩建，不存在新建问题。当特许期结束以后，一定期产权或经营权会重返政府手中。

建设—拥有—运营（Build - Own - Operate，BOO），该模式与 BOT 模式的相同点在于社会资本或项目公司会新建并运营公共服务项目，不同点在于 PPP 项目最终所有权的归属。BOO 模式中，社会资本或项目公司在承担相应责任的同时可无限期拥有该 PPP 项目相关权利，不需要在有限期内移交项目权利给政府。

2.2.2 养老服务的界定

养老服务与老年人个体的身体变化以及社会独立生存能力不断下降密

切相关。养老服务涉及的内容非常广泛，它主要满足老年人由于生理衰老所产生的方方面面的需求，由于人口老龄化加剧、经济发展水平受限等因素，养老服务有效供给已成为个人、家庭和社会面临的严峻挑战。目前，学术界对养老服务的认识还是比较统一的。养老服务是指老年人因衰老导致的生理机能退化，完全或部分丧失独立生活能力，进而产生需要他人提供帮助或服务来增加自我生存能力的安排。从狭义上讲，养老服务除了包括向老人提供所必须的生活照料服务以外，还应提供精神慰藉、医疗保障、老年教育等服务，家庭、社会和政府会围绕这些服务行为进行支持和干预。从广义上来看，养老服务包含了家庭和社会对老年人提供的所有正式及非正式的服务制度安排，内容上除了物质、医疗、精神保障以外，更注重老年人的社会参与，帮助老年人实现自己的社会价值成为更广泛意义上的养老服务目标。在我国当前经济发展水平下，老年人虽然迫切需要更高水平及层次的养老服务，但现实是我国养老服务的供给只停留在满足老年人医、食、住、行等基本生存和必需品的服务和照顾上面，这就使生活照料和护理服务成为当前我国养老服务的全部内容。

我国社会化养老服务正逐步利用制度优势、体系优势来占据传统家庭养老服务的重要位置，在现实生活中和家庭养老服务相互联系、相互补充、相互支持，对空巢老人、高龄老人，尤其是失能半失能老人从社会角度提供帮助和服务。养老服务按为老年人提供的服务内容可分为生活照料类、医疗护理类、老年金融类、文化教育类等若干种助老服务，这些服务的内容及形式随着经济发展水平的提升在不断扩大。按老年人居住形式获得的服务可分为居家养老服务、社区养老服务和机构养老服务。居家养老服务的获得并非从传统的家庭供养体系中来完全体现，它既需要家庭经济和精神的支持，也需要专业化的社区服务为在家居住的老年人提供日常生活照料、医疗健康护理和精神文化支持等服务内容；其主要服务形式分为社区日托和上门服务两种，服务提供具有一定的专业化水平。社区养老服务方式一般具有价格较低、覆盖面广、服务内容多样等特点，让在家居住的老年人能就近在社区内利用社区日间照料中心、老年康复文体活动中心等就可享受到老年服务。机构养老服务是依托老年公寓、敬老院、养老院等居住设施来向老年人提供包括日常生活照料、医疗护理、群体活动等的公寓式、住宿式的养老服务，该服务模式的最大优势是可利用固定的机构、工作人员及完善的老年辅助设施来稳定地照顾老年人的日常生活，但缺点是老年人因为离开家庭和原住社区后精神满足感较差。

我国目前以居家养老为主体，社区养老为依托，老年公寓等机构养老为支撑的社会养老服务体系已逐步形成。政府在购买养老服务方面，主要为“三无”老人、低收入老人、残疾老人、失能半失能老人等购买机构供养、基本护理及助老服务，更高水平、更高价格的养老服务获取需要老年人自己出资或是家庭出资。因此，养老服务领域的发展仅依靠政府的投入是远远不够的，发挥市场机制促进养老服务产业的发展，形成家庭、社区、第三方组织都投入的资金支持结构是十分必要的。

2.2.3 项目风险管理的特点及流程

风险的发生具有不确定性和危害性。规避风险、减少风险带来的危害性是进行项目风险管理的目的和意义。但项目风险管理是一个系统工程，通过揭示风险发生的规律，把握风险发生的来龙去脉，制定合理有效的风险规避措施，才能从真正意义上做到风险发生低频化、风险危害最小化，最终实现最大的安全保障。

(1) 项目风险管理的特点

项目风险管理的重要性不言而喻。但现代信息技术的发展、庞大而复杂的项目建设、传统风险管理工具的不足已经不断影响到风险管理的发展与策略。因此，寻找项目风险管理和创新技术的契合点是未来风险管理的发展方向。当前，项目风险管理呈现以下三个特点：第一，风险管理系统化、流程化。项目风险管理是一个动态持续、反复改进的过程，利用以往经验和技术手段对项目全生命周期内可能存在的风险环节进行有计划、有目标的风险干预和主动控制，通过有效的系统化管理和持续的风险控制手段，不断影响项目风险的出现及状态，妥善处理风险造成的不良后果，达到保障项目正常运行和稳定发展的目标。第二，风险管理采用了大量的技术手段和方法。例如，在风险评估过程中，大量质性研究方法如德尔菲法、AHP 法和量化研究方法、模糊数学法等被广泛使用，当然计算机模拟仿真方式也进入了项目风险管理的视野。第三，防范风险是风险管理的核心。风险发生的不确定性要求风险管理以预防为中心，加强风险预警，将潜在的风险遏制在萌芽中，以减少经济损失。

（2）项目风险管理流程

项目风险管理作为一个系统性工作，它实施过程主要涉及风险规划、识别、评估、应对和监控五个阶段（郭波等，2018），如图 2 – 1 所示。其中，风险规划是项目风险管理的前期组织规划，它涉及风险评价的基准、风险判断的依据以及会采用哪些技术方法来控制风险等。风险识别的目标就是要根据本项目的基本情况来确定风险来源和风险特征，其中，风险分析人员的以往经验和项目初期的各类信息汇总都会影响各类型风险的识别，风险识别次数越多，越能带来更可靠、更有用的风险信息。风险评估的过程实际是对识别出的风险的定性或定量化分析；利用多种研究方法来评估风险发生概率和危害程度，目的是了解风险的大小和等级，有的放矢地对重特大风险进行重点防范。风险应对的目的是减少或消除项目风险而采取的应对措施；常见的风险应对措施有风险预防、风险转移、风险分担、风险规避等。风险监控就是要跟踪已识别的风险，随时对风险管理策略进行调整，保障项目风险管理的有序进行。风险监控涉及众多项目参与者，他们之间要不断进行信息沟通来保证风险追踪的及时性和可控性。

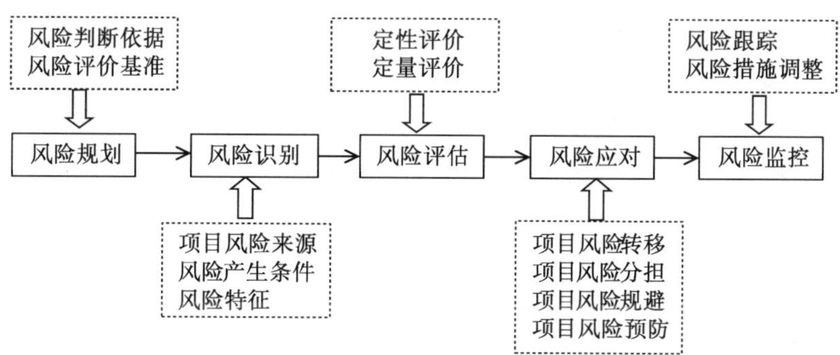

图 2 – 1　项目风险管理的基本过程

项目风险管理作为一种管理职能，可以有效地识别风险源，科学分配风险责任，实现风险经济性、技术性、管理性等多方面控制和管理。PPP 模式的优势就在于收益共享、风险分担。PPP 项目风险管理中就风险应对措施更倾向于使用风险分担，PPP 项目风险分担更强调把风险分配给对风险更具有控制力的一方，利用风险分担机制，有效对可能出现的风险进行责任分配。

2.2.4 养老服务 PPP 项目风险管理的内涵及外延

在养老服务领域，PPP 作为一种建设与运营养老机构的创新模式被广泛关注。在 PPP 模式下，公共部门和私人部门共担养老服务项目建设和运营风险，共享项目收益；进一步优化养老机构服务的供给结构，提升养老服务供给质量；吸引社会资本，有效降低地方财政偿债压力，实现优势整合，达到双赢或是多赢的效果。因此，PPP 模式改进了养老服务的供给，成为养老服务提质增效的有力手段。但是，将 PPP 视为减轻政府养老服务支出负担，解决地方政府重大养老项目融资的法宝而将所有的养老服务项目都采用 PPP 模式是不对的。因为养老服务 PPP 项目可能不仅包括了政府对社会资本方养老服务供给的收益缺口补助承诺，也需要对养老 PPP 项目运作过程中的部分风险进行分担，不比较 PPP 模式与传统政府投资模式的优点和缺点，盲目让任何养老服务项目都采用 PPP 模式，不做养老服务 PPP 的适用性分析，很容易造成养老服务 PPP 项目的失败，而显然失败的 PPP 项目比比皆是。所以对养老服务 PPP 项目进行风险管理是十分必要的。

项目周期长达 20—30 年的养老服务 PPP 项目合作者除了政府以外，还涉及众多参与方，在如此长的时间内如何有效管理和控制项目在建设和运营中的风险，是 PPP 项目成功的关键。风险识别、风险评估和风险处置被认为是项目风险管理的重要组成部分（柯永建、王守清，2011），养老服务 PPP 项目风险管理的内涵涉及在 PPP 项目实施全过程中如何进行风险识别、风险评估、风险处置和风险监控，而风险处置的措施包括了风险自留、风险转移、风险分担、风险规避等方式；因为在养老领域利用 PPP 方式，涉及合作双方风险分担，所以项目风险分担在养老服务 PPP 项目中成为研究的重点。养老服务 PPP 项目的风险识别意味着项目存在哪些风险、造成风险存在的原因和风险将产生哪些危害三部分组成；风险的评估可以帮助项目投资方预见潜在的问题，明确风险的大小，做好积极的应对准备；风险的分担意味着风险应由最有控制力的一方承担，合理的风险分担应该围绕最优风险分担量来分布。所以养老服务 PPP 风险管理是一个持续的过程，是对养老项目全寿命周期内可能遇到的风险进行预测、识别、评估、分担、监控，并在风险分担偏好的基础上采取措施，提出解决方案，减少风险损失，扩大合作收益的科学管理过程。

养老服务 PPP 项目风险管理不仅是通过项目内部控制来实现风险治理，从更广泛的意义上讲是要完成具有多种偏好的利益相关者之间最终实现风险的合作治理，因此养老服务 PPP 项目风险管理的外延要扩大到制度和治理层面，在公平与效率的合作价值动态平衡中，进行风险分配，实现物有所值的公私合作绩效最优。在养老领域，利用 PPP 模式来弥补养老市场竞争的缺陷和有效实现养老服务资源最优配置，前提是明确政府与社会资本方的责任与定位、风险与收益相匹配等关键问题（叶晓甦等，2015），在此基础上体现项目全寿命周期中经济效益和社会效益的均衡配置。

在养老服务项目公私合作中，由于政府和社会资本方目标并非完全一致。“物有所值”作为最重要的风险收益评价指标，对养老服务项目生命周期的社会资源利用率及经济效益实现程度，老年人口对养老产品或服务的满意度等具体表现为：如何达到养老服务公私合作中收益共享与风险分担的最优结构上来。如何保证养老服务 PPP 制度实现公平与效率相统一，在公开、公平、平等的规则下，养老 PPP 项目公私合作的制度效率和公平的价值本源相统一；如何保证政府和社会资本的行为和决策在合作制度下，利用准入机制、激励机制和补偿机制达到降低政府和社会资本方风险的目标，达到政府行为与市场关系的紧密结合以及有效的契约约定的过程；如何保证在实现养老服务公平、可及、高效的根本目标前提下，在项目运营阶段最大限度地开放市场竞争效率的边界，形成全面的、规范的、有共同认知的风险治理规则体系和制度框架。显然这些对养老服务 PPP 项目的风险识别、衡量、分担以及利益分配等项目的关键影响因素进行内部控制，以此把控养老 PPP 项目风险管理和控制各个关键性节点是非常重要的。

第 3 章

PPP 模式应用于养老服务业的可行性与应用条件分析

3.1 PPP模式支持中国养老服务业的必要性与可行性

张荣艳等（2013）对我国老龄人口进行预测后发现，到2040年我国老龄人口会达到3.62亿，到2050年会达到5.25亿，占我国总人口比重的32%。截至2017年年底，根据民政部《2017年社会服务发展统计公报》数据显示，我国65岁以上老龄人口达15831万，占总人口的11.4%；我国各类养老床位744.8张，比2016年增长2%；每千名老年人口养老床位数为30.9张，比2016年每千名老年人拥有养老床位31.6张减少了0.7张，但已接近发展中国家平均水平。随着我国老年人口规模不断扩大，"失能半失能、高龄、三无、空巢"等特殊老年群体的绝对量也会快速攀升，这是其他国家无法比拟的。深度老龄化会对社会养老服务需求加大，而我国社会养老服务供给的不匹配也是显而易见的。养老是一个复杂的系统，除了养老保险、医疗保险为主的经济保障以外，养老服务集聚来自公共部门和私人部门的服务资源，自发产生复杂多元的服务方式，达到满足不同群体的多样化需求。如何在养老服务领域应对已到来的老龄化状况，让更多的老年人享受到优质的养老服务，获得更多幸福感和满足感；如何在我国政府财政资源的约束性与政府职能的有限性的条件下，让养老服务供给符合经济发展需要，成为社会各界普遍关注的热点（常晓丹，2016）。

3.1.1 中国养老服务业发展困境

（1）养老服务有效需求与供给相失衡

由于社会经济的发展，在养老服务领域，家庭照料功能逐步弱化，迫使家庭向社会寻求养老服务支持。然而随着人口老龄化加剧，我国社会化养老服务不管在数量还是质量上都面临着超乎想象的供需矛盾。一方面，随着中国经济快速增长、老龄化程度逐步加深，老年人口对养老服务机构及设施的需求日益增加，对养老服务的层次和品质要求日益提高。2016年，全国老龄办政策研究部副主任李志宏在2016（首届）京津冀养老论坛①上指出，预计到2020年，我国失能老年人将增长到4200万人，2030年6168万人，2050年9750万人；80周岁及以上高龄老年人到2020年为2900万人，2030年4300万人，2050年1.08亿人；空巢和独居老年人比例呈进一步上升趋势，2030年达到1.8亿人。目前，我国失能半失能老人对长期专业照护的需求十分迫切，而具备生活能力的居家老年人对社区提供的照顾服务和支持服务也存在较大期待。一方面，传统的养老服务供给格局与老年人的养老服务需求目标存在差距，各类养老服务供给都存在不同程度的缺口，养老服务发展形势十分紧迫；另一方面，社会养老服务发展缓慢，养老服务供给数量和质量不能满足需求。自2006年以来，我国养老床位数量的年均增速保持在10%以上，千名拥有数量从2007年的13.9张增至2017年30.9张，10年内增长了122%，但这与发达国家千人50—70张的标准存在差距；经统计2014年我国养老床位实际入住率仅为52%，北京和上海的床位空置率居高不下，北京空置率为40%—50%，上海养老机构的床位空置率为30%（黄闯，2016）。这说明我国虽然不断增加养老床位供给，但我们的老年人并不“买账”，这一定程度上反映我国养老服务机构的运营能力存在不足，只能保证老人简单的照料服务，而在医疗保健、康复护理、文体娱乐、精神慰藉等方面不能获得较好体验，无法从入住的养老机构中感到满意。

（2）养老服务设施供给结构不均衡

近10年来，我国机构养老建设发展迅速，2016年城乡各类养老服务机构提供的床位数为730.2万张，突破了政府“十二五”期间的养老服务规划，即每千名老人拥有床位数达到30张②。其中，机构养老床位数取得了巨大成就，而对采用居家和社区养老方式的绝大多数老年人来讲，多种

① 新华网，http：//www.xinhuanet.com/politics/2016-10/26/c_1119794196.htm。

② 《2016年社会服务发展统计公报》中华人民共和国中央政府网站，http：//www.gov.cn/xinwen/2017-08/03/content_5215805.htm。

多样的养老服务设施十分必要，如日间照料中心正逐渐成为老年人养老质量提升的重要保证。从实践来看，我国目前养老机构及养老服务设施在供给层面存在结构性矛盾。首先，养老服务设施供给结构层次缺乏多样化和个性化。老年人对养老设施的消费特征正向个性化、多样化消费阶段转变，对养老设施的品质、质量和性能的要求明显提高，对新兴养老设施的需求与日俱增。但市场中按照高、中、低档进行建设的养老设施并非正态分布，要不“太便宜”，要不“太高端”，“质优价合理”的需求难以得到满足。一方面养老机构床位数供给逐年增加，但具有养护型、医护型功能的养老机构供给设施较少；另一方面是城乡社区养老服务设施覆盖率达到一定程度，特别是老年活动室增多，但真正可以为老年人提供综合性照料服务的托老所和日间照料中心的覆盖率却较低。这实际是有效的“养老服务供给”不足问题。其次，养老服务设施区域分布不平衡。在机构养老服务领域，一方面是城市地区养老机构的建设快速发展；另一方面，由于用地紧张、中心城区养老机构供给存在困难，老年人为获得养老服务必须克服巨大距离阻力而选择离家较远的养老机构及设施。一方面城市少量由政府运营管理的公办养老院由于获得大量资金支持，拥有较好声誉和服务质量而难以入住；另一方面有空余床位的街道、乡镇基层养老院或民办养老院因为自己资金短缺、硬件服务设施差和服务质量无法令人满意而备受冷落，难以维持运营，郊区的养老服务功能未得到充分发挥。一方面，养老机构在城市发展迅速，大量养老机构床位空置；另一方面，广大农村地区“五保户”、失能、失智、“三无老人”由于养老服务机构设施落后，条件艰苦、服务质量不能保证而养老需求难以满足。最后，养老服务功能设置缺乏多样化。从当前我国养老机构提供的服务功能种类上来看，生活型服务多而护理型服务少（巢莹莹、张正国，2016）。在医养结合方面，有将近 1/3 的养老机构可提供医疗服务，但真正可以与医院实现共享资源的却非常少，造成一般性养老床位多，针对失智失能老人的护理型床位少，无法达到养老机构床位所能承载的养老、医疗服务功能的充分匹配。一方面，公办养老机构只收住有自理能力的老人，使患有慢性病、康复阶段的老年人在健康状况和生活自理能力恶化时不得不选择在医院长期居住；另一方面，民营养老机构出于追逐经济利益的考虑，投资高档养老院，造成养老机构床位空置，面临着更大的经营风险。

（3）养老服务专业化程度有待提高

目前，我国养老服务供给已经进入快速增长期，需要不断丰富养老服务产品的供给内容，但当前养老服务质量规范缺失、服务行为监管不力等问题层出不穷，严重影响了老年人对养老服务的满意度。许多高龄老人、失能半失能老人不能获得专业、规范的长期照料和康复护理服务，这与养老服务人员队伍建设相对滞后，专业化人员数量短缺，专业服务能力较弱等问题是分不开的。例如，较偏远地区的民营养老服务机构，很多从事照料服务工作的人员通常存在学历层次不高、职业技能短缺的问题，服务人员只是简单地接受专业技能培训和教育后就上岗了，养老服务不规范，护理质量不高等问题就必定存在。随着我国经济水平的不断提高，老年人在养老方面的需求也将从原有的基础性需求，转向多元化、高品质需求。养老服务项目逐渐增多、服务层次不断提高、服务内容逐渐细化、服务人员专业化、护理技能规范化，这些无疑对养老服务行业提出了更高的要求。市场化发展是一条有效途径。但市场化不能代替专业化，专业化养老服务可以从市场中搜寻，毕竟促进养老服务发展的最终动力还是养老服务本身（刘宝全，2017）。虽然社会力量进入养老服务领域进行市场化经营是大势所趋，但政府在照顾“失能半失能”“五保户”“高龄”等特殊困难群体的补缺型养老服务方面的角色不能失去，可利用社会力量为不同层次的老年人开发规模化、专业化且具有一定特点的养老及健康服务。服务标准也需依据老年人失能、失智程度，在服务内容、频率、时间、等级等方面上实现差异化操作（桂雄，2016）。通过养老服务质量评价的引入，采用养老机构标准化管理，逐步培养具备专业护理技能、拥有养老服务机构和设施管理才能的工作人员，促进养老服务业健康可持续发展。

（4）养老服务资金投入不足，融资渠道有待拓宽

从发展实践来看，养老服务资金投入不足、资源投入缺乏整合性等问题一直困扰我国养老服务发展进程。养老服务投入机制困境，会导致养老服务设施供给数量与老年人需求不匹配，也在一定程度上导致了养老服务质量和专业化水平不高。当前，财政拨款、私人资本投资、彩票公益金补助和社会慈善捐助等成为中国养老服务资金主要来源渠道，其中通过政府拨款或直接投资的方式占据了主导地位。但即便是政府每年把大量的资金和投资应用于养老服务领域，其规模对于我国正逐渐加深的老龄化困境也是杯水车薪。不仅如此，政府资金投入也缺乏长效性和稳定性。因此，建立以财政资金为主导、多渠道的融资供给体系是解决养老服务业投入不足的关键（李月梅、张同功，2011）。但当前有些私营资本对是否进入养老服务领域也持观望态度，养老服务领域多元化筹资也并不畅通，对社会资本的吸引十分有限。鼓励民间资本参与养老服务，帮助他们解决融资难融资贵、用地难用地贵、用工难用工贵等多重困境，让更多的民间资本来参与的社会化养老服务。毕竟从国际经验来看，像美国、日本等发达国家，政府对养老服务市场的干预很小，老年人可以直接从市场或社会组织那里获得较为满意的养老服务。但就我国的经济发展水平，养老服务发展理念并不与他们完全相同，改革需兼顾民意，既发挥政府基本养老保障作用，让人人享有最基本的养老服务权利，又要全方位为社会资本进入养老服务领域"打开方便之门"，加强政府在土地供给、税收等方面优惠力度，通过价格和竞争机制，让更多的社会资本参与到养老服务领域，不断提高养老服务的质量和效率。

3.1.2　PPP模式支持中国养老服务业的必要性

我国社会经济不断发展，在养老服务资源供需矛盾出现的情况下，政府可以通过转化职能来使公众利益得到更高程度的满足，发挥市场的决定性作用，进而提高养老服务供给的效率与质量（常晓丹，2016）。2017年8月，财政部等出台的财金〔2017〕86号文件①指出，PPP模式可以促进养老服务业供给侧结构性改革，优化养老服务领域政府资金资源投入使用

---

① 《关于运用政府和社会资本合作模式支持养老服务业发展的实施意见》（财金〔2017〕86号）中华人民共和国中央人民政府网站，http://www.gov.cn/xinwen/2017-08/21/content_5219295.htm。

方向和方式；既要保障面向老年人的基础性养老服务供给，还要优先支持保障型基本养老和改善型中端养老服务发展。具体而言，在养老服务体系中引入PPP项目模式的必要性主要有以下几个方面：

（1）开创融资新渠道，缓解政府财力不足

《“十三五”国家老龄事业发展和养老体系建设规划》指出，“十三五”期间要实现政府运营的养老床位占比不超过总床位数的50%，护理型养老床位占比不低于总床位的30%的目标，如表3－1所示。按照这一目标，增加社会资本的投入是首要保障。相比于传统政府单独投资或者私人资本独立融资模式，PPP模式的优势在于：一是因为政府投资的部分参与，可以加大吸引社会资本的力度，既解决了养老项目建设资金的需求，也缓解政府在养老服务供给方面的财政预算压力；二是非公共部门（包括私人资本或企业）进入养老服务及产品的提供过程中，政府职能转变，打破政府完全垄断养老服务提供的传统做法，强调一种合作关系，既发挥私人部门在养老服务领域具备管理和经营的优势，也发挥了政府在养老服务领域的引导和监督作用。但绝不能把PPP模式仅理解为融资方式、融资措施，应把它作为一种管理模式，涉及公私合作关系，达到养老服务项目建设和运营的风险最小化以及社会综合效益最大化的1＋1＞2的协同效应。PPP模式适应经济新常态，尤其在养老机构及社区养老服务设施建设方面可以吸引民间资本进入，利用其自身天然具备的融资功能，有效降低政府财政支出压力；在养老服务设施的管理方面，通过公私合作，可以帮助政府减少大量养老机构管理成本支出，提高行政效率，而企业也可利用专业化的养老服务管理经验来保障老年人的需求。

表3－1　“十三五”期间国家老龄事业发展和养老体系建设主要指标

类别	指标	目标值
养老	政府运营的养老床位占比	不超过50%
	养老服务护理型养老床位占比	不低于30%

资料来源：《“十三五”国家老龄事业发展和养老体系建设规划》，http://www.gov.cn/zhengce/content/2017－03/06/content_5173930.htm。

（2）分散和降低风险，实现合作效益

PPP 融资模式应用于养老服务领域对于保持养老服务投资稳增长，缓解政府财政支出风险，提高养老服务运行绩效是十分必要的。从目前实践来看，灵活运用服务外包、TOT、BOT、BOO 等公私合作模式，一方面有助于解决单独社会资本投资养老服务设施所带来的经营成本相对较高，风险承受力较弱，很难形成规模效益的问题；另一方面，解决了政府受财政支出结构限制而不能在市场上无限制提供养老服务支持的问题，全由国家财政支持的养老服务风险承担机制受到抑制，一定程度上降低了财政支出风险。当前，如何在养老服务机构的经营过程中获得有效的风险分担，使养老服务实现最大社会效益和经济效益，是必须要面对的问题（王海霞，2014）。风险分担是 PPP 模式的重要特征之一。明确政府和社会资本的责权利，构建合理的风险分散机制，让对风险更具管控优势的一方来承担养老服务项目的风险，平衡公共部门和非公共部门之间的收益与风险，实现风险分配效率最优的同时项目总收益最优，是 PPP 模式的固有属性。面对养老服务运营过程中，单一部门可能无法承担所有风险的情况，利用公私合作来发挥政府与社会资本的风险控制优势，如政府可以承担更多的国家层面、政策层面、法律层面的风险，而社会资本方则承担市场层面、运营层面、技术层面的风险，通过合理的风险分担机制，把养老项目不同的风险分配给具有更大承受力和控制管理优势的一方承担，从而实现项目整体风险的最小化。所以把养老服务与 PPP 模式相结合，最大的优势就是风险可以被公私双方分担并利用先进的风险管理技术有效地化解，不但有效降低养老服务项目建造和运营的整体风险，也让各部门风险总量下降。

（3）有利于优化供给结构，提升供给质量

PPP 模式下，政府部门和私营部门共同参与养老服务设施的投资与建设，有利于向社会中的老年人提供不同层次的养老服务，供给质量和专业化水平也会因为市场竞争、私人部门参与而逐步提高。当前，我国面临“一床难求”与“床位闲置”的矛盾问题（曹富国，2016）。利用 PPP 挖掘私人部门先进的生产和管理技术，综合公共部门和非公共部门的优势，取长补短，在养老服务设施融资、设计、建设、运营过程中通过专业化市场运作来提供和改善养老服务，满足多元化的养老需求是可行的。毕竟公共部门在进行宏观管理、养老行业规则制定、养老行业监督、保证养老机构和设施的社会公益性等方面优势明显；而私营部门对提升养老机构运营绩效，满足老年人养老服务质量提升诉求，弥补公共部门的市场信息不对称等问题非常有经验（陈思阳、王明吉，2016）。在保证养老服务机构和设施符合国家整体规划的前提下，通过公私合作消除养老服务制度发展中的体制机制障碍，从养老服务供给方面促进潜在的养老需求转化为现实的养老需求，进一步利用市场与社会资源配置优化养老服务供给结构，提升养老服务供给质量，实现养老服务的供给与需求“双满意”。

3.1.3 PPP 模式应用于养老服务业的可行性

（1）法治环境逐步形成

我国社会养老服务领域引入 PPP 模式已初具法律条件。借鉴国外公共服务项目采用公私合作模式来进行融资、建设、运营的经验，吸引并鼓励社会资本进入养老服务领域，是我国创新养老服务模式的有效选择，也是加速我国社会福利事业发展的有效路径。我国近年来出台了一系列养老服务公私合作的相关政策，逐渐形成了以《中华人民共和国招标投标法》《中华人民共和国采购法》《中华人民共和国预算法》为基本，PPP 相关配套法律法规为辅的养老服务公私合作法律法规和政策体系。这些政策文件和法律为养老服务 PPP 项目的开展保驾护航，为其可行性提供了最直观的政策依据和法律保障。例如，2013 年国发〔2013〕35 号、国办发〔2015〕42 号、国办发〔2016〕91 号、财金〔2017〕86 号等文件（见表 3－2、表 3－3、表 3－4），都提到鼓励运用 PPP 模式推进养老服务业供给侧结构性改革，吸引更多民间资本参与养老服务项目建设运营，发挥政府和企业合作优势，推动发展多层次、多渠道、多样化的养老服务市场。显然有了这一系列政策性文件的支持，PPP 模式应用于我国社会养老服务设施的建设运营就有了政策和法律保障，养老服务 PPP 项目的可行性被进一步论证。

表 3－2　　养老服务 PPP 项目相关法律法规

序号	发文单位	发文序号	文件名	发文内容
1	全国人大常务委员会	主席令第八十六号 2017 年 12 月 27 日	《中华人民共和国招标投标法》	大型基础设施、公用事业等关系社会公共利益、公众安全的项目必须招标
2	全国人大常务委员会	主席令第十号 2014 年 8 月 31 日	《中华人民共和国政府采购法》	政府采购的服务，包括政府自身需要的服务和政府向社会公众提供的公共服务
3	全国人大常务委员会	主席令第二十二号 2018 年 12 月 29 日	《中华人民共和国预算法》（2018 版）	政府的全部收入和支出都应当纳入预算

资料来源：中华人民共和国中央人民政府网站　www. gov. cn。

表 3－3　　养老服务 PPP 项目国务院规范性文件

序号	发文单位	发文序号	文件名	发文内容
1	国务院	国发〔2013〕35 号	国务院关于加快发展养老服务业的若干意见	支持社会力量举办养老机构，完善投融资政策，激发社会活力，吸引更多民间资本，加快发展养老服务业
2	国务院办公厅	国办发〔2013〕96 号	国务院办公厅关于政府向社会力量购买服务的指导意见	推动更多社会力量参与公共服务领域，加大政府购买，形成公共服务新机制
3	国务院	国发〔2014〕43 号	国务院关于加强地方政府性债务管理的意见	加快建立规范的地方政府举债融资机制，推广使用政府与社会资本合作模式（PPP）
4	国务院	国发〔2014〕45 号	国务院关于深化预算管理制度改革的决定	加强政府购买服务资金管理，推广使用 PPP 模式来参与有一定收益的公益性项目，切实降低公共服务成本
5	国务院办公厅	国办发〔2015〕42 号	国务院办公厅转发财政部、发展改革委、人民银行《关于在公共服务领域推广政府和社会资本合作模式指导意见的通知》	鼓励在养老领域采用 PPP 模式。健全财政管理制度，打破行业准入限制，吸引社会资本，推进养老服务业供给侧结构性改革

续表

序号	发文单位	发文序号	文件名	发文内容
6	国务院办公厅	国办发〔2015〕84 号	国务院办公厅转发卫生计生委等部门关于推进医疗卫生与养老服务相结合指导意见的通知	拓宽市场化融资渠道，探索政府和社会资本合作（PPP）的投融资模式支持医养结合发展
7	国务院办公厅	国办发〔2016〕91 号	关于全面放开养老服务市场提升养老服务质量的若干意见	改进政府服务，完善财政支持，拓宽养老投融资渠道，放开外资准入，激发各类市场主体活力
8	国务院	国发〔2017〕13 号	关于印发“十三五”国家老龄事业发展和养老体系建设规划的通知	鼓励采取特许经营、政府购买服务、政府和社会资本合作等方式支持社会力量举办养老机构
9	国务院办公厅	国办发〔2017〕21 号	关于进一步激发社会领域投资活力的意见	引导社会资本以政府和社会资本合作（PPP）模式参与医疗机构、养老服务机构、教育机构、文化设施、体育设施建设运营，开展 PPP 项目示范
10	国务院办公厅	国办发〔2017〕79 号	关于进一步激发民间有效投资活力促进经济持续健康发展的指导意见	鼓励民间资本参与政府和社会资本合作（PPP）项目，支持民间资本股权占比高的社会资本方参与 PPP 项目，保证民营企业平等参与竞争

资料来源：中华人民共和国中央人民政府网站 www.gov.cn。

表 3－4　　养老服务 PPP 项目部门规范性文件

序号	发文单位	发文序号	文件名	发文内容
1	发改委、财政部、民政部	发改投资〔2014〕2091 号	关于加快推荐健康与养老服务工程的通知	积极鼓励采用 PPP 方式参与健康和养老服务工程，进一步放开市场准入，给予各投资主体支持
2	财政部等五部委	财社〔2014〕105 号	关于做好政府购买养老服务工作的通知	凡社会能提供的养老服务，尽可能交给社会力量来承办，通过政府购买养老服务方式提供便捷、价格合理的养老服务

续表

序号	发文单位	发文序号	文件名	发文内容
3	民政部、发改委等十部委	民发〔2015〕33号	关于鼓励民间资本参与养老服务业发展的实施意见	支持PPP模式参与机构养老发展，支持民间资本参与社区居家养老，推进医养融合发展，完善投融资政策，促进民间资本规范有序参与
4	人民银行等五部门	银发〔2016〕65号	关于金融支持养老服务业加快发展的指导意见	探索多种融资方式来支持养老服务业发展；鼓励金融机构创新融资机制来支持PPP项目，鼓励金融机构向养老服务的社会资本方提供融资支持
5	民政部等十三部委	民发〔2017〕25号	关于加快推进养老服务业放管服改革的通知	加大简政放权力度，鼓励社会力量参与养老服务发展，简化优化养老机构相关审批手续，降低创业准入的制度性成本
6	财政部	财预〔2017〕35号	《新增地方政府债务限额分配管理暂行办法》	健全地方政府债务限额管理机制，规范新增地方政府债务限额分配管理，防范债务风险、保障融资需求、注重资金效益、公平公开透明的原则
7	财政部等三部门	财金〔2017〕86号	关于运用政府和社会资本合作模式支持养老服务业发展的实施意见	积极提供政策保障，立足保障型基本养老服务和改善型中端养老服务，规范推进PPP项目实施
8	财政部、人民银行、证监会	财金〔2017〕55号	关于规范开展政府和社会资本合作项目资产证券化有关事宜的通知	提出要分类别进行PPP + ABS推广，并在实施程序、监管方面都做出相应规范
9	国家发改委	发改投资〔2017〕1266号	《关于加快运用PPP模式盘活基础设施存量资产有关工作的通知》	在符合国家法律法规的情况下，支持PPP模式盘活我国存量资产项目，进一步拓宽基础设施建设资金来源，吸引社会资本采取不同形式参与
10	民政部、发改委等十三个国家部委	民发〔2017〕25号	《关于加快推进养老服务业放管服改革的通知》	促进社会力量逐步成为发展养老服务业的主体，推进养老服务业简政放权、放管结合、优化养老服务体系

续表

序号	发文单位	发文序号	文件名	发文内容
11	财政部	财金〔2017〕92 号	关于规范政府和社会资本合作（PPP）综合信息平台项目库管理的通知	开展财政部 PPP 示范项目的核查清理工作，集中清理已入库项目，对新 PPP 项目入库标准要提高，对开展政府付费类项目要保持谨慎态度
12	财政部	财金〔2018〕23 号	关于规范金融企业对地方政府和国有企业投融资行为有关问题的通知	把规范运作、严格信息披露作为 PPP 项目可以获得融资的前提条件，严格执行国有金融资本管理制度，加强金融企业风险管控和财务管理
13	财政部	财金〔2018〕54 号	关于进一步加强政府和社会资本合作（PPP）示范项目规范管理的通知	夯实 PPP 项目前期工作，切实履行采购程序，严格审查签约主体，杜绝违法违规现象，强化项目履约监管
14	财政部	财综〔2018〕42 号	财政部发布《关于推进政府购买服务第三方绩效评价工作的指导意见》	将第三方绩效评价作为推动政府购买服务改革的重要措施
15	国家发改委	发改投资〔2018〕1239 号	《关于抓紧贯彻落实国务院部署促进民间投资持续健康发展的通知》	鼓励民间资本采取多种方式规范参与 PPP 项目，大力推进运用 PPP 模式盘活存量资产
16	财政部	财预〔2018〕167 号	财政部发布关于贯彻落实《中共中央国务院关于全面实施预算绩效管理的意见》	加快对政府投资基金、主权财富基金、政府和社会资本合作（PPP）、政府购买服务、政府债务项目等各项政府投融资活动实施绩效管理，实现全过程跟踪问效

资料来源：中央人民政府网站、财政部网站、民政部网站、国家发改委网站等政府官网。

（2）公私合作经验的部分积累

随着我国 PPP 模式的推广和应用，在公共服务领域 PPP 项目的实施案例越来越多，而养老服务 PPP 项目的个数和规模也同比增长。在养老服务领域采用公私合作方式来融资、设计、建设、运营养老项目的经验正逐步积累，前期如“公建民营”“公办民营”“民办公助”等方式进行养老服务设施建设运营的案例虽然和规范的 PPP 养老项目有较多不同，但私人部门参与养老机构建设的探索对于养老服务 PPP 项目的运作提供了借鉴。

根据财政部全国 PPP 综合信息平台项目管理库 2018 年三季度报①显示，截至 2018 年 9 月末，项目管理库中 PPP 项目一共有 8289 个，投资额达到 12. 3 万亿元。纳入项目管理库中的 8289 个项目均已完成评价和财政承受能力论证的审核，其中有 4089 个项目落地，投资额 6. 3 万亿元，占所有项目数量的 49. 3%，已纳入项目储备清单的 4181 个项目处于识别阶段，投资额共计 5. 0 万亿元；截至 2018 年 11 月 30 日，项目管理库中养老 PPP 项目为 107 个，从运作阶段看，准备阶段为 27 个；采购阶段为 22 个；执行阶段为 58 个；移交阶段为 0 个，没有项目能够进入移交阶段，项目落地率达到 50%。养老项目中投资 1 亿元以下的项目 15 个，1 亿—3 亿元的项目 33 个，3 亿—10 亿元的项目 37 个，10 亿元以上的项目 22 个。

在运作机制方面，养老服务 PPP 绝大多数项目采取了 BOT 和 BOO 模式。这两种模式主要适用于新建项目，对社会资本方的建设能力和融资能力要求较高。其中 BOO 模式由于建成后资产所有权归 SPV 持有并管理运营，因此项目多为综合业态，除养老外，还包含医疗、康复、休闲、旅游等其他业态。采取 TOT（移交—运营—移交）、O&M（运营与维护）等其他模式的多为公建民营项目，对已建成养老设施或存量资产加以改造或委托运营维护。尽管 BOT 和 BOO 模式中政府所担任管理角色逐渐淡出，但是在规制方面，政府的作用必须加强，其中包括养老服务定价以及监管问题。

在回报机制方面，超过 2/3 以上的养老项目采取使用者付费模式，采取政府付费模式的项目较少，主要为政府举办的具有福利性质的养老项目；每个养老服务 PPP 项目在补贴方式、补贴模式、定价方式方面差异较大，都是 PPP 项目在运作过程中由政府与社会资本参与方进一步商定来确定的。

① 财政部政府和社会资本合作中心网站，http://www.cpppc.org/zh/pppjb/7450.jhtml。

（3）养老服务业与 PPP 模式的匹配性分析—基于 SWOT 分析法

从养老服务 PPP 项目运行实践来看，PPP 模式是可以和养老服务业进行有效对接的。在养老服务领域利用 PPP 模式来为养老服务设施融资、建设、运营，一定程度上解决了养老服务业面临的资金缺口问题。

①PPP 模式应用于养老服务业的优势分析。PPP 模式应用于养老服务业不但丰富了原有养老服务领域的项目融资模式，而且相比已存在的养老服务公私合作项目，其最大的不同在于 PPP 模式更关注合作双方关系，在平等的基础上，有效分担风险，超越原有合作方式只追求自身风险最小而自身经济利益最大化，从更高层次的管理角度，实现项目整体利益共享、风险共担、优劣势互补。在养老服务领域应用 PPP 模式，具有非常明显的优势。首先，引入社会资本方可以解决单纯依靠政府财政投入来发展养老服务的格局，解决养老服务领域融资难的问题。其次，在养老服务领域采用 PPP 模式来搭建项目运作平台，政府与私人资本都成为平等的契约主体，既发挥政府宏观上在养老产业格局规划、行业规则制定、养老行业监督、养老服务设计规划等方面的制度优势，也弥补政府在市场运作上的经验不足，利用私人部门在市场中的管理经验，有效实现优势互补，利益共享。再次，借助 PPP 发展模式，进一步提升了政府和私人部门双方的风险承受能力。政府与私人部门利用各自存在的天然优势进行合作，避免单一主体承担更大风险，保证在共同目标下，实现比单打独斗更为有利的结果。最后，在养老服务领域 PPP 模式的利用有助于帮助养老机构和设施进一步提升运营效率。例如，对运营效率低的公办养老机构采用 PPP 模式来实现养老服务机构独立法人实体运营，通过股份制、租赁等变化投入资金的方式更新管理服务主体，转变经营机制，提升公办养老机构的运营效率。

②PPP 模式应用于养老服务业的劣势分析。PPP 模式在我国养老服务领域发展时间并不长，虽有一些成功案例，但大体上运作经验还不足，所以 PPP 模式在养老领域全面推广存在一些劣势及不易解决的问题。首先，与其他基础设施建设 PPP 项目不同，养老服务 PPP 项目不但涉及建设，更多涉及运营管理中的一些软性服务，所以实现 PPP 项目的标准化交易难度

较大，更不要说养老服务项目建设包括了老年公寓、医养结合养老机构、社区日间照料中心等多种情况，PPP 交易结构非常复杂，可能还会降低效率。其次，社会资本方在项目设立时所筹集的项目资本金会出现融资困难，市场化融资渠道并不顺畅，融资成本较高。主要是社会资本方在参与养老服务项目时，因为作为最重要的股东需要承担出资责任，但项目资本金的筹集多半会寻求外部支持，但除了自有资金和银行贷款外，市场化融资渠道十分匮乏，尽管近一两年内 PPP 基金、专项建设基金和资管计划可以提供支持，但融资难度风险几乎全由私人部门承担，进一步造成私营机构参与养老服务项目的热情不高。再次，PPP 合同的长期性可能导致项目运行灵活性不足。因为在养老领域，无论是政府规制还是市场规制都比较严格，养老服务产业化发展与福利性事业相矛盾，私营机构要获取较高利润比较困难。最后，养老行业所采取的 PPP 模式需要更为严格的监管。因为，PPP 在我国属于新型的公共服务供给模式，在养老服务领域实践需要构建起相对完备的组织机制、制度体系和监管架构，有助于养老服务 PPP 项目的良性发展，因此严格的监管是养老服务 PPP 项目顺利进行的保证。

③PPP 模式应用于养老服务业的机会分析。新公共管理、民营化、公私合作等热潮不断涌现，由财政部、发改委主导的各层次、各类别的 PPP 项目从项目识别、准备到最终执行、移交正“大踏步”前进，PPP 推进力度前所未有，而养老服务业既惠及老年人又作为政府在民生领域攻坚克难的主战场，PPP 模式与养老服务相对衔接就处于难得的历史机遇期。首先，老龄化所促使养老服务的需求将会不断增加，养老服务市场面临供需紧张。我国经济高速增长，老年人的消费观念和养老观念都悄然发生改变，质优价廉的养老服务供给对养老服务市场提出新的要求，但养老服务城乡发展不均衡、养老设施供给不足、医疗配套设施无法获得老年人满意，因此我国在养老服务业仍具有巨大的市场前景。其次，政府的公共管理理念创新，在公平、公正指引下的优化资源配置都需要进一步运用符合财政新投融资要求的创新机制，PPP 模式符合政府的改革需要。在此之时，推动 PPP 应用于养老服务领域，既通过 PPP 投融资模式创新来提高养老产品供

给效率，又能在国内外经济下行的影响下，实现保民生、保稳定，加强养老服务体系的长远目标。最后，私人资本趋利性会促使他们愿意和政府合作来获得收益。由于养老服务机构建设周期长，投资回报率低，一定程度上提高了私人资本进入养老服务市场的成本，造成许多民企并不愿意参与养老服务建设，尤其是一些“托底性”养老机构，正常的市场化运营，私人资本无利可图，所以通过公私合作这种关系合作，有效分担风险，在不同的付费机制下，保证私营企业通过差异化的服务方式收回投资，一定程度上会吸引社会资本方的参与。

④PPP 模式应用于养老服务业的威胁分析。社会资本进入养老服务领域，改变了政府和社会资本之间权利的相对分配，公共政策、法律保障、监管机制随之发生相应调整，一定程度上会出现实际或是潜在的利益冲突，福利性与盈利性相冲突，可能引发政府、社会资本方、建筑商、运营商和老年人的利益诉求都无法实现真正的满足。首先，政府和社会资本方之间权利和利益的架构容易被模糊、被忽视，会导致合作伙伴之间就风险的分配出现分歧并导致后续合作的无序，为避免养老服务偏离公共利益，政府要设置养老行业准入资质，保证社会资本必须具有公共责任，坚守“盈利但不暴利”的原则，否则一定会导致养老服务供给的失败。其次，符合 PPP 模式的公私合作伙伴关系，按照合作具体模式确定合作主体，这些制度性安排不能获得有效监督和监管，一定程度上是源于 PPP 模式的法律环境还不够完善，无法对合作主体之间的最佳合作方式进行严格监控，可能导致项目运作过程中的风险发生。其次，PPP 模式中的治理结构不明确，合作伙伴关系缺乏明确定位和问责等情况会造成养老服务项目所有权、经营权、管理权以及由此产生的各项承诺服务无法真正实现，导致与设定的初衷存在一些背离。最后，PPP 模式中专业性人才的短缺可能会影响养老服务标准化的交易和运作过程效率。我国当前缺少对整个养老服务 PPP 项目运作具有实际操作经验的复合型人才；有些人依照非国际惯例进行 PPP 项目交易依然是存在的（陈思阳、王明吉，2016）。

3.2　PPP 模式应用于养老服务业的条件分析

3.2.1　物有所值分析

物有所值（VFM）是评价公私合作（PPP）模式是否会成为比采用公共部门传统服务模式更优策略的一项核心制度，是衡量市场主体及其提供的公共服务质量高低的标准，更是判断政府能否在 PPP 项目中获得最大收益的一种评价方法。英国既是最早将 VFM 引入基础设施项目实施评估的国家之一，也是最为广泛应用 VFM 评价法的国家之一，为了规范 VFM 的操作流程，英国财政部对 VFM 评价流程进行了标准化规定。物有所值作为公共管理领域政府支出中的核心要义，强调不仅是 PPP 项目的经济成本，还要考虑 PPP 项目的社会效益。因此，从经济理性角度来看，PPP 模式不论应用何种组织形式、何种公共服务提供方式，都要统一在物有所值的基本检验之下（曹富国，2016）。物有所值要检验投入资金会产生多少效益，这个效益不光确定产品和服务的效果多少，还需确定从产品和服务中可获得最大收益是多少，如果评价结果是“物非所值”，那我们为什么要采用 PPP 模式来提供公共产品和养老服务？传统公共部门提供养老服务岂不更好。

（1）物有所值的特征

物有所值（VFM）强调在运作周期内，采用 PPP 模式后项目价值收益一定要大于单独公共部门提供服务模式下的项目价值，否则“物非所值”。着重 PPP 项目本身的经济性、效率性和可行性，并非公共产品报价越低越好、数量越多越好，物有所值技术在基于供给数量、风险分配、价格成本、运营效率和公平性等方面来判定 PPP 项目的总体效益，防止“多花钱、少办事”。物有所值作为检验 PPP 项目效益的价值目标和基本原则，会以传统政府公共产品供给方式为参照系，对整个项目进行经济评判和社会效益衡量。因此，物有所值的特征包含以下四点：第一，物有所值是一个多维目标构建的评价体系，它关注养老服务 PPP 模式与传统政府供给养老服务相比是否增加产品供给、优化风险分担、降低服务成本、提高运营效率、促进项目创新和改善社会公平等多个方面。第二，物有所值整合项目全生命周期内主要考核指标，测算整个项目寿命周期内所发生的所有成本，成本最低不是唯一目标，整个项目周期内的经济效益与社会效益匹配才是目标。第三，物有所值目标是经济性、效率性和可行性。利用 PPP 模式来节约更多成本和时间，获得更高服务质量，利用风险分担方式来转移 PPP 项目中各类风险，将风险转移至最适合承担的一方，可以期获得更高的物有所值。第四，判断物有所值与否的首要前提是“社会效益”标准。在物有所值中，经济效益分析方法通常会采用，目的是考察资本利用效率、资源配置效率等。促使社会资本方与政府合作的前提是政府职能转变，与“服务型政府”“效能性政府”分不开的。因此，政府职能转变、公众满意度提高、社会评价提升等社会效益具有更大的价值。

（2）物有所值评价的局限性

物有所值的内涵是在既定的资金规模下，实现最大化的或尽可能高的效益，这包括了经济效益和社会效益。因此，综合效益评价就变得尤为重要，公正客观的评判对于推动 PPP 模式是在公共服务领域应用变得十分必要。物有所值评价包括了定性评价和定量评价。定性评价包括环境影响、项目创新、融资性评价、风险识别和分配、政府机构承受能力、绩效考核与鼓励创新和全寿命周期内的整合程度等评价指标。定量评价需要在虚拟的情况下计算出 PSC（Public Sector Comparator），它反映传统政府提供公共产品的物有所值。定量分析除了 PSC－PPP 对比法，还利用成本效益分析法和竞争性招标法来完成物有所值定量评价。通过定性和定量评价，物有所值希望衡量出 PPP 模式可以在相同服务标准下，使全项目周期成本下降；成本相同的情况下，风险更小、供给数量更高、服务质量更好。但实际在物有所值评价过程中，这种评价方法是存在局限性的。首先，VFM 的成本测算是在较多的前提假设下确定的。如测算中会简单认为 PPP 模式和传统模式所处前提应是一致的，区别在于PPP的盈利模式与传统模式不同，折现率就成为争议的焦点，但长期来看，非金融因素也应该重点考虑在成本测算中。其次，风险描述的准确性会影响VFM的测算。VFM进行评估前需要量化风险，但风险通常会带有主观性，在PPP模式中风险的转移和分担也会出现偏差，因此PSC值中会受到风险数值的影响而产生较大差异。最后，VFM的决策角度还较单一。VFM目前除了对项目的成本以及其他形式的成果进行定性和定量分析以外，还对服务质量、资源利用率、长期运营效果等进行评判，但这些评价依然是不够的，尤其是公私合作双方权益的评估。合作权益的评估不但涉及项目长期负担能力还影响风险分担与价值，在缺乏大量准确的PPP基础数据积累支撑下，VFM是没有意义的（苑红等，2015）。因此，VFM的决策维度和操作实践都必须增加。

尽管VFM方法存在局限性，但目前确立PPP合法身份的有效证明方式还是VFM。国际上很多国家如加拿大、澳大利亚、日本，都将VFM评价体系包括在PPP模式之下，使之成为判断采取PPP模式与否的必要评判标准。例如，日本政府要求在PPP项目招标之前，VFM评价是必要且重要环节；新加坡政府会利用招投标方式以及社会投资者竞价来获得VFM（张奇，2016）。而我国在借鉴国外经验的同时立足于本国实际情况制定了《PPP物有所值评价指引（试行）》，并已颁布实施。此项指南更加系统地对我国PPP项目的具体评价指标与细则做了解释与介绍，可以帮助我们进行全寿命周期内收益评价。所以在有效的竞争下，采用规范性的运作方式来获得最大的收益，才能最终实现物有所值原则。

3.2.2　政府财政承受能力论证

政府财政承受能力不仅是指财政所能承受的负担，也是政府所能承受最合理财政支出责任所标记的“天花板”（黄徐会，2015）。在PPP模式下，公私合作主体责任和义务在合同中清晰约定，尤其是政府的支付承诺是明确的，若政府仅为了减轻短期融资压力，而盲目推进PPP项目的开展，不切实际的付费或是担保承诺，肯定会导致政府财政总体负担加重，最终受到损失的依然还是公众利益。财政支出量力而行，在政府的可承受能力范围之内对 PPP 项目进行政府付费或是可行性缺口补助，不突破“防线”，是防范政府风险的重要途径。对财政承受力论证类似于为 PPP 项目安装上了“安全阀”，有利于规范 PPP 财政支出管理（杨志勇，2015）。对于养老服务而言，政府应该进行补贴，但政府补助多少需要政府财政可承受能力评估来获得，政府在安排养老服务 PPP 项目时需要考虑每个项目将给政府带来的财政支出负担，按照量入为出的原则设计“天花板”。我国政府在养老服务领域的投资近些年来持续增加，财政投资预算涉及的公共养老设施投资通常变量多、周期长且可控性差，PPP 模式利用社会资本的融资能力和管理经验来为养老项目建设服务，从长期来看，对减轻政府在投资养老项目上的财政压力，拓宽养老服务融资渠道的效果是显著的。但由于养老服务领域很多养老项目不能实现自偿，很多低收入老年人的养老需要政府购买服务或是补偿方式来进行支持。所以，养老服务项目到底是采用 PPP 模式还是传统方式融资，还需要政府进一步决策，其中财政可承受能力论证就是重要的决策依据。

微观上，我国目前每一个养老服务 PPP 项目都必须进行财政承受能力论证。该论证涉及的内容包括五个方面（实施部门主体确定、责任识别、支出测算、能力评估、信息披露），如果论证结果是“通过论证”，且经同级人民政府审核同意，那么各级财政部门将会把该 PPP 项目的财政支出责任编制到中期财政规划里来进行预算统筹安排，而“未通过论证”的项目则不适合采用 PPP 模式。显然 PPP 模式中蕴含潜在的财政风险，政府担保及支付承诺会加重财政风险发生概率，开展财政可承受能力论证仅是管控财政风险的第一步，合理控制 PPP 项目财政支出责任，限制每年 PPP 债务规模才是监控和管理财政风险的重中之重。宏观上，10% 的预算支出红线一定程度上防范了我国财政支出风险，但 10% 的边界下还需平衡各个行业和领域，在满足经济社会发展需要和公众对公共服务的需求下，应由政府来审核 PPP 项目，防止某一行业或是某一类项目过于集中。毕竟从我国目前债务压力和政府中长期财政可承受力方面统筹考虑，保证 PPP 项目财政可承受能力论证，选择恰当的 PPP 交易结构和运作方式，加强 PPP 融资管理，构建合理的风险分担机制，对于防范财政风险、保证经济可持续发展是非常重要的。

3.3　PPP 模式应用于养老服务业亟待解决的问题

3.3.1　如何吸引私人资本进入

我国从 2016 年上半年开始，民间投资增速持续放缓，其中 2016 年国内民间投资增速同比增长仅 3.2%，2017 年增长 6%，2018 年前 7 个月的增速为 8.8%①。总体来看，民间投资增速放缓的原因除了国际金融危机深层次影响仍在持续，外部环境不确定因素明显增多，还源于在我国供给侧结构性改革的背景下，产业结构升级，一些私人资本在寻找投资新方向时遇到困难，影响投资意愿，在缺乏资本、人才，自主创新能力的情况下，发生“不愿投不敢投”的情况。当前，我国已取消和减少阻碍民间资本进入养老、医疗等领域的附加条件，但是制约私人资本进入养老服务领域的问题依然存在。如我国养老服务领域许多项目属于无利或微利项目，社会资本进入后，无法获得社会平均收益率，市场风险难以抵御，面临巨大经营压力（付诚、韩佳均，2015）；随着我国“去杠杆”的推进、对“影子银行”的打击，许多企业融资面临较大的融资压力，尤其是弱信用资质的企业在受到广义流动性收缩，贷款利率上升、非标利率等不同程度上升的情况下，融资难融资贵的问题更加突出。

如何吸引私人资本进入养老服务 PPP 项目？在政府选择性助力下，在公私合作、利益共享、风险共担的背景下，养老服务 PPP 项目靠什么吸引私人资本？首先，私人资本也可公平的竞争和争取必要投资回报的机会。

---

① 人民网，http：//finance. people. com. cn/n1/2018/0907/c1004 – 30277666. html。

为了保持并扩大私人资本在养老服务 PPP 项目中的参与度，前提是清理废除妨碍统一市场和公平竞争的规定和做法。其次，深化放管服改革，推动涉及 PPP 的相关规章、规范性文件出台，消除私人资本进入养老服务 PPP 项目存在的隐性门槛，增强其信心。再次，加大金融支持力度，引导更多的金融资源流向私人资本，帮助他们解决融资难融资贵的问题。最后，发挥政府在产业政策导向和行业发展信息方面的优势，减少公私双方信息不对称，让更多私人资本了解商业潜力大、投资回报机制明确的养老服务 PPP 项目，解决他们“不知道往哪投”的问题。

3.3.2 满足社会效益的同时如何实现企业投资合理回报

理想状态下，政府与社会资本合作可以实现养老服务的有效供给，在满足社会效益的同时达到社会资本投资合理回报的目标。但在实践过程中，“要把尽量多的风险转移给私营部门”成为政府部门的误区，造成承担更多风险的社会资本并没有获得与风险相匹配的资本回报，直接后果就是社会资本会选择退出养老服务 PPP 项目投资。尊重和保护社会资本的利益，平衡兼顾政府和社会资本两方面的价值取向是十分必要的（胡改蓉，2015）。在政府对养老服务价格的严格监管之下，社会资本通过多元融资、精细化管理获得投资回报，这些回报在社会资本看来是其通过辛苦努力取得的合理回报，但在政府看来却是涉嫌危及老年人口利益的暴利。因此，仅从利润数量上认定社会资本回报的合理性、合法性、正当性是不够的，可以通过确定社会资本投资回报率的合理边界、运用保底量机制设计、超额收益分配机制等来实现企业投资的合理回报。

首先，明确企业的合理投资回报率。在不同的经济背景时期，一般行业 PPP 项目投资回报率的平均值是 8%，而我国当前很多养老服务 PPP 项目的投资回报率只有 6.5% 左右。这一比例的设定主要是基于养老服务市场环境的考虑，但对私人资本的吸引力就大大降低了。因此，在确定项目的具体收益率时，应考虑企业投资该项目的融资成本及技术和管理投入，参照市场收益率平均水平，除去政府承担风险所应获得的回报来确定企业合理投资回报率。其次，运用保底量机制设计来保证企业获得最低投资回报。养老服务 PPP 项目通常收费机制比较复杂，价格弹性较大。在一个养老机构中，收费的多少会随着服务类型和等级不同，也会随着月付制、年费制或会员制等而不同。不同的收费标准和方式，极大影响了老年人选择该养老机构的态度和入住率，从而进一步影响社会资本的投资回报预期和周期。保底量机制作为可行性缺口补助付费机制中的一种特殊形式，如政府对养老机构入住率的保底量承诺，在养老机构床位的市场需求量大于或等于保底量时，政府不予任何补贴，但若低于最低担保水平，政府则要补偿实际需求量与保底量之间的差额收益。最后，超额收益分配机制的设定。从防范暴利的角度看，超额收益分配机制是社会资本合理回报与暴利之间的“控制器”。例如，可以运用超额收益由社会资本与政府按比例分成的方式来防止社会资本获得暴利。当然，社会资本回报的合理区间不是静态的，需根据项目运作过程中内部和外部情况变化做出动态的适宜性调整，如价格调整、期限变更、交易结构调整就很有必要。

3.3.3　风险分担问题

在养老服务 PPP 项目的谈判中，政府部门和私人资本经常就养老服务 PPP 项目中风险分担难以达成一致，大大增加了双方的谈判时间和交易成本。显然，恰当合理有效地分摊风险能节约项目费用和时间，大大加速项目的开展。但养老服务 PPP 项目风险的分担不只是简单地把风险从政府转移给私人部门，而应当根据项目的具体情况，通过风险谈判、配置、分担来适当的激励和约束私人资本，以提高投资和管理效率，同时确保老年人的利益不受侵害。PPP 项目的风险分担是否合理直接影响 PPP 项目成功与否。公共部门和私人部门应以双赢的态度就项目的风险分担进行谈判。但风险分担本身是公私双方力量的较量，在双方博弈过程中不但需要进一步确定每一种潜在风险的发生概率、危害程度，还要就每种风险的分担比例进行划分。通常特定的风险应当分配给最能够影响风险结果的一方，但承担风险程度与所得回报相匹配等原则也会影响风险分配比例，这就造成了养老服务 PPP 项目的风险分担问题十分复杂。如何确定合理的风险分担比例？风险分担如何动态调整？风险再分担的前提条件是什么？这些问题都会影响资源优化配置的理性选择，也会对私人利益的保护带来冲击，更可能违背政府采用 PPP 模式的初衷。

第 4 章

中国养老服务 PPP 项目风险管理现状分析

4.1　中国养老服务 PPP 项目发展分析

4.1.1　社区居家养老服务 PPP 项目发展现状

随着我国老龄人口数量不断增长及老龄群体生活质量水平逐步提升，集传统家庭养老和机构养老之优点的社区居家养老模式成为适合中国老年人需求的一种养老方式，它一定程度上满足了老年人不脱离家庭也可以享受养老服务的愿望。当前，我国正处于社区居家养老服务的推广阶段，民政部发布的《2017 年社会服务发展统计公报》披露，截至 2017 年年底全国社区养老机构和设施共 43000 个，社区留宿和日间照料床位达到 338.5 万张。日间照料中心或社区养老服务设施为居家的老年人提供了生活照料、家政服务、康复护理、文化娱乐、心理咨询等多种服务，但社区养老服务人员的专业化水平、养老服务资源整合、社区养老服务设施筹资渠道拓宽等各方面问题仍需加以改进和完善。近几年，我国政府在出台的政策文件中多次提到，要支持社会资本进入社区居家养老服务领域，而 PPP 模式对于实现社区居家养老服务的市场化运作，提升老年人养老服务满意度具有重要意义。但采用何种 PPP 模式、何种治理机制可以促使社区居家养老的服务方式效率更佳、风险更小，实现政府为主向多元主体共同参与转变，解决社区居家养老服务项目投入高、运营难、回收周期长、利润低、社会资本参与度不高等困境，突破社区居家养老 PPP 项目运营管理经验不足的难题，达到社会资本盈利要求是我们必须面对的问题。

（1）财政部社区居家养老服务 PPP 项目总体状况

根据财政部“全国 PPP 综合信息平台项目管理库 2019 年 1 月报”中

数据披露[①]，截至 2019 年 1 月 31 日，PPP 项目管理库共有养老项目 107 项，项目储备库中包含 78 个养老 PPP 项目。其中，管理库内处于移交阶段的养老项目为 0 项；处于执行阶段的养老项目共 59 项；涉及执行阶段的社区居家养老的项目只有 1 项，即赣州市章贡区社区居家养老服务中心项目，该项目投资总投资 16000 万元。尽管财政部公布的数据表明社区居家养老服务 PPP 项目数量不尽如人意，但对于开展社区居家养老服务 PPP 项目运作，不少企业与社会资本仍跃跃欲试。我国已有部分地区开始进行社区居家养老 PPP 项目的探索，如四川、云南、江西赣州等地政府希望利用 PPP 模式来为当地社区居家养老服务设施的建设进行融资，其中个别地区已有招投标的社区居家养老服务 PPP 项目。例如，2016 年 4 月金玫瑰居家养老综合服务中心项目启动，这是安徽省合肥市第一个开始运作的社区居家养老 PPP 项目[②]。

（2）社区居家养老服务 PPP 项目的进展

2019 年 1 月 31 日为止，财政部全国 PPP 综合信息平台中养老 PPP 项目处于识别阶段的项目最多，数量高达 78 个[③]。社区居家养老 PPP 项目屈指可数，绝大多数 PPP 养老项目投资在医养结合、养老公寓、综合养老等领域。在运作模式中社区居家养老 PPP 项目主要以 BOT、BOO 模式，回报机制多以可行性缺口补助和使用者付费为主。此前在社区居家养老服务领域，尝试较多的是政府购买服务、社区日间照料中心公建民营等做法，而通过 PPP 模式完全从制度上实现特许经营、股权合作模式、风险规避则经验相对不足。对于社会资本而言，日间照料中心或是社区养老服务设施的建造与运营存在投资风险大、回收期长、利润低于社会平均收益等问题，许多企业于是不敢或不愿意进入社区居家养老服务领域。随着政府各项法律及规章制度的出台，以及各级政府的积极引导，PPP 模式应用于社区养老服务项目正不断开展。为了降低私人部门单独投资社区养老服务设施所产生的经济风险，个别先进地区则采用设施出租、低价提供场地等方式来

① 财政部政府和社会资本合作中心网站，http：//www. cpppc. org/zh/pppjb/7846. jhtml。

② 人民网，http：//ah. people. com. cn/n2/2017/0410/c358339 -29999718. html。

③ 财政部政府和社会资本合作中心网站，http：//www. cpppc. org/zh/pppjb/7846. jhtml。

帮助私人部门产生投资社区居家养老服务的愿望。如甘肃省兰州市七里河区人民政府办公室于2017年印发了《兰州市七里河区居家和社区养老服务PPP项目实施方案》（七政办发〔2017〕99号），明确了政府、企业的工作职责内容，标准化了针对不同老人类别的购买服务补贴方式及尺度，建立了智慧信息平台和人才培训和项目孵化等举措，使七里河区居家和社区养老服务PPP试点工作迈入实质性阶段。北京、上海等一线城市也通过政府或是社区搭建的养老服务平台，选择有实力、信誉度高、社区养老经验丰富的私人企业或是社会组织来作为公私合作的伙伴，对社区老年人口提供养老服务。在公私合作中，运用信息公开、招标透明、程序标准、公众监督等手段进一步保障社区居家养老服务PPP项目顺利开展。当前，在我国社区式居家养老服务PPP项目的实现过程中，主要分为以下几个阶段（孙喜峰，2016）：第一阶段，政府通过物有所值论证筛选出适宜采用PPP模式运作的社区居家养老服务项目，然后政府发布相关的社区式居家养老服务PPP项目的项目书，私人部门根据项目书所描述的项目实施周期、项目回报机制、风险分配基本框架、投资收益水平、政府补贴方式等来确定是否要与政府合作来取得该项目的特许经营权。第二阶段，有意向的企业首先会通过政府的法定招标活动来参与社区养老服务PPP项目，如果竞标成功，政府与该单位签署PPP项目合作合同，确定双方的权利义务关系。第三阶段，社区居家养老PPP项目实施过程中，公私双方要严格遵照合同书中约定的主要事项来履行义务，既要保证私人部门的合理收益，也要保证社区式居家服务项目的公益性、社会性及养老服务优质性，做好内部治理和外部监督，实现依法开展社区居家养老服务PPP项目。

（3）赣州市章贡区社区居家养老服务中心项目①

①项目概况。该社区居家养老服务PPP项目位于江西省赣州市章贡区，根据章贡区现有的社区、行政村划分及老年人口分布情况，该PPP项目将建设并运营章贡区72个社区（村）居家养老服务中心，其中既有新

---

① 财政部政府和社会资本合作中心网站，http：//www.cpppc.org：8083/efmisweb/ppp/projectLibrary/getProjInfoNational.do?projId=27ae8a108f1842a9bd334eafd788232b。

建的也有改建的养老服务中心，还包括已建成的 3 个养老服务中心的服务用房、保健康复用房及其他辅助用房等的建设及装修改造。该项目在优先保障特殊困难老年群体养老服务的基础上，对该区所有老年人实施全覆盖、系统性、智慧型的社区居家养老服务。项目根据分层次、全覆盖的体系进行规划建设，在章贡区辖区内 4 个街道、5 个镇的辖区范围内分别新建/改建建设综合型、标准型Ⅰ类、标准型Ⅱ类及基础型四类服务网点 69 处，同时将已建成并正常运营的 3 个养老服务中心纳入本项目社区（村）居家养老服务体系内，统一进行运营管理。

②运作模式。该项目采用 BOT 的方式进行建设、运营和维护。章贡区区政府授权区老龄办为项目实施机构，严格按照国家和江西省有关招投标规定，采用竞争性磋商方式选定民营企业江西鹭溪农业发展有限公司为社会资本方，利用新组建的 SPV 公司，统筹协调项目融资、投资、建设、运营与移交工作。项目建成后，项目公司拥有所有社区居家养老中心及其附属设施的使用权，通过向社区内老年人提供养老服务来获得使用者付费，其中也包含政府提供的可行性缺口补助来实现成本回收并获得预期收益率。在此期间，区老龄办对项目的运作进行全程监管。等该项目合同期满，SPV 公司会把所有资产无偿交给章贡区政府。该 PPP 项目运作模式如图 4－1 所示。

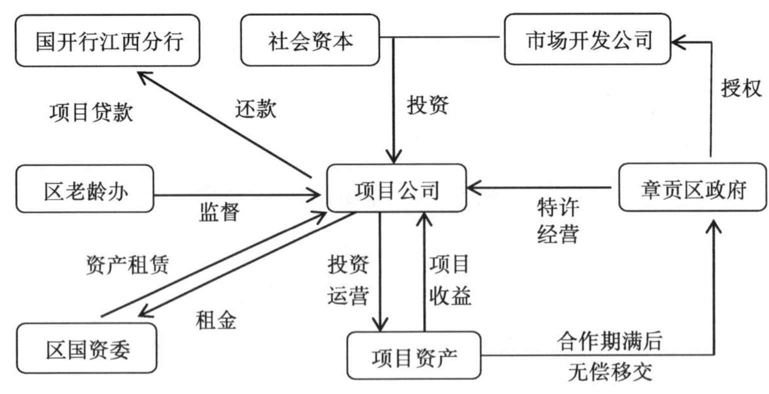

图 4－1　章贡区社区居家养老服务项目 PPP 模式构架图

③交易结构。本项目建设周期为 3 年，即 2015 年 1 月至 2017 年 12 月，项目运营期为 12 年，计算期共 15 年。项目总投资中企业自筹项目资本金约占总投资额的 20%，剩余项目 80% 资金由项目公司以项目预期收益质押贷款等方式向国家开发银行贷款来进行长期融资。回报机制方面，由于本项目属于准经营性项目，具有较高社会效益，服务定价较低，仅靠项目日常的经营性收费无法达到社会资本想要获得的投资收益率，因此本项目将采用可行性缺口补助机制，除了减免缴纳增值税、营业税，以及所得税等税负以外，由区政府预计提供固定补助、民生补助及其他运营补贴，保证项目公司收回成本并获得投资基准收益率 6%。

④风险管理。由于该社区居家养老 PPP 项目建设运营过程中既涉及新建资产又涉及存量资产的改扩建问题，所以该项目认为存在的主要风险有财务风险、市场风险、法律风险、不可抗力风险等多项风险。从风险分配框架方面，根据公私双方实际风险管理能力，风险分担由双方协商确定。例如，根据合同，如果该社区居家养老服务 PPP 项目经济效益经分析测算后，项目公司风险超过最高限度，那么依据风险收益补偿机制，政府会利用经济补贴或是调高价格方式来弥补企业因为老年人付费不足所导致的收益缺口；而当项目投资资金无法专款专用，养老服务质量无法达到预期标准时，政府需加强对项目公司的财务和运营监管，保持和提升项目实施机构项目管理手段的先进性，督促项目公司建立良好的质量体系，降低市场风险，提高资金安全性和使用效果，保障项目公司的服务水平和市场竞争力。

4.1.2　医养结合 PPP 项目发展现状

根据《中国养老金融发展报告（2016）》数据显示，截至 2016 年 12 月，我国已有超过 4000 万失能、半失能老人，而这个数字仍旧会持续增加。对于生活不能自理的高龄、独居、失能半失能老人来说，如何实现养老服务与医疗照护相结合变得日益重要，尤其是有着专业护理能力的养老机构就应该大力推广。目前，我国绝大多数养老机构及设施存在“有养无医”、医养分离的问题（邵德兴，2014）。即只注重老年人一般生活起居的照料，而缺乏专业的医疗护理，继而无法得到较好的医疗康复护理服务，即使具备医疗设备的养老机构也无法满足一些特殊困难老人的需要，如大多数患有疾病或者失能、半失能老人不得不长期居住在医院，占用大量医疗资源。与此同时，大部分医疗机构无法提供精细、长期的日常生活照料和老年护理。因此，医养结合势在必行。医养结合的服务范畴，不但能够为老年人提供或者是方便老年人获得连续可及的医疗与健康服务，这些服务涵盖从健康教育、预防保健、疾病救治、康复管理、医疗护理直到临终关怀的整个老年疾病生命周期的服务，还必然能够综合有效的满足老年人养老服务需求，实现既能“医”，又可“养”，在传统养老模式的基础上进行创新，将养老资源和医疗资源有效衔接，突破养和医的叠加，形成医疗、养老、护理一体化全程服务的一种新业态模式。面对我国医疗机构和养老机构相互独立、自成系统，各资源无法有效衔接的情况，利用PPP模式来推进医养结合服务是非常有必要的。

（1）财政部医养结合PPP项目总体状况

通过汇总财政部全国PPP综合信息平台项目库（包含管理库和储备库）中的数据发现①，从2014年以来医养结合类PPP项目的数量逐年增加。从图4-2中可以看出，医养结合PPP项目越来越多，2014年仅有7个医养结合项目，到了2016年就增加到80个，到2017年8月为88个。由此可见，2015—2016年是医养结合PPP项目增长的爆发期，占全部养老PPP项目的比重也在持续上升。

从整体上看，截至2018年12月底，财政部医养结合PPP项目中很大一批项目仍处于识别阶段，总共185项养老服务PPP项目（包括管理库和储备库）中，处于移交阶段的医养结合项目为0项，处于执行阶段的医养结合项目为22项，而当前养老PPP项目处于执行阶段的仅有59项，可见，虽然只有31.9%的养老类PPP项目进入执行阶段，但医养结合类项目却占

① 财政部政府和社会资本合作中心网站，http：//www.cpppc.org：8086/pppcentral/map/toPPPChooseList.do。

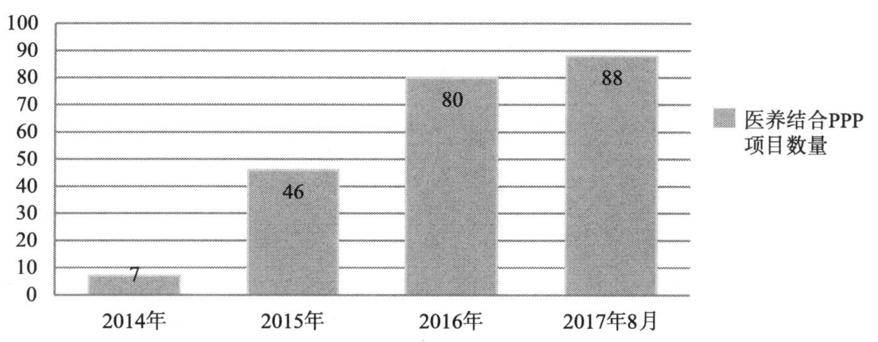

图4-2　财政部医养结合 PPP 项目数量趋势

数据来源：根据2014—2017年财政部全国PPP综合信息平台中项目库（包括管理库和储备库）数据整理而得。http：//www. cpppc. org：8086/pppcentral/map/toPPPChooseList. do。

到了执行阶段的养老类 PPP 项目的 37. 3%①。由此可见，医养结合类 PPP 项目虽处在一个起步的阶段，但却受到了更大的关注。就整个养老类 PPP 项目来看，医养 PPP 项目落地数量在不断增长，呈现出快速增长的态势，并且在众多医养 PPP 项目中，不到5%是完全靠政府付费的项目，更多是可行性缺口补助和使用者付费，还有一个显著特点就是，医养结合项目中，民企参与率高达85%以上，远远高于其他领域。其中在执行过程中，一些趋势也有所表现，例如，医养结合类 PPP 项目中，90%左右都由政府发起，社会资本发起热情不高；已公布的医养结合类 PPP 项目回报率大多在7%左右，与其他领域如基建类 PPP 项目8%以上的回报率还存在一定差距；医养结合 PPP 项目总体投资额都比较小，绝大部分是3亿元以下 PPP 项目。2018 年 2 月 6 日，财政部《关于公布第四批政府和社会资本合作示范项目名单的通知》（以下简称《通知》）中明确了 396 个 PPP 示范项目，计划总投资金额 7588 亿元。其中，医疗卫生领域首次出现空白，仅有养老行业分类3个医养结合项目在列，这3个医养结合项目涉及投资总额为21. 0754 亿元，占比不足 0. 3%，与第二、第三批示范项目相比，第四批示范项目中医养结合项目数量和计划投资金额均出现大幅度下降，这三个医

① 财政部政府和社会资本合作中心网站，http：//www. cpppc. org：8086/pppcentral/map/toPPPChooseList. do。

养结合项目包括四川省宜宾市珙县中医院妇幼保健院迁建及医养中心综合建设项目、内蒙古国际蒙医药医养结合 PPP（政府和社会资本合作）项目、甘肃省平凉市华亭县养老服务。

（2）全国医养结合 PPP 项目的进展

截至 2018 年 1 月，全国各地发起了不到 100 个医养结合 PPP 项目，有些项目已进入执行阶段①。通过 PPP 模式，实现了私营企业、民营资本和政府合作，发挥了社会成本的融资优势和专业技术优势，构建了新型医养结合融资机制，探索了医养结合 PPP 项目中政府责任与社会责任的划分，寻找了医疗养老结合多元供给的政策与路径。当前山东、河南、江西、山西、四川、内蒙古等省市自治区陆续涌现了一批国家级、省级医养结合 PPP 示范项目。这些项目各有特色，覆盖了如表 4 - 1 所示的三种形式。

表 4 - 1　　我国医养结合 PPP 模式类型及典型案例

模式	项目名称	参与主体	运行方式	备注
医疗机构增设养老机构	黑龙江中医药大学附属第二医院哈南分院老年爱心养护康复中心二期 A 工程	黑龙江中医药大学附属第二医院哈南分院	采用 ROT，回报机制采用使用者付费	项目包括康复中心住院处、健康老年爱心康复中心、康体娱乐工程等工程
养老机构增设医疗机构	上高县人民医院东院与上高县医养康复护理院医养融合 PPP 项目	上高县人民医院东院、上高县医养康复护理院	采用 BOT，回报机制采用可行性缺口补助	一期为上高县人民医院东院，二期为上高县医养康复护理院医养融合项目
新建毗邻的养老机构和医疗机构及设施	甘肃省平凉市华亭县养老服务中心建设项目	华亭县民政局	采用 BOO，回报机制采用使用者付费	规划建设内容包括两个部分：养老服务中心和中医医院

资料来源：财政部政府和社会资本合作中心网站，http：//www. cpppc. org：8086/pppcentral/map/toPPPChooseList. do。

① 财政部政府和社会资本合作中心网站，http：//www. cpppc. org：8086/pppcentral/map/toPPPChooseList. do。

目前，医养结合类 PPP 项目在规划实施上有以下三种形式：一是在原有医疗机构的基础上增加养老服务设施，或是在新建医院的院区内修建养老服务场所，实现养老与专业化医疗相配套。二是在养老机构中设立护理、诊疗及医疗康复设施，达到养老、医疗、康复一体化。三是新建选址毗邻的医疗机构和养老机构。前两种模式受到较多外界因素限制，目前社会资本更愿意参与第三种模式，将医疗机构与养老机构融为一体、重新整体建设规划，实现医院的医疗资源与养老产业的对接。但新建医养结合项目通常成本较高，促使多数新建医养结合 PPP 项目必须采用使用者付费的回报机制方式来实现项目的投资回报，而且由于国内大多数三甲医院医疗资源已是超载运作，这就很难抽出医疗资源和养老产业对接，因此基层的二级医院如中医院、企业职工医院、民营医院在医养结合 PPP 项目中成为合作的主力军。如北京市在推进“医养 + PPP”模式的过程中不断创新；利用社会化办医方式来为医养结合中公私合作提供政策和手段支持。因为医养结合中“联合运行”模式中涉及养老机构和医疗机构的合作，而源于医疗服务行为的复杂性及医疗机构医疗人员管理的复杂性，在医疗服务领域开展医养结合 PPP 模式非常复杂，不但有高额的前期成本加上较长的资本回收期，还由于医养结合服务领域 PPP 项目与基建类 PPP 项目不一样，医养结合 PPP 项目不但重视医疗及养老设施资产的建设和经营，长期的养老及医疗健康服务供给成为重点考虑的方面。

（3）山东省蓬莱市智慧健康养老服务 PPP 项目①

山东省蓬莱市智慧健康养老服务 PPP 项目建设地点位于蓬莱市刘家沟镇木基迟家村。该项目采用“医养结合”模式，全面考虑健康养老模式的综合因素，使该 PPP 项目从单一的养老功能，衍生出医疗、养老、休闲、人文等多重功能，打造了综合性智慧健康养老服务 PPP 项目。项目总投资 70790 万元，利用“BOT + BOO”模式，建设包括医院、养老公寓、社会福利服务中心、颐养学院、养老商业中心、日间照料中心和建设健康管理

① 财政部政府和社会资本合作中心网站，http：//www. cpppc. org：8083/efmisweb/ppp/projectLibrary/getProjInfoNational. dprojId = ab88136560d0477aa08d9101a10105c0。

平台等多处设施，并提供相关的养老、医疗救治、康复护理、人文关怀等各项服务。蓬莱市人民政府授权蓬莱市民政局为项目实施机构，授权蓬莱市财金投资有限公司代表政府出资，与招投标成功的社会资本方成立项目公司（SPV 公司），注册资本金为总投资的 21.19%，其中，社会资本方占 90%，国有资本占 10%。该项目公司负责蓬莱市智慧健康养老服务 PPP 项目的设计、投融资、建设、运营、维护、移交的全过程，项目合作期 15 年，建设期 2.5 年，运营期 12.5 年。该 PPP 项目利用居家养老平台、社区养老平台和机构养老服务平台作为运行载体，实现医养结合，达到全面智慧、健康、养老服务目标。如图 4-3 所示，该项目依据运作方式不同，新建资产权属在合同期满后会有所不同。以 BOT 模式建设的医院、居家养老平台、社会福利服务中心产权在合同期满后归政府所有，而 BOO 模式下的项目颐养学院、养老公寓、养老商业中心的产权归项目公司所有。从财务回报机制来讲，该 PPP 项目作为国家级医养结合示范项目，经测算整个项目在无政府补贴的情况下，项目所得税后财务内部收益率仅为 5.30%，需 11.98 年收回投资，内部收益率较低，项目整体收入不足以覆盖投资成本，为吸引社会资本进入蓬莱市的养老建设中来，蓬莱市人民政府对项目采用可行缺口补助方式，给社会资本合理的盈利空间，达成利益共享机制。项目建成投用后，预计在项目经营获取“使用者付费”收入的基础上，按照可用性付费和绩效付费方式，根据运营期间绩效考核结果，进行政府“可行性缺口补助”。经测算可实现所得税后财务内部收益率为 7.58%，投资回收期为 10.59 年，基本能够达到养老行业税后财务内部收益率的基本标准。在风险分配与预防方面，PPP 在项目初期按照最优风险分配原则，在保证公私双方合理收益的前提下进行风险分配，这些需要分配的风险既包括政府需要完全承担的项目政策风险，也包括社会资本需要全部承担的管理和技术风险，而如市场风险、社会风险等可能需要在公私双方之间进行比例分配。该项目建成以后，社会福利服务中心作为公立养老设施，一方面采用政府补贴模式，为弱势群体提供 800 张政府供养床位，从整体上为农村“五保户”老人、城镇“三无”老人免费提供养老服务；另一方面，按自理老人 2500 元/月·人；半失能老人 3200 元/月·人；失能老人

4000元/月·人的收费标准向全社会提供400张社会供养床位。而医院产品价格则根据就诊及医疗治理或护理的类型不同，按照国家统一药品及医疗收费标准收取。颐养学院项目主要为整个综合性健康养老社区提供配套服务，为社区老人免费提供生活休闲场所。养老公寓项目收费为7000元/套·月。养老商业中心项目按照市场定价，由项目公司自营合理出售商品或服务，或将房屋租赁。

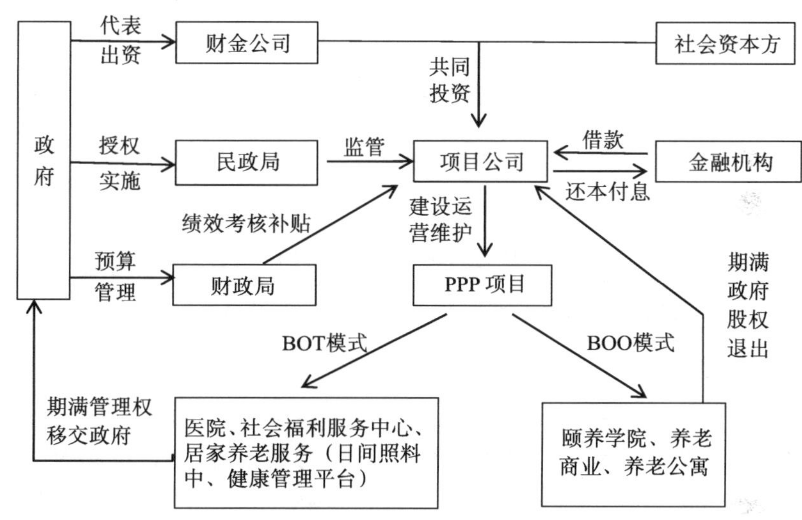

图4-3 蓬莱市智慧健康养老服务PPP项目交易结构示意图

4.1.3 机构养老服务PPP项目发展现状

政府在《社会养老服务体系建设规划（2011—2015）》中提出机构养老在养老服务体系中具有支撑作用；《中共中央关于制定国民经济和社会发展第十三个五年规划的建议》中对机构养老的定位发生了重要变化，此时机构养老在养老服务体系的作用变为补充。从“机构为支撑”到“机构为补充”折射出我国未来以及更长时期内我国机构养老政策的新思路。即居家、社区养老将会获得更多的资源供给。“9073”作为新的社会养老服务体系发展设想，构建了居家养老、社区养老和机构养老三种养老服务模式，在养老服务供给方面的比例分别为 90%、7% 和 3%，这意味着居家养老占主导地位，3% 的老年人将入住养老机构。当前，我国机构养老在市场中一般会以社会福利院、老年公寓、敬老院、护理院、老年康复中心等载体存在（尤黎明，2004）。这些养老机构建设发展迅速，到 2015 年为止，我国平均每千名老人用的床位数已达到 30.3 张。伴随养老机构和床位数迅速扩张，养老机构资源的利用效率却出现了快速下降的趋势，尤其是养老机构床位平均利用率不到 50%。而且机构养老服务领域显著变化的是，机构养老的服务对象从城市的“三无”老人、农村“五保户”老年人发展到所有老年人。机构养老的运营模式也从传统的公办公营和私营扩展到公办民营、民办公助、政府补贴、购买服务等多种政府与市场机制结合的方式。为的就是解决机构养老作为投资大、收益低、见效慢的服务行业，对于市场上的各种资本缺乏足够吸引力的问题。PPP 模式应用于机构养老服务设施的建设和运营，在法律和合同的双重约束下，保证公私双方利益共享、风险共担，在提升双方参与机构养老服务项目建设和运营积极性的前提下，防止投资浪费、寻租、利益交换或腐败滋生，开拓非政府融资渠道，从公私合作治理的角度对养老服务的监督者、管理者和服务供应者的职能进行构建，可以有助于消除公私合作的潜在风险。

（1）财政部机构养老服务 PPP 项目总体状况

截至 2018 年 1 月 31 日，财政部全国 PPP 综合信息平台项目库的数据反映了自 2014 年以来机构养老类 PPP 项目的发展呈现蓬勃发展态势，投资方向包括了老年公寓、护理院、老年服务中心、养老院、社会福利养护院等项目①。从目前已获得物有所值论证并开始进行准备的项目来看，机构养老服务项目大多数采用 BOT 模式运作，还有一小部分项目采用的 BOO 模式运作，在运营方式上表现为单一化、同质化。除此以外，TOT 方式、O&M 方式、ROT 方式也有涉及。而回报机制方面，以使用者付费机制为主，占比超过 70%。据财政部 PPP 信息中心数据显示，2018 年 12 月 PPP

---

① 财政部政府和社会资本合作中心网站，http：//www.cpppc.org：8086/pppcentral/map/toPPPChooseList.do。

项目管理库中养老PPP项目一共有107个，其中国家级示范项目共有19个，财政部示范项目36个，机构养老服务PPP项目占国家级示范项目的半数以上，可以说PPP模式已经成为发展机构养老服务的重要方式。2018年2月，财政部公布第四批政府和社会资本合作（PPP）示范项目，养老项目共有8个，总投资45亿元，其中社会福利养护院PPP项目一项、老年公寓PPP项目一项、老年养护院建设PPP项目一项。从社会资本投资方角度来看，目前社会资本包括民营独资、民营控股、国有控股等企业，其中民营企业（民营独资和民营控股）所占比例最大。

（2）全国机构养老类PPP项目的进展

当前我国机构养老类PPP项目发展迅猛。2017年8月21日，财政部针对养老服务业供给侧结构性改革再次提出指导性意见，在财金〔2017〕86号①文件中指出，在养老机构发展方面，政府可进一步将现有公办养老机构交由社会其他资本方运营管理；支持机关、企事业单位将其附属的度假村、培训中心、招待所、疗养院等相关设施，通过PPP方式实现社会资本对养老机构再造，也鼓励库存高、出租难的商业地产、商业设施、闲置厂房等改造为养老机构。我国已有多地陆续开展机构养老PPP项目的实践工作，有的已投入运营。2017年6月28日，朝阳区恭和老年公寓作为北京市首家PPP模式养老机构正式开始运行②。公寓集养老照料、医疗康复、文娱休闲、体育健身等一体，老人享受在养老公寓内部就可以看病的待遇。未来像恭和老年公寓这种PPP+养老服务的运作模式在北京市朝阳区还将继续推广。就我国目前机构养老PPP项目实践来看，根据公私合作方式来划分主要有三类PPP项目在机构养老建设和运营中采用。如表4-2所示，第一类项目是政府和社会资本联合共建、社会资本运营的机构养老PPP项目。这类项目在机构养老PPP项目中所占比例最大，新建项目采用BOT、BOO模式，改建类采用ROT模式运作，已建成并投入运行的项目采

① 《关于运用政府和社会资本合作模式支持养老服务业发展的实施意见》（财金〔2017〕86号）中华人民共和国中央人民政府网站，http://www.gov.cn/xinwen/2017-08/21/content_5219295.htm。

② 新华网，http://www.xinhuanet.com/gongyi/yanglao/2017-06/29/c_129643672.htm。

用 TOT 模式。这类项目由政府和社会资本方合作设立项目公司，由该项目公司负责投资、设计、建设、拥有、运营该养老机构项目，在特许经营期限内，项目收益均属于项目公司。例如，云南省老年公寓政府和社会资本合作项目，采用 BOT 模式，利用新成立的项目公司来建造老年公寓及附属用房，室外道路、绿化、污水处理站和相关给排水系统，并最终实现对老年公寓的运营。第二类项目属于民建公助 PPP 项目。其中社会资本投资该养老项目，负责建设和运营，政府根据养老服务内容和服务质量向养老机构提供部分补贴以及减免税收等待遇。例如，盐城市亭湖区福利中心项目，该项目由社会资本方单独出资设立 PPP 项目公司，投资成本和收益通过使用者付费的方式逐步收回。政府方以土地作价对康复护理院项目进行 2177 万元出资，并承担股权投资支出责任，不承担项目的后期运营支出。第三类项目属于公建民营类 PPP 项目，该类项目一方面在建造期间由政府投入土地、资金等来建造养老机构及其服务设施，弥补社会力量和民营资本的不足，因此政府部门享有机构的所有权；另一方面将养老机构交由社会资本方经营、维护、管理，进行市场化运作，享有经营权和管理权，促使养老机构的成本大大降低，进而让入住的老年人也可以用更低廉的价格获得更优质的养老服务。例如，山东省潍坊高密市社会福利优抚救助中心 BOT 项目。该项目由政府出资建设中心敬老院、救助中心、康复中心、优抚中心、军休中心、福利中心六个中心，然后以“公建民营”模式经营。

表 4－2　　机构养老类 PPP 项目合作方式

类别	运行方式	付费机制	案例
公私合作共建，社会资本运营	BOT、BOO、ROT、TOT	使用者付费、可行性缺口补助	云南省老年公寓政府和社会资本合作项目
公建民营类 PPP	BOT 、O&M	使用者付费	山东省潍坊高密市社会福利优抚救助中心项目
民建公助类 PPP	BOO、BTO	使用者付费、可行性缺口补助	盐城市亭湖区福利中心项目

资料来源：财政部政府和社会资本合作中心网站，http：//www. cpppc. org：8086/pppcentral/map/toPPPChooseList. do。

（3）河南省开封市民生养老院项目①

河南省开封市民生养老院项目位于开封市社会福利园区内。项目采用BOT模式，特许经营期30年，以使用者付费、行政缺口补助方式来运营该项目。河南省开封市民政局作为本项目的项目实施机构，承担了该项目的具体实施责任，通过允许社会资本独立出资设立项目公司（SPV）来获得项目特许经营权，经营期届满后，养老设施及附属机构会无偿、完好地移交给政府指定的实施机构。项目交易结构如图4－4所示。

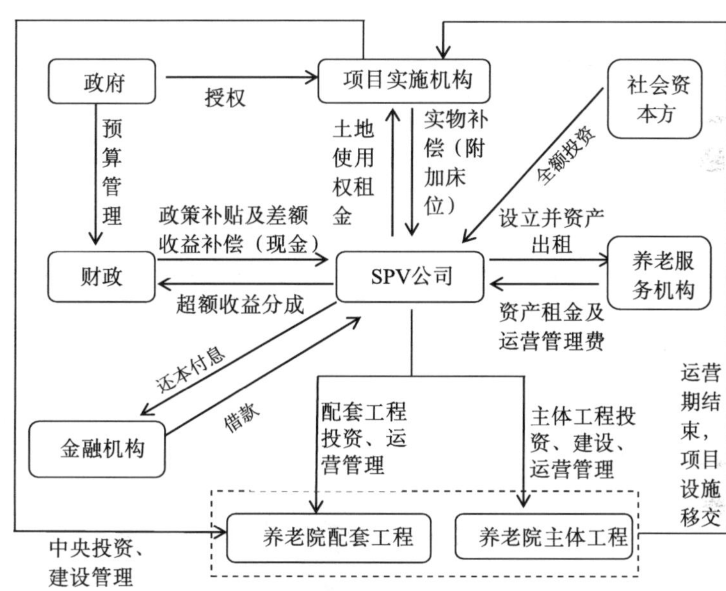

图4－4 开封市民生养老院项目交易结构

该养老院PPP项目会向主体工程和政府配套工程总共投资2.2亿元。经营期内项目公司负责本项目全部养老设施的运营、维护和管理，为1500名老人提供养老床位和服务，其中1000张床位面向自主付费的老年人，利用市场化管理来取得营业收入，但仍会得到政府床位建设补贴和运营补贴。按照公私双方所签订的PPP协议，项目实施机构必须保留500张床位

① 财政部政府和社会资本合作中心网站，http：//www.cpppc.org：8083/efmisweb/ppp/projectLibrary/getProjInfoNational.dprojId＝4061981472574d22b689b5b661bd4c0d。

为低收入或经济困难的老人提供养老服务，政府会根据弱势老人的数量提供政策性补贴；如果弱势老人不够 500 人，那么剩下的床位会采用附加床位补偿加现金补偿措施来补偿项目公司①，最终达到项目公司获得合理预期收益的目的。项目回报机制方面，本项目社会资本可通过两方面来收回投资：一是社会资本依靠自身市场化经营取得的使用者付费（运营收益）；二是政府提供的可行性缺口补助（政策性补贴和项目收益差额补偿）。通过风险等级评价，得出风险等级高的主要风险包括：项目审批、项目融资、工程变更、完工、工程质量、产品/服务质量、市场需求七大风险。在风险分担方面，该项目认为政府和社会资本需共同承担不可抗力等风险。

项目作为财政部第二批 PPP 示范项目之一，在运作模式上具有非常明显的创新。一是民营资本单独成立了 SPV 公司，承担大部分项目建造成本，地方政府充分利用了土地和中央专项资金来投资合作；二是以项目可行性缺口补助方式实现创新，以实物（附加床位）补偿代替货币（现金）补偿，大大减轻了地方财政压力。

4.2 阻碍养老服务 PPP 项目风险管理执行的原因分析

社会服务领域 PPP 项目除了需关注如何实现投资回收，更需关注项目所带来的社会效益。因此，养老、医疗服务领域 PPP 项目运作过程中不但需重视项目建设，更需注重培养养老运营机构的轻资产，保证项目长期、

---

① 附加床位补偿，即项目公司从项目实施机构那里取得的附加床位实际数量与项目公司预期相等时，项目公司可以利用附加床位来获得市场化收益，政府无需对项目公司补偿现金；但当项目公司从项目实施机构那里获得的附加床位不能满足自己的预期需求时，政府就必须对项目公司进行现金补偿，补偿数量以附加床位不足的那部分带来的收益为准。

优质供给养老及医疗服务，让更多的老年人获得优质的体验。这些需求增加了养老服务 PPP 项目实施过程的复杂性及高难度性，使养老服务 PPP 项目不同阶段、不同合作方之间合作难度、依靠程度也加大，进一步导致公私双方在风险分担、控制、转移、管理等执行难度随之增加。

4.2.1　关注项目显性风险，应加强隐性风险控制与防范

养老服务 PPP 项目的显性风险是 PPP 项目全寿命周期过程中直观的、较容易识别的风险，这些风险在项目运作前期就很容易判断和了解。养老服务 PPP 项目的隐性风险是较难识别的、潜在的风险，是在项目整个运作周期内无法排除的、内生性风险（梁冬玲，2014）。如项目合同期内责任不明确导致的风险、经营策略失败导致的风险等。由于参与养老服务 PPP 项目的各利益相关主体对项目的经济利益和社会效益目标不同，在风险的分担和收益的分配等方面要求也不同，这就造成了各方主体更注重项目实施过程中眼前的、可预见的风险，即显性风险，但忽略了隐性风险。众所周知，公私双方在养老 PPP 项目运作前期会对项目收益、风险分担进行讨价还价，但合同中确定的承诺在后期运作中是否可以兑现，经营策略失误导致经济效益下滑等风险却表现出不确定性。再如，政府运营补贴不能按时到位，项目公司经营举步维艰；又如，不同养老服务 PPP 投资收益率会因为不同地域、不同环境、不同时间所承担的风险不同而产生细微差别，“差之毫厘，失之千里”，如何科学、合理、综合地规避存在的隐性风险来降低投资收益率的误差，减少政府补贴资金，进一步降低政府的财政压力也成为必须面对的问题；再如，因为养老服务关系到亿万老年人老年生活质量及幸福感，如果我们的养老服务 PPP 项目因为收费过高、质量达不到要求等问题造成民众利益受损，并遭到民众反对进而形成反对项目运行的风险，这种隐性风险增加了我国政府所提出的 PPP 项目既要注重经济评价，更要注重社会评价目标实现的难度。因此，这些隐性风险的暴露促使我们不但在养老服务 PPP 项目中注重显性风险，也要注重隐性风险的识别、控制、降低、规避、转移或者承担，尤其我国养老服务 PPP 项目特许

经营期很多都在 30 年左右，这么长的时间里，面对不完全契约、投资额较大的养老项目，我们更应该确定显性风险和隐性风险分担的程度。当前，养老服务 PPP 项目风险管理的重点一直集中在对 PPP 项目影响突出、识别容易的显性风险方面，如何正确地识别显性风险和隐性风险，评估并分担所有显性和隐性风险，对养老服务 PPP 项目经济和社会目标的实现至关重要。

4.2.2 注重 PPP 政策监管与约束，进一步完善 PPP 项目的法制体系建设

我国政府在养老服务领域推行 PPP 模式的根本目的是拓宽养老服务融资渠道，提高养老服务供给质量，满足更多老年人的养老需求。但如果养老服务 PPP 项目在建造及运营过程中提供的服务数量达不到要求、质量降低，不但会造成项目各种风险的增加，也会造成社会的不稳定因素增多。当前，我国政府通过出台 PPP 政策强化对 PPP 项目的全程监管，以期达到控制项目风险的目的。从 2014 年至今，国务院办公厅、财政部、发改委、民政部等部门就养老服务 PPP 政策发布了多项文件，对养老服务公私合作具体操作过程进行了一系列约束与规范，具体涉及项目的合同体系、交易结构、风险管理和相关争议处理等。而各省市也对 PPP 运作全流程发布了相关部门规章和相关管理办法或条例，对实践过程中出现的焦点和疑难问题进行了解释和说明。可以说这一系列规章条例的出台对养老服务 PPP 项目风险规避起到了一定的警示和监督作用。但是，这些政策性指导文件往往会因为涉及各级政府部门利益、地方利益从而在风险约束机制、纠纷解决机制方面产生局限性；还由于受外部环境影响，一些 PPP 政策长期性受到制约，修改变动时有发生，让许多社会投资者因为惧怕政策风险而在养老服务领域裹足不前。此外，由于立法层面全面性的欠缺，用政策代替法律来对 PPP 过程进行监督和约束，显然是无法真正意义上实现 PPP 项目健康发展的。因此，完备 PPP 法制体系来支持养老服务 PPP 项目是必须也是必要的。目前，我国还没有专门的 PPP 法，虽然 2016 年 1 月《政府和社

会资本合作法（征求意见稿）》已经公布，但这只是征求意见阶段，涉及 PPP 的一些法律原则、法律适用性等内容尚处于探讨阶段。而现有的《中华人民共和国合同法》《中华人民共和国政府采购法》《中华人民共和国担保法》等诸多法律法规虽涉及 PPP 操作过程的部分司法解释，但已有法律不能针对性地解决养老服务 PPP 项目运行中出现的所有风险问题。因此，健全 PPP 法律制度体系，对项目合法、合同有效、股权变更、支付保障等做出明确规定，以保证当前 PPP 项目正常、有序运作，保障 PPP 项目各参与方的合法利益。当前，养老服务 PPP 项目融资、建设和运营过程中不健全的法制、监管主体的责、权、利划分不清等问题为各层级风险的出现提供了条件。因此，进一步完善 PPP 项目运行的法制体系建设，防控风险、监督约束 PPP 项目的运行，对于支持 PPP 发展，降低政府财政风险的意义十分重大。

4.2.3　促进风险—收益平衡机制进一步完善

养老服务 PPP 项目在运作过程中遵循风险与收益对称原则，让公私双方利益分配与风险分担相匹配，实现投资各方能够被有效激励又能保证各方承担适度风险，达到经济利益与社会效益双提升，实现养老服务 PPP 项目顺利进行的目的。目前，关于养老服务 PPP 项目风险—收益分配比例的确定，公私双方采取的多半是协商这种常规方式，根据双方各自禀赋优势和以往实践经验，谈判确定一个与风险等级相匹配的收益分配模式。在风险分配方面，可以把某一类风险单独分配给某一方单独承担，也可以利用相关指标和方法评测出某类风险的合理分担系数，以规范化处理的方式获得公私双方最终风险比例，或者利用对各个风险指标的评价来确定最佳风险承担方；也可以借用风险偏好系数代表公私双方参与风险承担的能力和意愿，编制详细的风险分摊矩阵来构建最优风险分担比例决策模型。根据风险分担情况来确定收益大小的机制，一定程度上把因为承担不同类型及比例的风险而产生的人力和物力投入核算进去，保证公私双方分担风险的合理性，享受投资收益的公平性，避免风险和收益的不均衡、不对称问题。我国养老服务 PPP 项目与其他公共服务设施 PPP 项目相比，具有其独特性，既养老服务 PPP 项目不但具有盈利性还具有福利性，这就意味着私营部门职能获得合理而非超额收益。与此同时，养老服务 PPP 项目公司成立后通常需要大量融资，以解决后续资金短缺问题，而当前较高的融资成本、较低的投资收益已成为阻碍社会资本投资养老服务 PPP 项目的主要障碍。例如，医养结合 PPP 项目在运营过程中，因为涉及政府部门、医院、养老机构等多方参与，相较其他养老机构公私合作更为复杂。医院、养老机构、政府、社会资本的功能定位、融资方式、交易类型、合作模式都成为医养结合 PPP 项目的风险来源；又因为医养结合 PPP 项目具有特定的服务人群老年人，如何根据老年人获得的医疗养老服务类型和等级不同来确定收费大小、收费方式和付款周期等，都决定项目投资回报率及投资回收周期，这些都增加了项目经营机制设计风险和企业运营风险，即便政府可以通过科学的价格调整机制、透明的运营补贴方式来保证社会资本方的投资收益，但医养服务本身质量难以确定、政府补贴水平难以量化的问题也会加大医养结合 PPP 项目自身的风险。正是基于以上原因，如何进一步完善养老服务 PPP 项目风险分担比例，突出政府的引导作用，秉承公平合理、权责利平衡的原则，防止风险与收益错配，以达到整体效益最大化的目的。

4.2.4 建立硬性约束条件和量化的风险控制指标

降低政府和社会资本参与养老服务 PPP 项目的不确定性和风险，是 PPP 项目公私双方能够平稳有序进行合作的前提。从现行的 PPP 政策来看，应对养老服务政企合作中的风险主要靠以下四种办法：一是通过制度设计，依据风险偏好程度与责任能力来防范主体行为风险；二是通过约束政府行为，推进政府行为法制化办法来降低风险发生；三是加强对社会资本监督，防止违约行为来控制风险；四是通过投保、退出机制等方式来分散、转移和规避部分风险。显然这些风险控制措施更多是从制度层面上来预防，关于风险的硬性约束条件问题涉及不多（温来成等，2015），如何在养老服务 PPP 项目风险管理过程中减少硬性约束的缺位、软性约束的不健全，真正实现软性约束与硬性约束并举才是控制养老服务 PPP 风险的核心。例如，在 2015 年《政府和社会资本合作项目财政承受能力论证指引》中提到，PPP 项目支出不能超过一般性公共性预算支出的 10%，但从 2018 年财政部对于 PPP 项目的分析报告①中却指出，部分市县 PPP 项目支出责任已经突破了 10% 限额，有一些地区 PPP 项目为了规避 10% 的限制，财政支出会从一般公共预算以外的渠道，如政府性基金预算中列支。这一定程度上影响了财政承受能力的合理性、准确性，加大了各省财政风险，尤其是未来潜在财政支付责任、结构配比等风险。又如，当前养老服务 PPP 项目风险控制的重点集中在识别、论证阶段，而在项目建设阶段、项目运营阶段及回收阶段对项目的风险控制缺乏管控力，造成养老 PPP 项目实施全过程风险量化指标少、无硬性的约束条件，政府财政支出责任统计无法全覆盖。再如，在运营阶段，如何有效监测社会资本，防止养老服务数量和质量与预期不相符，而使私人投资者从项目公司获得暴利的风险。对于社会资本参与养老服务 PPP 项目方面，风险控制更多集中在市场风险和项目风险方面，即如何利用风险监管技术与方法来评估、处置市场及项目风险，进一步保障养老服务 PPP 项目的建设和运营。但在实际项目运行过程中，社会资本风险控制的关注点大多数集中在政府风险、融资风险和投资收益率等方面，当然也通过各种经济及理论模型评估风险，但其中缺乏统一的、有效的、经过实践检验的风险评价模型。因此，基于养老服务 PPP 项目投资工期长、金额大，不确定因素多情况，从“动态调整机制”入手，强化硬性约束、量化风险控制体系，建立财政风险监管评价指数、财政风险量化控制指标体系，项目全生命周期财政风险监管手册、项目全生命周期社会资本风险控制手册以及养老服务 PPP 项目风险管理技术模型都是十分必要的。

---

① 财政部网站，《筑牢 PPP 项目财政承受能力 10% 限额的“红线”——PPP 项目财政承受能力汇总分析报告》，http：//jrs. mof. gov. cn/zhengwuxinxi/gongzuodongtai/201805/t20180504_2885865. html。

第 5 章

中国养老服务 PPP 项目风险识别

任何 PPP 项目的风险都和项目本身各种因素的不确定性有关，养老服务 PPP 项目也不例外。养老服务 PPP 项目在运行过程中，不确定性所导致的风险主要源于以下三个方面：项目外部环境变化、项目主体决策变化以及项目内部设施变化。当政府选择采用 PPP 模式进行养老服务项目开发时，除了要考虑具体养老项目自身特性和外部环境，还需要对私人部门承担风险的能力进行评估，显然私人部门风险承担能力越大，政府需承担的风险越小，公私合作的融资方式和交易结构也会有所变化。由于养老服务 PPP 项目的行业特殊性，项目从开始到结束都存在着较多不确定性因素，因此，中国养老服务业 PPP 项目风险识别工作应贯穿整个项目生命周期。

5.1 养老服务 PPP 项目风险产生机理

养老服务 PPP 项目风险形成机制，可以为识别项目风险奠定基础，并作为控制养老服务 PPP 项目风险的依据。而通过对养老服务 PPP 项目风险特征进行综合评价，使项目组织者可在不同的临界值范围内选择投入产出较高、风险适度的项目类型，进而从风险的周期性、阶段性、相对性等多个角度，对于养老服务 PPP 项目风险的识别机制、分散机制、分摊机制、转移机制等进行全面的分析，从而在决策中选择出最优路径。

5.1.1 养老服务 PPP 项目风险的特征

PPP 项目风险呈现多样化形式，每个 PPP 项目都存在不同类型、不同程度的风险。由于养老服务 PPP 项目规模都较大、投资主体涉及多方、融资结构复杂、通常建设期较短但运营期较长，而且每个养老服务 PPP 项目的具体实施背景、环境、经济性及技术性目标都不相同，以往经验只能仅供参考，造成养老服务 PPP 项目风险因素之间的关系错综复杂，具有独一性和不可复制性，较难把握。因此，养老服务 PPP 项目风险除具备一般

PPP 项目风险的特征，即具有随机性、多样性、潜在性和循序性以外，还存在以下特殊的风险特征，而这些应加倍注意。

(1) 风险贯穿于养老服务 PPP 项目全过程

一个典型的 BOT 模式的养老服务项目从融资、建设到运营，直到社会资本移交，这其中涉及各个主体间的相互合作和制约监督，由于各方在利益的权衡标准及经济目标方面存在明显差异，即使该养老服务 PPP 合同制定的再详细、交易结构制定的再合理，但由于项目时间跨度较大、投资回收期较长，期间可能因为项目前期规划不合理，融资成本超出预期，建设、运营及维护因为养老需求数量或养老质量的不断提高等导致风险贯穿特许经营期始终，直到该项目由社会资本方移交给政府，风险才会转移。并且由于养老服务 PPP 项目相比其他 PPP 项目要求养老服务成本相对较低而安全性要求更高、服务质量相对更好，这就导致了养老服务供给成本与其定价之间产生矛盾，进而出现经营过程中的如收益不能够偿还贷款并实现盈利等风险。绝大多数养老服务 PPP 项目除了本身的经济性较弱以外，服务对象老年人的特殊风险存在，导致通过自身在市场上盈利不太容易，只有通过政府补贴才能实现盈利，故此社会资本参与养老服务 PPP 项目的积极性不高。

(2) 养老服务 PPP 项目运营风险相较更突出

养老服务 PPP 项目各类风险贯穿项目整个周期，但从实践来看，运营风险较其他类型风险更突出，而且表现更为抢眼。第一，运营管理风险。绝大多数养老服务 PPP 项目是由社会资本与政府指定的实施机构共同组成项目公司来进行开发和运营的，由于养老项目的特殊性导致当前社会资本方获准进入门槛较高，因此项目公司是否具有合格的养老服务资质、较为丰富的养老行业服务经验以及较高的经营管理水平都决定了项目运营的风险高低以及项目的未来收益，假如资本方对老年人需求了解甚少，医护人员素质较低等都会导致运营管理收益缩水的风险出现。第二，运营成本超支风险。养老服务 PPP 项目虽然绝大多数属于经营类项目，可为了保证公益性，降低项目投资风险，提高社会资本积极性，政府会采取补贴等方式保证项目最低收益水平。但是如养老服务设施、医疗设备的维护费、维修费等未来运营成本远超项目初期的预测，就会进一步形成运营成本风险。第三，运营价格风险。由于在项目运营期间，项目公司会根据内外部经营环境，对不同的养老服务级别、市场情况、营利目标等制定出相应的价格策略，此价格策略一方面符合政府与社会资本签订合同时的要求；另一方面需保证项目最低收益水平。但如果随着国家经济不断提高，物价上涨，运营成本不断增加，运营价格与运营成本不能实现同步上涨，那么一定程度上就无法保证项目运营收益。

（3）养老行业风险成为养老服务 PPP 项目重要的外部风险

随着人口老龄化的不断发展，老年人口规模的扩张和人口预期寿命的延长导致我国失能和半失能老人的数量持续增加。有数据显示，我国老年人会有 2.53 年的时间处于生活能力受损、活动能力受限的状态，在这期间，需要来自家庭、社区、养老机构等多方面的日常照料和专业护理（张文娟，2017）。而我国城乡老年人选择何种渠道来获得照料，家庭、社区照料如何满足老年人养老需求等成为养老服务行业发展的客观存在。当前，我国政府持续倡导养老服务业发展，越来越多的社会资本开始关注并进入养老服务产业。但养老服务行业的公益性较强、利润较低、风险高这些问题直接影响到养老服务 PPP 项目风险的存在。第一，养老行业优惠政策变动风险。如何解决养老行业低利润风险，保证养老服务类项目获得合理的资产回报率，这成为目前社会资本探索养老服务 PPP 模式的一大障碍。目前，政府为了维持养老行业的正常运转，普遍会采取一些补贴、减税政策，而各项养老优惠政策的变动会对企业的利润，尤其是养老 PPP 项目产生重要影响。第二，养老行业融资风险。由于养老行业利润低、行业规范不足以及行业标准存在差异，这都导致商业性金融机构不愿意涉足养老服务行业，进而养老服务 PPP 项目产生融资风险。第三，养老行业舆论风险。由于不同层次的老年群体对养老需求不同，且养老观念也存在差异，改变旧的养老观念、接受新型养老服务模式，这需要一定的接受期，但在这期间会产生对新型养老方式、养老设施、养老服务的不信任、不满意、不认同等负面舆论导向，这些风险会导致养老服务项目在 20—30 年的投资运营期内无法达到养老机构入住率、服务设施低使用率等风险问题。

5.1.2 养老服务 PPP 项目风险产生机理

养老服务 PPP 项目的风险来源具体包括了项目外部环境的复杂性、项目决策者的合作关系及决策水平，还有就是项目所处的阶段性。

（1）养老服务 PPP 项目环境复杂性分析

首先，金融市场会对养老服务 PPP 项目产生影响。当前，我国宏观经济形势稳中趋好，但宏观经济因素的变动会带来市场利率的波动，而养老服务 PPP 项目的资金来源绝大多数以贷款为主，显然金融市场利率波动会导致利率风险损失，对项目的建设运营产生重要影响。其次，养老市场会对养老服务 PPP 项目产生影响。养老市场日趋复杂，老年人群内部的异质性不断增强，老年人经济状况的改善导致他们对养老服务的需求日益增强，认知也越发敏锐和清晰。这些变化导致老年人对养老服务的内容更加多样，服务质量更加科学和专业。这些变化对养老服务 PPP 项目的投资者带来不确定性，即养老服务市场的需求不确定会给诸如养老院的入住率带来空置风险，进而产生收益损失。

（2）养老服务 PPP 项目决策者的合作关系及决策水平分析

PPP 模式下养老服务项目涉及较多参与者，每一个参与方都对项目产生自己的收益预期，复杂的交易结构会导致多种风险出现。例如，合作伙伴选择不理想，急功近利的利益诉求，必定会带来项目风险的发生；再如，复杂的层级代理关系，不可避免的会产生风险分担、责任分配方面的分歧；再就是养老服务项目与其他项目最根本的不同在于他需要考虑社会和经济双重效益，一方面出于公益考虑，会对养老服务及设施进行价格限制；另一方面还要考虑融资成本、收益要求，因此决策者的决策水平和决策方式直接导致风险的产生。

（3）养老服务 PPP 项目阶段性分析

我国养老服务 PPP 项目风险管理并不完善，还处于探索阶段。养老服务 PPP 项目运作周期通常在 10—30 年，在这么长的时间跨度内肯定有许多关键点和风险，而这些风险存在于项目运作的多个阶段中。例如，竣工风险只存在于竣工阶段，商业风险一般存在于运营阶段，而政策风险、金融风险、竞争风险存在于项目的整个生命周期，这些都加剧了项目运行的不确定性（张萍、刘月，2015）。每个养老服务PPP项目在融资阶段、建设阶段、运营阶段、移交阶段中会遇到不同的未知情况，导致每一个项目的风险内容和风险类别都无法完全一样，使风险具有了项目特质性，复制已有风险控制措施来应对下一个项目风险的思路是不可行的。

由此可见，养老服务PPP项目的风险主要来源复杂环境、主体决策、项目内部特质性三个方面。而对于这些我们认知中的风险而言，风险是否发生只是概率问题，只有具备了一定的条件后，才会真实发生，并产生危害，而这里所说的条件就是风险事件。随着风险事件的出现，如金融危机、社会动乱等因素出现才会导致风险后果产生，而这些后果就会造成损失，这些损失就表现为成本增加、收益缩小、工期延长、质量下降、社会舆论及巨大经济损失等。因此，通过风险来源、风险事件和风险影响后果的串联分析，可以明确风险源引起风险事件（郭波等，2016），而风险事件最终以影响养老服务PPP项目经济收益和社会效益大小的形式出现。这一连串的风险演变过程就是养老服务PPP项目风险形成机制，如图5-1所示。

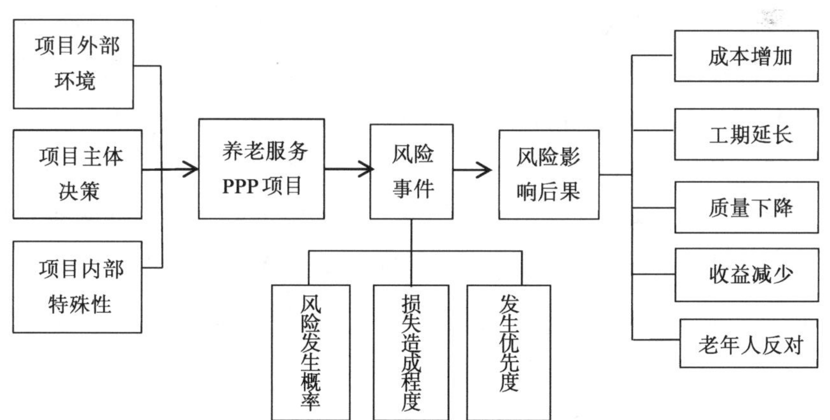

图5-1 养老服务PPP项目风险形成机制

5.2 养老服务 PPP 项目风险识别

养老服务 PPP 项目参与方较多，与其他类型的 PPP 项目相比在投融资结构、设施建设、运营管理、组织结构等方面更具有特殊性、复杂性，易在各个阶段中遇到各种难以预料的情况，使整个项目周期内包含繁多的风险因素。各风险因素之间关系错综复杂，既有系统风险，也有非系统风险；既有宏观风险，也有微观风险；既有共性风险，也有个性风险。这些风险彼此推波助澜，互为因果，出现具有阶段性，或存在于整个项目全周期。那么对养老服务 PPP 项目风险的多层次性及多样性进行分析就显得十分必要。如果想全面概述养老服务 PPP 项目的风险任务是十分繁重的，因此，通过文献阅读、PPP 项目案例归类，对养老服务 PPP 项目风险进行类型分组研究是非常有必要的。依据 Hastak 和 Shaked 的风险层级归纳方法，我们参照柯永建、王守清（2011）对特许经营项目融资中风险层级归纳思路，研究以往 PPP 项目曾发生的风险事件，参考以往 PPP 项目风险识别类型，在分析和确定养老服务 PPP 项目风险所应采取的风险管理措施的重要度排序的基础上，归纳出 39 个风险，形成风险初步识别清单，该清单将养老服务 PPP 项目风险分为“国家”“市场”和“项目”三个层次。

经过文献分析、风险歧义筛查确定初步识别风险清单后，再根据 5 位专家的建议进行风险因素二次识别，来进一步明确养老服务 PPP 项目风险清单。通过对 5 位专家的访谈，对已有的风险总结给予了肯定，但同时又增加了 3 个风险，分别为高融资成本风险、老年人购买力下降风险、政府财政承受能力风险。在对风险的完善补充后，最终确定了 42 个会对养老服务 PPP 项目影响巨大的风险因素。其中，国家层级风险涉及一个国家的政治、文化、社会、自然环境等方面的风险，如政治的稳定性、国家社会政策的变化、自然环境对项目设施的影响等；市场层级风险特指一个国家内部经济的稳定性，包括金融市场、外汇市场、养老服务市场、建筑市场等存在的潜在风险，涉及市场资源的稀缺性、市场规则的变化性以及政府对养老服务市场的态度变化；项目层级风险指养老服务PPP项目在项目运作及实施过程中可能面临的风险，如施工质量未达标准而造成的经济和社会效益损失和风险、运营成本超支风险和财务监管不足等风险。

5.2.1 国家层级风险

国家层级风险包括国家政策、法律、社会、自然环境等方面对养老服务PPP项目所产生的风险，这些风险多是外生变量引起的风险事件，并非项目系统内部自身原因所引起，如政府信用缺失、法律监管不完善、自然环境不符合建设要求等会透过养老项目系统边界影响项目本身经营管理和项目的成本收益。国家层级风险主要分为政策性风险、法律风险、自然环境风险、社会环境风险四大类，具体包含的风险因素如表5-1所示。

表5-1 养老服务业PPP项目国家层级风险因素类别及风险起源

风险级别	风险因素分组	风险因素代码	风险因素名称	风险起源	风险结果
国家层级风险	政策性风险	R1	政府信用	因政府部门领导换届或调整，导致新任领导拒绝兑现原有承诺，或因政府财政无法进一步承担已承诺的补贴义务，进而产生无法兑现承诺的可能性	养老服务PPP项目资金缺口加大，项目经营困难，甚至中止
		R2	政府政策变动	为了控制风险，减轻地方政府负债，养老服务业政策及PPP政策变动会导致养老服务PPP项目中止或叫停	养老服务PPP项目面临前期投资基金损失，导致项目中止
		R3	政府干预	政府对参股养老服务PPP项目试图谋求更大的决策权，试图干预项目实施过程，进而降低社会资本方的自主运营能力	决策效率低，决策过程冗长，项目工期延长、成本增加、收益降低等
		R4	项目审批延误	养老服务PPP项目审批流程不透明或者因为多部门管理造成项目审批复杂，提高了项目的运作成本	延误开工时间，养老服务PPP项目后期完工风险增加
		R5	税收优惠调整	养老类PPP项目受到政府税收支持，但税收优惠政策的变化可能会导致项目营利能力的降低	政府的税收优惠降低或不能兑现，导致项目利润降低

续表

风险级别	风险因素分组	风险因素代码	风险因素名称	风险起源	风险结果
国家层级风险	政策性风险	R6	土地获取风险	政府对出于公益目的养老服务 PPP 项目多采用划拨土地使用权来入股，但城市规划、拆迁安置困难等其他原因会导致项目难以及时取得土地使用权	项目建设前期土地取得成本增加、项目后期建造时间延误
	法律风险	R7	法律变更风险	养老服务相关法律、法规变更；PPP 相关法律条款缺失或变更导致项目实际运作与已有合同条款出现冲突，进而出现重大经营性困难	重新进行项目谈判，增加运作成本；如项目争议无法解决，项目可能被迫终止
		R8	法律及监管体系不完善	现有养老服务相关政策、PPP 相关法律条款不完善导致对项目运行全周期监管不到位	项目运作可能遭受经济损失而无法通过法律途径得到解决
		R9	合同违约/冲突	养老服务 PPP 项目合同文件不完善，如部分条款与中央经济政策相违背等	政府和社会资本方之间出现合同纠纷
		R10	第三方违约	由于合作的第三方的原因导致的违约	工期延误，成本增加
	自然环境风险	R11	环保风险	养老服务 PPP 项目不符合逐渐提高的环保要求	设计变更，成本增加，不能按时完工
		R12	不可抗力风险	地震、洪水、战争等非人力可控制的风险	项目不能按期完工，项目成本增加，甚至导致项目终止
		R13	地理位置及环境条件	养老服务 PPP 项目所在区域的自然条件或地理条件较为恶劣，不适合建造及运营该项目	建设成本增加、无法获得更多老人入住，收益降低
	社会环境风险	R14	养老行业舆论风险	收费过高或老年人利益受损等其他原因，导致老年群体的集体反对，监管部门不得不采取措施进行严厉管控	重新修订合同、运营风险增加，存在项目终止的风险
		R15	重大社会事件风险	面对社会重大安全、刑事、恐怖、民族宗教冲突等突发事件，国家和社会进入紧急状态，进而可能采取严厉管控以应对危机，从而可能影响项目建造及运营	项目不能按期完工，项目成本增加，收益减少，甚至导致项目终止

（1）政策性等风险

养老服务PPP项目顺利开展一定要降低政策性等风险，减少政府在公私合作中的失信行为，加快政府办事效率、增加政府审批透明度、加强政府在养老服务PPP项目中的监管、减少政府在项目中的过度干预，明确政府在项目中的位置和作为对于减少政府在养老服务PPP项目中的风险是十分必要的。养老服务PPP项目中的政策性等风险主要涉及我国政治环境和项目所在地政府的相关政策行为。由于在养老服务PPP项目中，政府部门往往比一般的社会资本方更强势、更占主动地位，如何在双方合作博弈过程中，减少涉及养老、PPP、税收优惠等政策频繁变动、政府审批效率低、政府不作为及失信所带来的风险，降低外部条件变化的不确定性及其敏感度，对于加大社会资本方养老服务PPP项目的总体投资水平以及投资者对未来现金流的预测都是十分必要的。一般来说，政策性等风险对项目危害较大。在项目建设或运营过程中，政府依靠其权利优势拒绝履行相关义务最终会造成项目成本增加、企业投资收益减少，更有可能发生项目终止的情况。应从增强民间投资活力、推进“放管服”改革的目标出发，构建新型政商关系。例如，国务院办公厅在2017年发布的79号文件①中指出，地方各级政府向民营企业做出政策承诺要严格依法依规，不得以政府换届、相关责任人更替等拒不执行PPP合同规定。

（2）法律风险

我国PPP相关法律研究和制定时间很短，法律法规政策大多都是借鉴了国外经验而自行制定的，而且养老服务与PPP模式的结合也处于探索尝试阶段，所以无论是对养老服务的相关法律法规还是PPP模式的相关立法都不够完善，这就造成政府与社会资本方在签订合同时会隐含很大的法律及合同方面的风险。养老服务PPP项目的法律风险主要包括：法律法规变更、法律及监管体系不完善、合同文件冲突、第三方违约等。其中，养老服务PPP项目所遵守的法律法规变化、法律体系及监管存在漏洞这类法律

---

① 中华人民共和国中央人民政府网站，http：//www. gov. cn/zhengce/content/2017 - 09/15/content_5225395. htm。

风险对于项目的建造、运营等影响更大。例如，随着社会经济发展，养老服务及 PPP 相关法律法规的修订及重新诠释会直接导致项目的合法合规性、交易结构合理性、养老服务质量标准化、风险管理措施等发生改变，进而对项目运行带来一定损失，严重的会造成项目失败或被迫中断。例如，2017 年 11 月，财政部印发了财办金〔2017〕92 号文件①，该通知要求各地方政府在 2018 年 3 月底完成对不符合通知规定的 PPP 项目进行集中清理，强化“红线”管理，对地方财政承受能力超标地区，采取停止政府付费和财政补助超过 50% 的可行性缺口补助项目的入库。该规定出台后，新疆维吾尔自治区全面叫停该区所有 PPP 项目，河南省率先发布 PPP 清库结果，湖南省列出首个省级 PPP 负面清单。其中湖南省规定，未开工 PPP 项目全面停工，已开工建设但无重大社会影响的 PPP 项目一律暂缓开工，而一些已开工且停建会造成重大影响的项目要求严格减调投资规模。而截至 2018 年 4 月，新疆维吾尔自治区范围内退库项目 719 个，其中养老类 PPP 项目 15 个，涉及金额达到 40 多亿元②。这些不合规的 PPP 项目被清理出库后就会面临怎么处理的法律问题，如前期投入的资金损失、成本怎么分担，项目的部分合同条款如何进行下一步的谈判，延长谈判的谈判时间成本如何解决？显然养老服务 PPP 项目期内，由于国家修订、增加相关领域法律法规而导致项目投入产出比增大或项目运行难度增加的风险是必然存在的。

（3）自然环境风险

随着社会经济进步，我国所有设施项目建设正逐步从一般建设向提高科技含量、注重环境保护方向发展。养老服务 PPP 项目为了符合逐渐提高的环保要求及环保法规，必然会发生成本大量增加或者工期延误的风险。养老服务 PPP 项目所在区域的自然、地理条件及区位优势可以为老年人提供更好的生存和活动空间，而较为恶劣的自然、气候及地理条件必然不适

---

① 《关于规范政府和社会资本合作（PPP）综合信息平台项目库管理的通知》（财办金〔2017〕92 号），http://jrs.mof.gov.cn/zhengwuxinxi/zhengcefabu/201711/t20171116_2751258.html。

② 搜狐网，https://www.sohu.com/a/229621563_100053329。

合建造及运营养老项目，不符合老年人便利、舒适、干净等环境要求，从而影响施工进展，增加项目成本，降低项目收益。养老服务 PPP 项目自然环境风险除了涉及环保风险、地理位置及自然条件风险以外，还包括了不可抗力风险。不可抗力风险是指养老服务 PPP 项目实施过程中存在严重影响项目运行的事件或情况，如地震、洪水、火灾等自然灾害。这些风险无法预测，发生时又无法回避，只能预先采取有效预防措施，防止风险发生，最大限度减小损失。

(4) 社会环境风险

社会环境风险主要包括社会重大安全、刑事、恐怖等突发事件引起的风险和养老行业公众舆论风险。社会重大事件发生会造成整个社会进入紧急状态，进而采取严厉管控措施来应对公共危机，进而造成项目建造停止或者运营中止。而养老行业公众舆论风险引起的原因主要来源于公众对于养老服务的诉求不断提升。养老服务涉及政府公共服务领域，老年人对于养老服务的价格较为敏感，为了保障老年人口的利益，政府会对老年服务机构进行价格限制，但是如果出于利润方面的考虑，项目运营方可能会通过提价来保证收益，这就可能造成公众的反对，而民众的舆论压力及反对呼声对导致养老服务价格上涨困难，进而造成养老服务 PPP 项目经营困难，产生收益下降的风险。

5.2.2　市场层级风险

一个国家的金融经济环境、融资环境、养老服务市场的供需状况都会影响整个养老服务 PPP 项目的成本变化、收益变化。PPP 模式作为养老服务项目的新型投融资机制，利用股权分立、同股不同权、股债转换等多种融资方式实现养老服务 PPP 项目融资，不但可以有效解决政府在养老服务领域的投资不足，而且可以进一步满足老年人对养老服务质量和水平的更高诉求。但经济市场风云变幻、融资模式的多样性、融资环境的不断变化、养老服务市场的供需矛盾都决定了市场风险在养老服务 PPP 项目中不可忽视。养老服务 PPP 项目市场层级的风险因素包括了经济风险、融资风险和 PPP 项目所在养老行业市场的潜在风险三大类，具体类别和其中包含的具体风险因素如表 5－2 所示。

表 5－2　养老服务业 PPP 项目市场层级风险因素类别及风险起源

风险级别	风险因素分组	风险因素代码	风险因素名称	风险起源	风险结果
市场层级风险	经济风险	R16	利率风险	中央政府宏观经济调控导致金融市场利率变化，直接或间接影响项目收益	项目融资成本增加，项目成本增加
		R17	通货膨胀风险	宏观经济环境导致货币实际购买力下降，进而引起项目筹资成本增加，投资者无法按期收回预期投资	项目成本增加、实际购买力下降，经营收入减少
		R18	汇率风险	涉及外资投资。外汇汇率调控以及外汇兑换规定变化所引起的风险	货币兑换成本增加或兑换额度发生变化
	融资风险	R19	融资可行性	金融市场原因、融资结构不合理或项目存在融资障碍	融资成本增加、融资不成，甚至导致项目失败
		R20	融资结构	融资方式异化，融资能力差，“名股实债”等违规操纵变相融资，形成项目融资的实质性障碍	政府地方债风险加大，PPP 项目后续资金投入不足
		R21	高融资成本	政府利用 PPP 项目变相举债获得高成本融资，以政府方的债务性资金作为资本金；社会资本方通过向银行进行高利息借贷，以社会资本的债务性资金充当资本金	地方债爆发，政府破产；企业融资成本增加，项目实际收益率降低
	养老服务市场风险	R22	养老服务市场需求变化	经济环境变化、养老服务市场需求变化等其他因素导致项目所供给的养老服务无法满足养老服务需求，老年人对项目认可度下降	项目收入减少，利润降低
		R23	同质项目竞争风险	新建类似养老服务项目，导致原项目面临实质性的外部商业竞争困境	项目收入减少，老年人流失，利润降低
		R24	定价限制	基于老年人利益考虑，政府通常会对养老服务价格进行限制，而养老服务价格较低可能无法满足企业利益要求	收益降低，运营困难，服务质量下降
		R25	老年人购买力下降风险	老年收入约束导致支付困境，老年人消费能力下降，购买养老服务、进入养老服务机构人数降低	运营收入降低，利润减少

（1）经济风险

养老服务业 PPP 项目从前期投资建设到后期运营再到项目终止，这期间长达二三十年的时间里都受到宏观经济各种指标变化的影响。经济效益是否与预期相符；通货膨胀是否导致人工成本和材料成本的大幅度上升；利率的变动是否导致偿债额度的增加，这些问题是项目在运作过程中必须考虑的风险因素，而这些风险因与宏观经济变化、金融市场波动息息相关，所以归结为经济风险。经济风险在养老服务 PPP 项目中属于宏观风险，也属于长期风险，它主要包含利率风险、通货膨胀、汇率风险。利率风险无处不在，由于养老服务 PPP 项目中社会资本方投入在项目建设中的资金部分是从银行贷款融资中获得，那么利率的波动将直接或间接的影响该项目的融资成本或收益，因此控制利率对项目融资、成本、收益的影响，有助于减少项目利益相关者遭受利益损失。通货膨胀风险不容忽视，通胀会带来项目建设原材料及人工工资价格的上涨，致使建设成本和运营成本大幅度提高，若在合同中未设置与通胀指数相关联的调价机制，导致调价幅度低于通胀所致的成本上涨幅度，那么该项目必然受到利润损失风险。而如果养老服务 PPP 项目中引入外资，就必须要考虑外汇风险因素。例如，2018 年 1 月，湖南省人民政府办公厅公布《关于全面放开养老服务市场提升养老服务质量的实施意见》，其文件中明确指出要降低准入门槛，放宽外资准入，鼓励境外投资者进入养老服务领域。我国目前对外资引进及金融市场外汇管理方面有比较严格的政策措施，可能会造成外币在结汇、兑换等方面存在障碍，而且因为国际汇率受到多重影响，汇率的不稳定还会直接影响到 PPP 项目偿债规模的大小，因此汇率风险也将是未来养老服务 PPP 项目重点关注的风险之一。

（2）融资风险

养老服务 PPP 项目参与主体众多，利益目标存在差异，风险承担能力也有不同。而在项目前期融资领域，主要涉及三个责任主体，分别为政府方、社会资本方和金融机构。如何合理有效地分配项目融资风险，不仅是养老项目收益最大化的基础，也是该养老项目多个参与主体能够有效协作、解决融资困境的前提。当前，在养老服务 PPP 项目融资领域，面临许多风险，但融资可行性、融资结构和高融资成本被认为是最可能影响融资结果的三大具体风险。养老服务 PPP 项目建设具有投入大、回报周期长、利润率低等特点，银行等金融类机构不但会对该类项目申请贷款方的自身的债务偿还能力进行评估，还要对项目的各项预期收益进行考查，以确定与项目相匹配的贷款利率、最适当风险承担方式等来设计贷款方案，但如果项目不符合金融机构风控要求，那么项目公司就面临在融资期限内无法获得金融机构给予的融资而最终被取消投资资格的风险。养老服务 PPP 项目能否获得融资，融资结构的优化也占有重要地位。当前，我国在养老服务 PPP 融资领域，融资方式异化，融资能力较差是不争的事实，社会资本方为获得市场融资一般需要获得足够担保，否则难以得到银行贷款，但政府的兜底安排会加大政府偿债风险；实践中 PPP 项目为了获得融资，通过结构化融资安排和多层嵌套等方式获得融资基金，进一步造成政府债务加大，项目后续资金投入不足等风险的出现。而对于高融资成本风险问题，显然在项目实施过程中急需重视。因为选择什么样的融资方式、融资结构等都会影响到项目的融资成本，养老项目本身收益率低，如果融资成本居高不下，政府税费优惠和补贴支持又难以到位，融资成本过高的风险必然会导致发生项目资金链断裂等困境。

（3）养老服务市场风险

养老服务市场风险主要由养老服务市场需求变化风险、同质项目竞争风险、限价风险和老年购买力下降风险四类。这四种风险相互影响，直接影响养老服务市场变动，关系到养老 PPP 项目的投资效益。养老服务市场需求变化主要是由老年人消费偏好变动引起的。随着老年人生理退化、生活需求改变、情感诉求增加，不同收入约束的老年人对生活照料、健康保健等外在养老服务市场产生不同层次需求，而市场需求状况的不确定性会给养老院的入住率带来风险，如果养老服务 PPP 项目不能及时调整予以满足，那么就可能产生经营收入降低，老年客户流失等风险。同质化的养老服务项目对于已有的养老 PPP 项目是有竞争风险的。如果在用户可达区域内出现了另外一个养老服务竞争项目，那么原 PPP 项目对老年人服务量预测的精确性将会严重破坏，又因为国内老年人对服务价格敏感度较高，从而很容易产生老年客户流失，运营收益下降的风险。政府对养老服务价格的限制一定程度上会带来利润降低的风险。政府出于对“三无”“五保户”、失能、半失能等老年人利益考虑，通常会对养老服务价格进行上限规定，但较低的养老服务价格不可能满足企业利益诉求，而政府补贴、税收优惠也只是勉强弥补收益损失，因此就需要防止政府限价带给项目的经营损失风险。老年人购买力下降风险的起因是老年人收入约束导致的支付困境。目前，正在实施的养老服务 PPP 项目绝大多数都是采用使用者付费方式来获得养老服务，但我国绝大多数老年人退休后的收入主要是退休金、继续劳动收入、最低生活保障金和财产性收入等，其中退休金所占比例最高。高龄老年人随着年龄增大依赖家庭成员供养的比例越高，收入约束导致的支付困境就越明显，最终可能影响养老服务购买，导致养老服务 PPP 项目收入减少，收益降低。

5.2.3　项目层级风险

项目层级风险是指某一特定的养老服务 PPP 项目在建造、运营直到终止这一过程中可能遇到的风险。这些风险包括建设风险、运营风险、财务风险三大类。具体风险因素类别和其中包含的具体风险因素如表 5－3 所示。

表 5－3　养老服务业 PPP 项目——项目层级风险因素类别及风险起源

风险级别	风险因素分组	风险因素代码	风险因素名称	风险起源	风险结果
项目层级风险	建设风险	R26	技术风险	项目所使用的技术和方法无法达到《老年人建筑设计规范》要求，养老项目对安全质量的要求，特别是专业医疗服务设施的设计、建造和安装	技术改进，成本增加，施工难度增大
		R27	完工风险	项目材料采购数量及质量不满足前期要求，或社会经济等外部原因所导致的项目进度落后，致使项目无法达到预期完工标准	建造成本增加，项目延后运行，总成本增加，可能无法达到最初质量标准

续表

风险级别	风险因素分组	风险因素代码	风险因素名称	风险起源	风险结果
项目层级风险	建设风险	R28	项目工程质量风险	施工方选聘不合格，导致养老服务项目建设质量不符合“老年人照料设施建筑设计标准”，导致项目不能按期投入使用	项目建设延期，成本增加，设施质量达不到要求
	运营风险	R29	运营成本超支	养老服务标准提升、运营环境恶劣、运营商经营能力低下、人为管理费用超支等所导致的运营成本项目超支风险。	运营成本增加，收益降低
		R30	运营效率低下	招投标过程不合理，优秀运营管理团队无法入围，导致项目经营不善，运营过程中的指挥、协调不当而产生运营效率低下	运营收益降低，品牌形象受损
		R31	养老项目配套基础设施风险	水、电、暖、燃气等基础设施配套不到位引发养老服务PPP项目进度	成本增加、工期延误
		R32	收费变更	政府物价部门统一调整养老服务及产品收费标准，导致项目运营收入不符合预期要求	收入降低，收益减少
		R33	老年人安全风险	老年人因为生理机能退化，很容易滑倒、摔伤等意外受伤，责任很难划清，很容易发生纠纷	品牌形象受损，成本增加，收益降低
		R34	养老服务质量低下风险	养老服务人员经验少、素质差，运营管理不到位，可能导致服务质量难以满足老年人需求	运营收入降低，老年人不满意
		R35	养老服务标准变化	顺应时代发展，养老服务标准不断优化、提升，从而影响养老服务PPP项目的经济效益	成本提升，运营难度加大
		R36	费用支付风险	政府或服务使用者因为养老服务不符合要求或财务压力等不能按时、足额支付养老服务费用	项目收入不足，现金流减少

续表

风险级别	风险因素分组	风险因素代码	风险因素名称	风险起源	风险结果
项目层级风险	运营风险	R37	组织协调风险	参与各方经验不足导致协调不足，沟通难度大，陷入僵局	建设运营效率低下
		R38	养老服务专业化人员短缺	养老护理员工资较低、文化程度偏低、年龄偏大，养老服务队伍流动性大	项目成本加大，人员需求缺口大
	财务风险	R39	收益低于预期	养老服务收费价格调整或运营成本提升等导致项目的运营收益低于预期	利润降低
		R40	项目财务监管不足	政府部门、金融机构及社会资本方对项目的财务监管不到位，导致项目资金被挪用或不合理使用	项目资金短缺，财务状况恶化，成本增加
		R41	残值风险	过度使用养老服务设施、不及时维护各项设备，造成移交时，项目设施残值远小于预期	损害了政府部门的利益
		R42	政府财政承受能力风险	政府财政预算不足，财政对 PPP 项目财政承受能力不足，补贴不能及时到位，项目公司容易出现资金缺口	较难收回前期投资成本，影响项目正常运营

（1）建设风险

养老服务项目的需求者主要是老年群体，由于这个群体的特殊性，造成养老项目的建设需要符合“老年人照料设施建筑设计标准”，建筑设施及质量须符合安全、舒适、健康、节能的基本要求，更注重老年人对“保护老年人隐私和尊严”和“保证养老照料服务有效开展”的要求。养老 PPP 项目因要满足老年人养老及医疗需求，所以从项目建设方面所要求使用的技术和方法应达到前期设计要求，特别是对专业医疗服务设施的设计、建造和安装上，否则就会出现因为技术能力不足和技术不成熟所导致的技术风险。如果项目建设过程中无法达到对老年人照料设施质量的预定要求，则可能出现养老项目工程质量风险，造成养老项目建设周期延期、成本增加、老年人经济受到损失。第三类风险是完工风险，属于阶段性风险，是项目在建设过程中受到原材料、能源无法按时到位或建设资金不足等各类因素的影响，可能出现工期拖延、项目停滞，无法按时、按质完成预期目标，最终导致项目投入资金无法偿还、人员报酬无法发放的风险。完工风险对社会和老年人危害较大，其影响不仅是养老 PPP 项目本身，后期项目运营周期也会大打折扣，出现预期现金流减少的情况。

（2）运营风险

养老服务 PPP 项目运营风险是指在养老服务设施在经营管理过程中可能出现安全和维护管理、运营和技术管理等风险，具体风险包括运营成本超支、运营效率低下、养老项目配套基础设施风险、收费变更、老年人安全风险、养老服务质量低下、养老服务标准变化、费用支付风险、组织协调风险、养老服务专业化人员短缺十种风险。我国目前利用公私合作方式建设及运营养老服务设施仍处于起步阶段，经营管理者如何系统高效的执行、严格监督，重视配套投入及养老服务细节，成为规避绝大多数养老服务 PPP 项目运营风险的重要手段。随着社会进步，老年人对养老服务标准不断提升，对养老项目的运营环节提出更高要求，但不容忽视的是，在 20—30 年的运营期间，风险涉及项目硬件及软件建设的方方面面。首先，项目如果遭遇运营环境恶劣、运营商经营能力与不断提高的服务标准不匹配，且运营过程中运营方指挥、协调不当等情况就会产生管理费用超支、运营成本增加、运营效率低下的风险；其次，由于老年人生理机能退化，很容易发生滑倒、摔伤等意外事故，如何区分个人和管理企业的责任，厘清发生纠纷的实质，成为不得不面对的老年人安全风险；再次，在养老类 PPP 项目运营期间，为了保护老年人利益，政府物价部门需要统一调整养老服务及产品收费标准，就可能导致养老项目运营收入不符合预期收益要求的风险，再就是如果养老 PPP 项目采用使用者付费、可行性缺口付费方式，那么就可能出现使用者因为养老服务质量不高而不愿意足额准时支付养老服务费用的情况，进而造成项目收不抵支，无法继续运转；最后，运营中养老服务专业化人员短缺风险急需化解，随着养老服务标准不断优化、提升，养老护理员工资较低、文化程度偏低、年龄偏大，养老服务队伍流动性大等问题直接造成养老服务专业化人员短缺，产生养老服务 PPP 项目的经济收益下降的影响及风险。

（3）财务风险

由于养老服务 PPP 项目投资金额较大，在较长回报期内，养老服务设施经营的当期收入不足以支付债务和利息，产生财务风险，进而可能造成项目公司破产，养老服务PPP模式应用失败。养老服务PPP项目财务风险包括收益低于预期风险、财务监管不力风险、残值风险和政府财政承受能力风险等。当项目出现成本提升而收入下降等情况时，就有可能导致现金收入不足，还本付息压力增大等收益低于预期的财务风险；由于我国养老类PPP项目开展时间较短，部分项目操作不规范，而财务监管不足，管控体系不到位，结果导致大量资产负债表外运行，加大了企业财务风险；残值风险引起的原因是过度使用养老服务设施、不及时维护各项设备，造成移交时，项目设施残值远小于预期，最终政府利益受到损失，因此需及时足额计提养老设施减值准备，防范资产价值不实风险；再就是政府财政承受能力风险不容忽视，如果养老PPP项目采用政府付费、可行性缺口付费方式，如果财政对PPP项目财政承受能力不足，那么就可能出现政府因为财政压力而不能足额、按时支付养老服务补贴的情况，进而造成项目收不抵支，无法继续运转的风险出现。

5.2.4 养老服务PPP项目风险层级归纳与后果分析

显然经过对养老服务PPP项目的风险因素进行分析，可以看出养老PPP项目风险不但包括“国家”“市场”风险，还涉及“项目”层级的风险。如图5-2所示。

三个层级的风险目前涵盖了中国养老服务PPP项目损失的重要风险，这些风险包括国家层级风险15个，市场层级风险10个，项目层级风险17个。根据风险归责原则，可以初步预见养老服务PPP项目中，政府和社会资本方谈判风险分担会考虑造成风险出现的责任方，进而把风险归属划分给风险责任方，尤其是国家层级风险，风险成因主要是在于政府的方针和政策，所以政府的风险分担责任就会增加。如表5-4所示，每一种风险的归责对象和影响对象都不一样，那么在风险分担中政府和社会资本方承担的比例就会不一样。

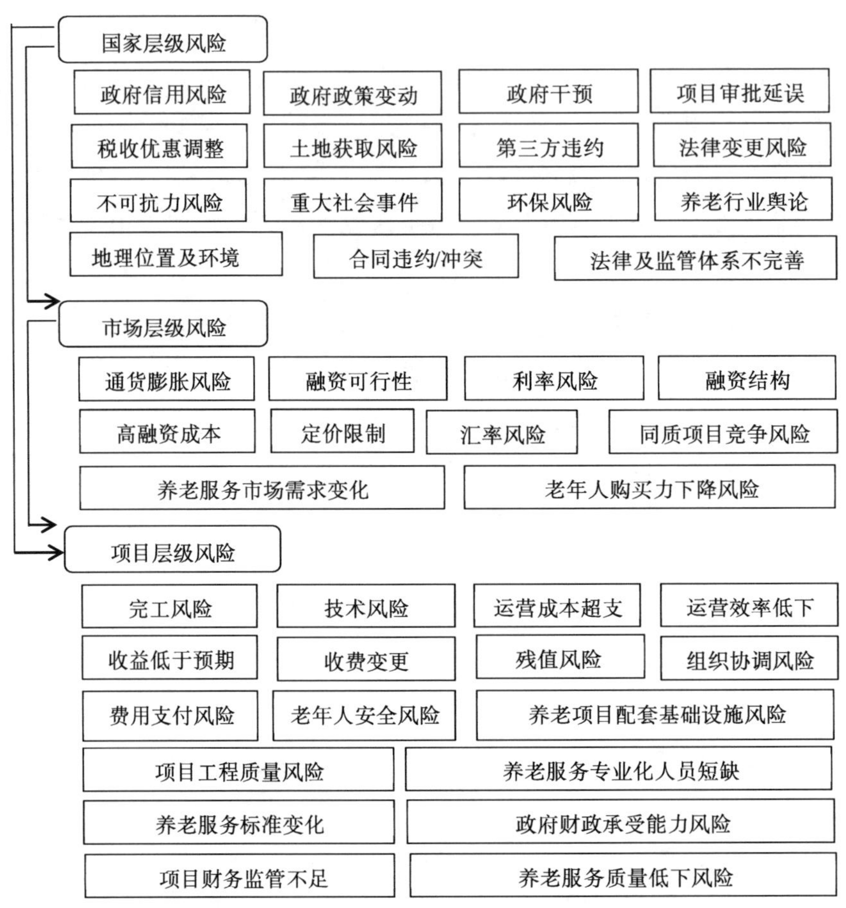

图 5－2　养老服务 PPP 项目风险因素层级归纳

表 5－4　　养老服务 PPP 项目风险因素归责对象及其影响对象

序号	风险因素	层级	归责对象	影响对象
1	政府信用风险（R1）	国家	地方政府	私营投资者
2	政府政策变动（R2）	国家	中央/地方政府	私营投资者
3	政府干预（R3）	国家	地方政府	私营投资者
4	项目审批延误（R4）	国家	中央/地方政府	私营投资者
5	税收优惠调整（R5）	国家	中央/地方政府	私营投资者
6	土地获取风险（R6）	国家	地方政府	私营投资者
7	法律变更风险（R7）	国家	中央政府	私营投资者/地方政府
8	法律及监管体系不完善（R8）	国家	中央/地方政府	私营投资者
9	合同违约/冲突（R9）	国家	私营投资者/地方政府	私营投资者/地方政府

续表

序号	风险因素	层级	归责对象	影响对象
10	第三方违约（R10）	国家	第三方	私营投资者
11	环保风险（R11）	国家	政府/老年人	私营投资者
12	不可抗力风险（R12）	国家	无	私营投资者/地方政府
13	地理位置及环境条件（R12）	国家	无	私营投资者/老年人
14	养老行业舆论风险（R14）	国家	无	私营投资者
15	重大社会事件风险（R15）	国家	无	私营投资者
16	利率风险（R16）	市场	中央政府	私营投资者
17	通货膨胀风险（R17）	市场	无	私营投资者
18	汇率风险（R18）	市场	中央政府	私营投资者
19	融资可行性（R19）	市场	无	私营投资者/地方政府
20	融资结构（R20）	市场	私营投资者/地方政府	私营投资者/地方政府
21	高融资成本（R21）	市场	私营投资者/地方政府	私营投资者/地方政府
22	养老服务市场需求变化（R22）	市场	无	私营投资者
23	同质项目竞争风险（R23）	市场	无	私营投资者
24	定价限制（R24）	市场	地方政府	私营投资者
25	老年人购买力下降风险（R25）	市场	无	私营投资者
26	技术风险（R26）	项目	施工单位	私营投资者
27	完工风险（R27）	项目	施工单位	私营投资者
28	项目工程质量风险（R28）	项目	施工单位	私营投资者
29	运营成本超支（R29）	项目	运营机构	私营投资者/地方政府
30	运营效率低下（R30）	项目	运营机构	私营投资者
31	养老项目配套基础设施风险（R31）	项目	地方政府	私营投资者
32	收费变更（R32）	项目	地方政府	私营投资者
33	老年人安全风险（R33）	项目	运营机构/老年人	私营投资者
34	养老服务质量低下风险（R34）	项目	运营机构	地方政府/老年人
35	养老服务标准变化（R35）	项目	地方政府	私营投资者
36	费用支付风险（R36）	项目	地方政府/老年人	私营投资者
37	组织协调风险（R37）	项目	私营投资者/地方政府	私营投资者/地方政府
38	养老服务专业化人员短缺（R38）	项目	无	私营投资者/老年人
39	收益低于预期（R39）	项目	私营投资者	私营投资者/地方政府
40	项目财务监管不足（R40）	项目	私营投资者	地方政府/借款方
41	残值风险（R41）	项目	私营投资者	地方政府
42	政府财政承受能力风险（R42）	项目	地方政府	私营投资者

如表 5 –4 所示，这些风险因素的直接影响对象绝大部分是私营投资者，当然规则对象除了政府和私营投资者以外，还涉及施工单位和运营单位等。究其原因，主要是以 BOT 为主要融资模式的养老服务 PPP 项目中私营投资者会负责项目的融资、开发、建造、运营和维护等，造成在项目运作过程中私营投资者会承担大部分风险，且会受到更多影响。

第 6 章

中国养老服务 PPP 项目风险评估

6.1　德尔菲调研设计与实施

本研究采用德尔菲调研法对养老服务 PPP 项目的风险进行评估，调研次数为两次。在这两轮专家意见征询中，调研目标是获得中国养老服务 PPP 项目风险因素的发生概率和危害程度，并以此为出发点评估所有风险因素的风险等级，为下一步公私双方风险分担提供依据。

6.1.1　德尔菲调查过程

在两次德尔菲调研过程中，所选择的专家均是对国内公私合作项目有融资及管理经验或是项目风险管理具有工程实践经验的管理者作为调查对象。第一轮德尔菲调查共联络专家 42 人，发放问卷数 42 份，收回 33 位专家意见，有效问卷占总调查专家的比例为 78.6%。第二轮德尔菲调查，是将第一轮问卷和第一轮评估结果同时反馈给第一轮参与调查的专家，希望专家对自己原来意见是否修改做出判断；其中第二轮回复的专家人数为 31 人，回复率为 93.9%。在此次德尔菲调研中，31 位专家的信息如表 6－1、表 6－2、表 6－3、表 6－4 和表 6－5 所示，这些显示了各位专家所在的单位是多元的，从事养老服务或是 PPP 工作的经验是丰富的，表明受访专家的构成相对合理。

表 6－1　　参与调查专家的人数情况

性别	人数	占比
男	19	61%
女	12	39%

表 6－2　参与调查专家的年龄情况

年龄	人数	占比
20—29	5	16%
30—39	16	52%
40—49	9	29%
50 及以上	1	3%

表 6－3　参与调查的专家的工作单位情况

单位	政府	金融机构	建筑企业	养老机构	建筑设计单位	科研机构	其他
人数	5	6	4	5	2	7	2
比例	16%	19%	13%	16%	6.5%	23%	6.5%

表 6－4　参与调查的专家从事 PPP 或养老服务时间

从事 PPP 或养老服务工作及研究年限（年）	<3	3—4	5—7	8—10	>10
人数	1	15	14	0	1
比例	3%	48%	46%	0	3%

表 6－5　参与调查的专家参与 PPP 项目数量

参与 PPP 数量	<1	1—2	3—5	≥6
人数	3	9	11	8
比例	10%	29%	35%	26%

从上述表中可以看出，参与调查的专家都属于养老服务 PPP 项目中需要参与的角色，包括政府官员、银行和保险机构职员、建筑施工单位、设计机构、养老运营机构等，他们都对项目有切身体会。96% 的受访专家接触 PPP 或养老服务的时间超过 3 年，最长的超过 10 年，84% 的专家参与过 PPP 项目，因此受访专家的构成比例也相对合理。

6.1.2　德尔菲问卷设计

本阶段德尔菲问卷的目标是获得调查专家对养老服务 PPP 项目所发生

风险概率大小和危害程度大小的判断，第一轮的评估数据和第二轮的评估数据可能存在不一致，所以在第二轮专家被调查前会收到第一轮的调研结果，目的是让专家在第二次征询意见时对比第一轮意见选择是否更改自己的看法。

第一轮德尔菲问卷，即中国养老服务PPP项目风险因素评估问卷1（附录1）分成三部分。第一部分是本次调查的引导语，介绍问卷调查背景、目的，以及本次调查涉及的风险因素的概念和解释，保证各位专家对问卷所有风险有统一的认知。第二部分是受访专家相关职业背景及情况了解，包括他们所在的单位类型、参加PPP运作或是养老服务工作的年限，所参与过的PPP项目个数等，目的是保证所获得数据的科学性。第三部分为养老服务PPP项目风险因素评估，要求各位专家根据自己的判断标准客观的对各个风险的发生概率和危害程度给予打分。打分标准采用5分制，其中对于风险概率来说，1分—几乎不可能发生、2分—极小、3分—偶然发生、4分—很可能发生、5分—经常发生；对于风险危害程度：1分—很低、2分—低、3分——般、4分—高、5分—很高。

第二轮的调查问卷（附录2）分成二部分。首先是这轮德尔菲调查的前言，解释第二轮调查的目的和操作内容。第一部分为风险含义的解释说明，是对接下来的风险评估提供背景资料。第二部分需要被征询专家根据第一轮风险概率和危害程度的意见总结来确定第二轮风险评估中自己对每一种风险的评估意见，目标是再次确定风险的概率和危害程度，第二次的修正除了可以保证风险评估的科学性，还有就是再次唤醒评估专家的理性对待。

6.2　养老服务PPP项目风险影响程度评估

养老服务PPP项目风险评估就是对养老服务公私合作项目中的风险事件进行发生概率和危害程度的评价过程。风险的影响程度是评估单个风险的重点，它是由单个风险发生概率和风险严重程度来描述的，利用公式 $R = L \times S$ 来表示，R 是风险影响度；L 表示发生风险的概率；S 表示发生的风险的危险度。通过对风险影响进行排序，就可以对风险影响度大的的风险进行前期干预，目标是减少风险对项目的危害，保证项目顺利进行。

6.2.1 风险发生概率评估

将第二轮德尔菲调研的所有数据汇总发现，如表6－6所示。养老服务PPP项目风险发生概率排序前十的风险因素分别是："养老服务专业化人员短缺""老年人安全风险""养老服务质量低下""融资结构""融资可行性""费用支付风险""运营效率低下""养老行业舆论风险""收益低于预期""同质项目竞争风险"。其中"养老服务专业化人员短缺""老年人安全风险""费用支付风险""运营效率低下"以及"养老服务质量低下风险"这五大风险都与养老服务 PPP 项目运营直接相关，属于项目层级风险中的运营风险。"融资结构""融资可行性"与融资环境和经济市场环境相关，属于市场层级风险中的融资风险范畴；"同质项目竞争风险"属于市场层级风险中的养老服务市场风险，与养老服务市场发展有关。"收益低于预期"属于项目层级风险中的财务风险，与该项目本身经营效益有关，"养老行业舆论风险"属于国家层级风险中的社会环境风险，它与社会环境、老年人的自我认知以及政府监管都有关系。显然专家认为运营风险在所有风险中，是发生概率最高的，这可能和养老服务本身的行业性质有关，养老服务通常定价较低，但老年人对安全性与服务质量的要求却很高，这就造成养老项目在运营中的风险发生概率更高；由于中国养老服务的 PPP 发展正处于起步阶段，尽管政府不断出台 PPP 相关法律法规，但金融市场及养老服务市场对养老服务 PPP 项目的认可程度还有待加强，所以养老服务 PPP 项目中，项目层级风险和市场层级风险的发生概率比国家层级风险的发生概率高。

表 6－6　　养老服务 PPP 项目风险因素发生概率评估

序号	风险因素	层级	最小	最大	平均	标准差	层级排序	总体排序
1	政府信用风险（R1）	国家	1	5	1.870	0.946	12	23
2	政府政策变动（R2）	国家	1	5	2.391	1.007	7	17
3	政府干预（R3）	国家	1	4	2.522	0.821	5	15
4	项目审批延误（R4）	国家	1	5	2.609	0.963	3	13
5	税收优惠调整（R5）	国家	1	5	2.217	0.975	9	20
6	土地获取风险（R6）	国家	1	5	2.522	0.920	5	15
7	法律变更风险（R7）	国家	1	5	2.130	0.849	10	21
8	法律及监管体系不完善（R8）	国家	1	5	2.565	1.010	4	14
9	合同违约/冲突（R9）	国家	1	5	2.348	0.854	8	18
10	第三方违约（R10）	国家	1	5	2.870	0.796	2	8
11	环保风险（R11）	国家	1	5	2.478	0.966	6	16
12	不可抗力风险（R12）	国家	1	4	1.957	0.859	11	22
13	地理位置及环境条件（R12）	国家	1	4	2.217	0.881	9	20
14	养老行业舆论风险（R14）	国家	1	4	2.913	0.829	1	7
15	重大社会事件风险（R15）	国家	1	4	1.957	0.624	11	22
16	利率风险（R16）	市场	1	5	2.739	0.843	5	11
17	通货膨胀风险（R17）	市场	1	5	2.783	0.830	6	10
18	汇率风险（R18）	市场	1	4	2.739	0.950	5	11
19	融资可行性（R19）	市场	2	5	2.957	0.859	2	5
20	融资结构（R20）	市场	2	5	3.043	0.859	1	3
21	高融资成本（R21）	市场	1	5	2.783	1.006	6	10
22	养老服务市场需求变化（R22）	市场	1	5	2.652	0.810	7	12
23	同质项目竞争风险（R23）	市场	2	5	2.913	0.880	3	7
24	定价限制（R24）	市场	2	5	2.870	0.946	4	8
25	老年人购买力下降风险（R25）	市场	1	5	2.522	0.706	8	15
26	技术风险（R26）	项目	1	4	2.304	0.950	12	19
27	完工风险（R27）	项目	1	4	2.391	0.629	11	17
28	项目工程质量风险（R28）	项目	2	4	2.652	0.684	8	12
29	运营成本超支（R29）	项目	1	5	2.957	0.908	4	6
30	运营效率低下（R30）	项目	1	5	3.000	0.978	3	4

续表

序号	风险因素	层级	最小	最大	平均	标准差	层级排序	总体排序
31	养老项目配套基础设施风险（R31）	项目	1	4	2.478	0.872	10	16
32	收费变更（R32）	项目	1	5	2.609	0.761	9	13
33	老年人安全风险（R33）	项目	1	5	3.087	1.083	2	2
34	养老服务质量低下风险（R34）	项目	2	5	3.000	0.780	3	4
35	养老服务标准变化（R35）	项目	1	4	2.826	0.929	6	9
36	费用支付风险（R36）	项目	1	5	2.913	0.974	5	7
37	组织协调风险（R37）	项目	1	4	2.826	0.815	6	9
38	养老服务专业化人员短缺（R38）	项目	2	5	3.217	1.048	1	1
39	收益低于预期（R39）	项目	1	5	2.913	1.018	5	7
40	项目财务监管不足（R40）	项目	1	4	2.739	0.733	7	11
41	残值风险（R41）	项目	1	4	2.652	0.754	8	12
42	政府财政承受能力风险（R42）	项目	1	4	2.652	0.754	8	12

6.2.2 风险危害程度评估

如表6－7所示，德尔菲调研所获得的风险危害程度数据显示，风险危害程度排序前十的风险因素既有政府原因造成的风险，也有市场变化造成的风险，还有就是项目本身的风险。例如，“政府信用风险”“政府政策变动”“不可抗力风险”属于国家层级风险，“融资可行性”“融资结构”“高融资成本”“通货膨胀风险”属于市场层级风险，“老年人安全风险”“养老服务质量低下风险”“项目财务监管不足”属于项目层级风险。对比表6－6和6－7中风险概率和风险危害程度的对应关系会发现，“政府信用风险”“政府政策变动”的发生概率专家认为并不高，但他们的危害程度却是所有风险中最高的，毕竟在2017年7月，国务院法制办在《基础设施和公共服务领域政府和社会资本合作条例（征求意见稿）》中明确了合作项目双方应当守信践诺，不受行政区划调整、政府换届，尤其是政府有关部门机构或职能调整及负责人变更的影响。可见随着 PPP 法制化进程的推进，政府不守信的情况会逐步制止，但是只要发生该类风险，对公私合作关系的负面影响会很大。因此，政府的态度及政策变化对整个养老 PPP 项目的危害程度十分巨大，尤其是对合作的私营投资者的影响非常直接，且风险后果会导致项目成本上升、收入减少，甚至中止。

表 6－7　养老服务 PPP 项目风险因素危害程度评估

序号	风险因素	层级	最小	最大	平均	标准差	层级排序	总体排序
1	政府信用风险（R1）	国家	1	5	3.565	1.467	1	1
2	政府政策变动（R2）	国家	1	5	3.522	1.206	2	2
3	政府干预（R3）	国家	1	5	3.130	1.248	6	9
4	项目审批延误（R4）	国家	1	5	3.217	1.153	5	8
5	税收优惠调整（R5）	国家	1	5	2.826	1.249	10	16
6	土地获取风险（R6）	国家	1	5	3.217	1.261	5	8
7	法律变更风险（R7）	国家	1	5	2.952	1.065	8	14
8	法律及监管体系不完善（R8）	国家	1	5	3.043	1.083	7	11
9	合同违约/冲突（R9）	国家	1	5	3.130	1.060	6	9
10	第三方违约（R10）	国家	1	4	3.130	0.740	6	9
11	环保风险（R11）	国家	1	5	2.870	1.089	9	15
12	不可抗力风险（R12）	国家	1	5	3.391	1.426	3	5
13	地理位置及环境条件（R12）	国家	1	5	3.130	1.018	6	9
14	养老行业舆论风险（R14）	国家	1	5	3.348	1.079	4	6
15	重大社会事件风险（R15）	国家	1	5	3.217	1.006	5	8
16	利率风险（R16）	市场	1	5	3.130	1.060	3	9
17	通货膨胀风险（R17）	市场	1	5	3.391	0.911	2	5
18	汇率风险（R18）	市场	2	4	2.783	0.975	5	17
19	融资可行性（R19）	市场	1	5	3.435	0.868	1	4
20	融资结构（R20）	市场	1	5	3.391	0.862	2	5
21	高融资成本（R21）	市场	1	5	3.391	0.958	2	5
22	养老服务市场需求变化（R22）	市场	1	5	3.130	1.139	3	9
23	同质项目竞争风险（R23）	市场	1	5	3.000	0.885	4	12
24	定价限制（R24）	市场	1	5	3.000	0.955	4	12

续表

序号	风险因素	层级	最小	最大	平均	标准差	层级排序	总体排序
25	老年人购买力下降风险（R25）	市场	2	5	3.000	0.834	4	12
26	技术风险（R26）	项目	1	5	2.957	1.042	7	13
27	完工风险（R27）	项目	1	5	2.957	1.018	7	13
28	项目工程质量风险（R28）	项目	1	5	3.261	1.101	2	7
29	运营成本超支（R29）	项目	1	4	3.217	0.915	3	8
30	运营效率低下（R30）	项目	1	5	3.217	0.867	3	8
31	养老项目配套基础设施风险（R31）	项目	1	5	3.043	1.022	6	11
32	收费变更（R32）	项目	1	4	2.609	0.816	9	18
33	老年人安全风险（R33）	项目	1	5	3.478	1.204	1	3
34	养老服务质量低下风险（R34）	项目	1	5	3.478	1.052	1	3
35	养老服务标准变化（R35）	项目	1	4	3.087	0.908	5	10
36	费用支付风险（R36）	项目	1	5	3.043	0.978	6	11
37	组织协调风险（R37）	项目	1	4	2.870	0.740	8	15
38	养老服务专业化人员短缺（R38）	项目	2	5	3.261	0.894	2	7
39	收益低于预期（R39）	项目	1	5	2.870	0.849	8	15
40	项目财务监管不足（R40）	项目	1	5	3.478	1.167	1	3
41	残值风险（R41）	项目	1	4	2.870	0.915	8	14
42	政府财政承受能力风险（R42）	项目	1	4	3.130	0.829	4	9

6.2.3 风险影响程度评估

采用风险影响及危害性分析，可以对养老服务 PPP 项目各项风险事件进行定性分析评估。依据项目风险管理中常用的风险评估重要性指标，风险影响程度指标通过发生概率与危害程度相乘所得（郭波等，2018）。从表6－8 所示，本次德尔菲调研的风险影响程度最终计算结果已有排序，其中影响程度最严重的前十个风险分别是“老年人安全风险”“养老服务专业化人员短缺”“养老服务质量低下”“融资结构风险”“融资可行性风险”“养老行业舆论风险”“运营效率低下风险”“项目财务监管不足风险”“运营成本超支风险”“通货膨胀风险”。根据表中结果，“老年人安全风险”“养老服务专业化人员短缺”“养老服务质量低下”“运营效率低下风险”“项目财务监管不足风险”“运营成本超支”六项风险均属于项目层级风险，“融资结构”“融资可行性”“通货膨胀风险”三项风险属于市场层级风险，“养老行业舆论风险”属于国家层级风险。这与之前柯永建、王守清（2011）关于《特许经营项目融资（PPP）——风险分担管理》一书中对于风险重要性评估中的结论有出入，在他们的研究中认为国家层级风险和市场风险比项目风险重要许多。但是从这次对养老服务 PPP 项目的专家调查中发现，项目层级风险重要性大于市场层级风险大于国家层级风险，尤其是养老服务经营风险在养老服务 PPP 项目中风险最为突出，不但发生概率高，而且危害较大。

表 6－8　　养老服务 PPP 项目风险因素影响程度评估

序号	风险因素	层级	发生概率（平均值）	危害程度（平均值）	影响程度	总体排序
1	政府信用风险（R1）	国家	1. 870	3. 565	6. 665	38
2	政府政策变动（R2）	国家	2. 391	3. 522	8. 422	19
3	政府干预（R3）	国家	2. 522	3. 130	7. 894	26
4	项目审批延误（R4）	国家	2. 609	3. 217	8. 393	20
5	税收优惠调整（R5）	国家	2. 217	2. 826	6. 267	42
6	土地获取风险（R6）	国家	2. 522	3. 217	8. 113	24
7	法律变更风险（R7）	国家	2. 130	2. 952	6. 290	41
8	法律及监管体系不完善（R8）	国家	2. 565	3. 043	7. 807	27
9	合同违约/冲突（R9）	国家	2. 348	3. 130	7. 350	32
10	第三方违约（R10）	国家	2. 870	3. 130	8. 983	12
11	环保风险（R11）	国家	2. 478	2. 870	7. 112	33
12	不可抗力风险（R12）	国家	1. 957	3. 391	6. 635	39
13	地理位置及环境条件（R12）	国家	2. 217	3. 130	6. 941	35
14	养老行业舆论风险（R14）	国家	2. 913	3. 348	9. 752	6

续表

序号	风险因素	层级	发生概率（平均值）	危害程度（平均值）	影响程度	总体排序
15	重大社会事件风险（R15）	国家	1.957	3.217	6.295	40
16	利率风险（R16）	市场	2.739	3.130	8.575	18
17	通货膨胀风险（R17）	市场	2.783	3.391	9.437	10
18	汇率风险（R18）	市场	2.739	2.783	7.622	28
19	融资可行性（R19）	市场	2.957	3.435	10.155	5
20	融资结构（R20）	市场	3.043	3.391	10.321	4
21	高融资成本（R21）	市场	2.783	3.391	9.437	11
22	养老服务市场需求变化（R22）	市场	2.652	3.130	8.302	22
23	同质项目竞争风险（R23）	市场	2.913	3.000	8.739	14
24	定价限制（R24）	市场	2.870	3.000	8.609	17
25	老年人购买力下降风险（R25）	市场	2.522	3.000	7.565	30
26	技术风险（R26）	项目	2.304	2.957	6.813	36
27	完工风险（R27）	项目	2.391	2.957	7.070	34
28	项目工程质量风险（R28）	项目	2.652	3.261	8.648	16
29	运营成本超支（R29）	项目	2.957	3.217	9.512	9
30	运营效率低下（R30）	项目	3.000	3.217	9.652	7
31	养老项目配套基础设施风险（R31）	项目	2.478	3.043	7.543	31
32	收费变更（R32）	项目	2.609	2.609	6.805	37
33	老年人安全风险（R33）	项目	3.087	3.478	10.737	1
34	养老服务质量低下风险（R34）	项目	3.000	3.478	10.435	3
35	养老服务标准变化（R35）	项目	2.826	3.087	8.724	15
36	费用支付风险（R36）	项目	2.913	3.043	8.866	13
37	组织协调风险（R37）	项目	2.826	2.870	8.110	25
38	养老服务专业化人员短缺（R38）	项目	3.217	3.261	10.491	2
39	收益低于预期（R39）	项目	2.913	2.870	8.359	21
40	项目财务监管不足（R40）	项目	2.739	3.478	9.527	8
41	残值风险（R41）	项目	2.652	2.870	7.611	29
42	政府财政承受能力风险（R42）	项目	2.652	3.130	8.302	23

6.3　养老服务 PPP 项目不同层级风险的影响度评估

6.3.1　国家层级风险影响程度评估

从图 6－1 国家层级风险发生概率及危害程度的象限图上可以看出，养老服务 PPP 项目国家层级风险的发生概率并不高，但是风险发生的后果却较为严重，其中“政府信用风险”“政府政策变动”“政府干预”“项目审批延误”“土地获取风险”“合同违约/冲突”“第三方违约风险”“法律或监管体系不完善”“地理位置及环境条件”“不可抗力风险”“养老行业舆论风险”“重大社会事件风险”这 12 个风险因素的危害程度超过 3 分，属于危害程度中等偏上，其中“政府信用风险”的危害程度最高，为 3.565。可见，政府的失信行为将可能对整个项目的危害是非常大的，需要在项目合作中非常注意，谨防政府失信。从发生概率来看，专家对国家层级的风险发生概率的评价都在发生相对较小的层次，这和我们国家近几年来不断推进公私合作的积极态度和 PPP 法制化进程都有关系，但是有两个风险如“第三方违约”和“养老行业舆论风险”的发生概率接近 3 分，这意味着专家对这两个风险的发生非常关注，是会偶尔发生的风险因素。

6.3.2　市场层级风险影响程度评估

从图 6－2 市场层级风险发生概率及危害程度的象限图上可以看出，本研究筛选出的十个市场层级风险的发生概率都不大，但危害程度都较大，除了“融资结构”的风险发生概率超过 3，其他风险发生概率都小于 3，这意味“融资结构”风险发生概率偶然存在，需要对养老服务 PPP 项目的融资结构多加审慎，错误的融资结构会导致融资方式异化，各级政府会利

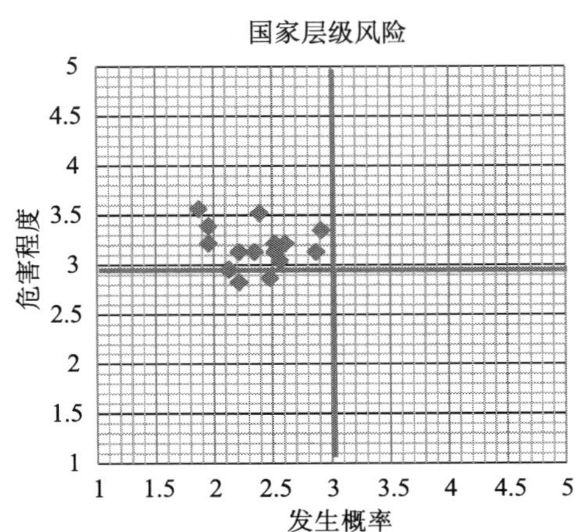

图 6－1　国家层级风险发生概率及危害性的象限分析

用“名股实债”等违规操纵变相融资，形成养老项目融资能力差等实质性障碍。十个市场层级风险的危害程度都偏高，属于中等偏上的危害程度。这主要是目前养老服务 PPP 项目的特点除了前期投入大、回收期长以外，还具有养老服务市场独自的特点，就是与老年人的生活息息相关，与民生发展密切相连，所以市场对养老服务的要求更高，风险的危害程度也就更高。

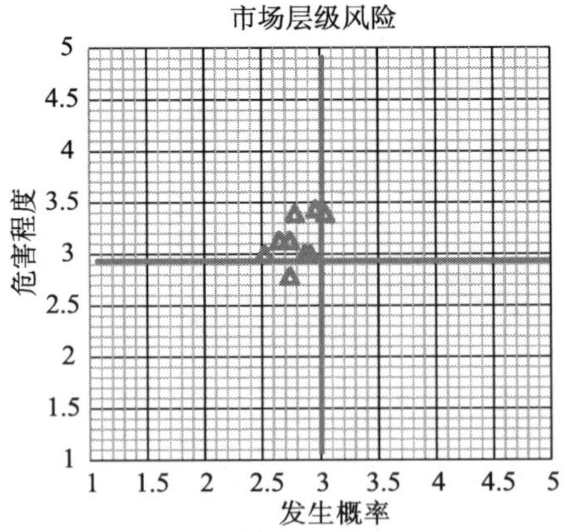

图 6－2　市场层级风险发生概率及危害性的象限分析

6.3.3 项目层级风险影响程度评估

从图6－3项目层级风险发生概率及危害程度的象限图上可以看出，研究所选取的17个项目层级风险的影响程度点主要集中在第一、第二象限，这表示项目层级风险的危害程度都比较大。“老年人安全风险”的影响程度位列第一，在以往养老服务项目中这个风险也经常发生，导致的原因是老年人生理机能退化，在滑倒、摔伤等意外事故出现后，个人和养老机构之间责任很难划清，容易发生纠纷，显然在PPP模式下构建的养老项目面临的最大风险依然是“老年人安全风险”，它会造成养老品牌形象受损，项目成本增加，收益降低等问题。此外“技术风险”“完工风险”“收费变更”的影响程度得分小于8，排在所有风险的最后，主要原因是这些风险发生的概率比较小，危害也小。但需要特别注意的是，“政府财政承受能力风险”对政府财政支付影响较大，极有可能会导致各级政府在实际操作过程中财政预算不足，财政对项目财政承受能力不足，补贴不能及时到位，项目公司容易出现资金缺口，所以防范政府隐性债务风险、坚守10%财政支出红线是十分必要的。

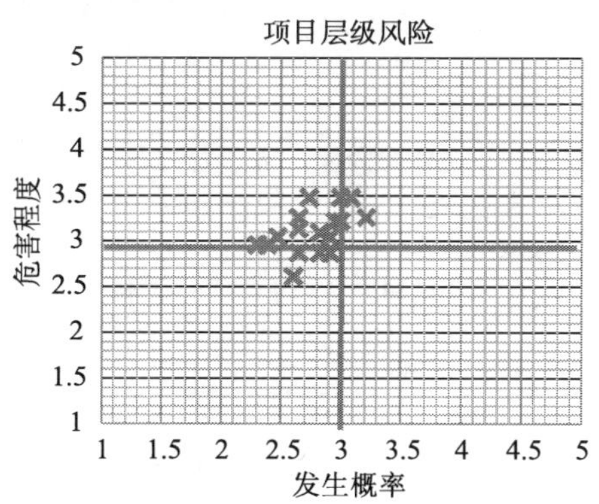

图6－3 项目层级风险发生概率及危害性的象限分析

6.4 养老服务 PPP 项目风险指数矩阵

风险指数矩阵法是欧洲空间局（ESA）空间项目风险管理经常采用的评估方法，本方法利用在养老服务 PPP 项目的风险评估方面，目的是将养老服务 PPP 项目风险事件的发生概率和后果严重程度相对的定性分为若干级，根据风险级别的大小制定风险应对措施，让级别高的项目风险得到公私双方有效分担，并获得优先控制，大大降低项目失败的风险。表 6－9 是风险可能性等级标准。表 6－10 列出了风险危害性等级标准。表 6－11 列出了风险指数矩阵。

表 6－9　风险可能性等级标准

等级评分	可能性（发生概率）	后果
1	最小	每个风险几乎不可能发生
2	小	发生概率极小，或是风险发生前就已经被监测到，被排除
3	中等	发生概率偶然，有可能发生
4	大	发生概率大，或是风险不容易被监测到
5	最大	发生可能性很大，概率很高

表 6－10　风险危害性等级标准

等级评分	严重性	后果
1	轻微	风险危害程度较小或没有影响，造成损失很小
2	轻度的	风险危害影响为轻度，会造成较小损失，项目目标能达到
3	中等	风险造成中度危害，造成一般性损失，后果可承受
4	严重的	风险危害影响严重，损失会比较大
5	灾难性的	风险危害是巨大的，损失会无法承担

通过对表 6－7 的数据分析，可以建立风险指数矩阵，对德尔菲调研所获得的养老服务 PPP 项目风险因素影响程度结果进行等级评估，得出养老服务 PPP 项目中从特重大风险到最小风险有哪些，如表 6－13 所示。

表 6－11　　风险指数（可能性×严重性）矩阵

危害性等级 / 风险指数 / 可能性等级	1	2	3	4	5
1	1	2	3	4	5
2	2	4	6	8	10
3	3	6	9	12	15
4	4	8	12	16	20
5	5	10	15	20	25

表 6－12　　与风险指数 Ri 对应的风险级别及评价

风险指数 Ri	风险级别	风险评价
20≤Ri＜25	特重大风险	不可接受风险，必须采取措施规避
15≤Ri＜20	重大风险	不可接受风险，必须采取措施规避
10≤Ri＜15	中等风险	可接受风险，采取积极措施规避、分担
4≤Ri＜10	低风险	可接受风险，采取控制和监管措施
Ri＜4	最小风险	可接受风险，采取控制和监管措施

表 6－13　　养老服务 PPP 项目风险矩阵

危害性等级 / 风险指数 / 可能性等级	1	2	3	4	5
1	1	2	3	4	5
2	2	4	R1、R5、R7、R9、R11、R12、R13、R15、R26、R27、R32、R41	R2、R3、R4、R6、R8、R18、R22、R25、R31、R37、R39、R42	R19、R20、R33、R34、R38、
3	3	6	R10、R14、R16、R17、R21、R23、R28、R29、R30、R35、R36、R40、	12	15
4	4	8	12	16	20
5	5	10	15	20	25

选择风险指数矩阵方法对德尔菲调查所获得的养老服务 PPP 项目风险因素进行评价，一方面充分运用专家的经验，以他们独立的判断和决策为基础来保证风险评价模型的科学性和合理性；另一方面可帮助决策人员根据风险矩阵所获得的风险度来进行风险的分担和风险分散。养老服务 PPP 项目的风险指标结论如下：

①特重大风险：无。

②重大风险：无。

③中等风险：融资可行性、融资结构、老年人安全风险、养老服务质量低下风险、养老服务专业化人员短缺。

④低风险：政府政策变动、政府干预、项目审批延误、税收优惠调整、土地获取风险、法律变更风险、法律及监管体系不完善、合同违约/冲突、第三方违约、环保风险、不可抗力风险、地理位置及环境条件、养老行业舆论风险、重大社会事件风险、利率风险、通货膨胀风险、汇率风险、融资可行性、融资结构、高融资成本、养老服务市场需求变化、同质项目竞争风险、定价限制、老年人购买力下降风险、技术风险、完工风险、项目工程质量风险、运营成本超支、运营效率低下、养老项目配套基础设施风险、收费变更、老年人安全风险、养老服务质量低下风险、养老服务标准变化、费用支付风险、组织协调风险、养老服务专业化人员短缺、收益低于预期、项目财务监管不足、残值风险、政府财政承受能力风险。

⑤最小风险：无。

由此可见，几乎所有风险因素集中在低风险区域，五个风险属于中等风险级别。处于低风险区域的风险因素可以依据公私双方的优势特点进行分担，并制定相应的预防措施和行动方案来降低项目失败的可能。但对于处于中等风险级别的五个风险需要特别注意。尤其是融资结构和融资可行性，毕竟 PPP 不但强调公私合作关系，从实践角度来看，它更是一种新型融资模式，它区别于传统融资模式，强调利益共享、风险分担。合理、高效的项目融资及配备专业的 PPP 运作人才和专业的养老服务人才才是避免发生养老服务 PPP 项目风险的关键。

第 7 章

中国养老服务 PPP 项目风险分担

7.1　养老服务 PPP 项目中各主体的合作博弈关系

7.1.1　养老机构 PPP 项目主要利益相关方分析

依据《养老设施建筑设计规范》（国家标准 GB 50867—2013）、《综合医院建筑设计规范》（JGJ 49—88）和现行《无障碍设计规范》（国家标准 GB50763）等养老服务设施建设标准以及《养老机构服务质量基本规范》（国家标准 GB/T 35796—2017）等养老服务质量标准的规定，养老服务设施在地上、地下工程建设实施过程中涉及的利益相关方包括建设单位、监理单位、施工单位和供应商等各承建商；运营过程中涉及运营商、保险公司等。结合 PPP 模式的自身融资特点，养老服务 PPP 项目在整个项目投融资过程中涉及众多利益主体。这些利益相关者包括政府部门、私营部门、贷款方、保险公司等。基于 PPP 模式的养老服务项目，根据养老项目的各自特点采取如 BOT、TOT、BOO、PFI 等多种实施方式，但主要利益相关者的关系模式如图 7 – 1 所示。

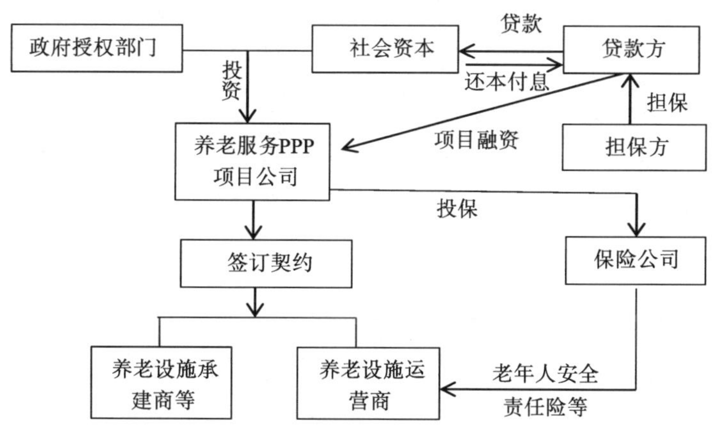

图 7 – 1　利益相关者关系模式

通过养老服务 PPP 项目利益相关者关系模式基本结构图可以直观识别，基于 PPP 模式的养老服务项目利益相关主体主要有以下几个方面：

（1）政府部门

公私合作作为资源配置、国家治理新模式，政府在养老服务 PPP 项目中充当的角色不但是组织者、监管者，还是实施者、合作者（陈婉玲，2014）。基于物有所值评估和财政承受能力论证，政府排除单一提供养老服务的模式，采用 PPP 模式与社会资本方共同设计、规划、建设、运营养老项目，提升养老服务整体水平。与社会资本方不同，政府对养老服务项目收益要求更多是能否保证社会效益的实现，如采用 PPP 模式的新老年公寓在建成后能否缓解当地老年人养老床位短缺压力、是否完善当地养老服务体系、是否提升养老服务质量、增加当地就业岗位等。政府部门和社会资本方共建养老服务 PPP 项目的运行机制与体系，共享养老服务 PPP 项目的经济收益和社会效益，也共治养老服务 PPP 项目风险，可以说政府部门的角色对 PPP 项目的成败起着十分关键的作用（王培培、李文，2016）。为了保证养老项目良好运营，获取更高的社会效益和经济效益，通常政府部门会对该项目提供法律、政策、经济等支持并承担部分风险，如土地划拨风险、信用风险、政策风险等，目的是利用自身在法律和制度设计方面的优势，进一步提高项目经济可行性和对社会资本投资的吸引力。

（2）社会资本方

社会资本方作为养老服务 PPP 项目主要合作方，通过政府部门公开的招投标程序进入项目，与政府批准授权的职能机构如民政部门共同组建项目公司。作为项目的社会投资者，可以是民营企业、国有企业、外资企业及混合所有制企业等（陈琴，2017）。根据 2018 年 4 月 27 日，财政部公布的财金〔2018〕54 号文件①中指出，地方融资平台公司不得作为社会资本

① 《关于进一步加强政府和社会资本合作（PPP）示范项目规范管理的通知》中华人民共和国财政部网站，http：//jrs. mof. gov. cn/zhengwuxinxi/zhengcefabu/201804/t20180427_2880109. html。

方①，没有采取公开竞争性方式而参与项目的社会资本方属于“主体不合规”。显然参与养老服务 PPP 项目的社会资本方除了需要有充足的资金和充分的养老行业运作经验外，还需要符合政府和社会资本合作示范项目规范的要求。尽管养老行业要求更高社会效益决定了该类 PPP 项目后期的投资回报不如其他类型的 PPP 项目，但社会资本方以盈利为目的，诉求利润最大化的目标不会变 ，对于回收期长、风险与收益不匹配的养老项目，就需要政府在社会政策等方面予以倾斜，提供如财务分摊、税收优惠等，以此保证社会资本方获得与所承担风险相匹配的收益，或是通过科学合理的测算，给予适当可行性缺口补助，补助标准应向半护理或全护理类养老机构适当倾斜。与此同时，需要对社会资本的主体资格严格把关，通过设置惩罚机制来增强社会资本方的履约能力，降低道德风险的发生（蔡晓琰、周国光，2016）。

（3）银行等金融机构

银行等金融机构参与养老服务 PPP 项目，既可以是直接融资，也可以间接融资（刘振宇、李泽正，2016）。因此，商业银行除了传统的企业贷款方式参与养老服务 PPP 项目，也可以通过信托计划、券商资管计划、基金子公司等通道业务实现对养老 PPP 项目公司的参股，并以股东身份对养老项目公司提供股东借款来实现间接参与养老 PPP 项目，实现股、债、贷等多种模式参与养老服务 PPP 项目全过程融资服务。但由于养老项目收益低、风险高、回收期长，很多商业银行及其他金融机构基于风险和收益考量并不愿意参与该类项目，所以养老服务 PPP 项目的贷款方或是融资方多半是政策性银行。如何支持各类商业银行、政策性银行、非银行金融机构在自主决策、风险可控的前提下，利用未来养老服务运营收益权、政府购买养老服务协议、项目产权等有形及无形资产，对养老产业 PPP 项目开展质押贷款业务，解决贷款产品与 PPP 项目在周期上不匹配导致的银行流动性风险问题（张惠，2015）；如何利用信托、券商、基金等通道实现对项

① 实际这些融资平台公司是指那些仍受到银监会监管且未按规定转型的融资平台，而转型成功的融资平台已转化成国有企业了。

目公司的股权参与，成为商业银行等金融机构对养老类 PPP 项目融资介入的新目标。但也应该注意到，当资本融资突破商业银行信贷审查而逐渐泛滥化后，有些资产负债率高、资金实力并不雄厚但融资能力较强的企业能够通过高杠杆撬动大量银行资本，这在一定程度上加剧了养老服务 PPP 项目的风险（侍苏盼，2016）。特别是在政府付费类养老 PPP 项目领域，重建设轻运营、股东套现等方面的风险更容易出现，最终导致养老类 PPP 项目偏离其社会公益性、高效服务的初衷。

（4）保险公司

保险公司在养老服务 PPP 项目的主要职责是对各利益相关方可能面对的潜在风险提供转移和分担（周海珍，2017）。风险具有不确定性，PPP 项目一旦遇到损失严重的风险，就需要保险公司进行风险分担，保证项目的顺利进行。养老服务 PPP 项目中签订的保险合同通常会根据项目阶段的不同而有区别，但主要存在于项目融资、建设、运营三个阶段。例如，在建设期，涉及的保险包括工程保险、人员意外伤害保险、工伤保险、财产保险等；在运营阶段，包括财产一切险、环境责任险、第三者责任险等，还由于养老服务项目运营期间，对老年人安全有特殊要求，所以运营机构还会为所有老年人向保险公司投保老年人安全责任险。依据“谁购买、谁受益”原则，养老服务 PPP 项目合同的约定投保人通常为项目公司，但也可是项目承包商、运营商等，如项目公司等未按约定投保时，也需要政府方自行购买保险，此时投保人为政府方。由于 PPP 项目一旦发生实质性风险，就有可能造成严重的经济损失，因此养老类 PPP 项目对保险公司的资信也有非常高的要求。

（5）承建商

养老服务 PPP 项目的建造过程一般由承建商依据承建合同来实施，通常承建商负责项目的设计、材料采购和施工。从角色定位来讲，承建方如果既是施工方同时也是社会资本方的话，那么在未来项目公司对施工承建方招标的时候，承建方可以进行免标，也就是说承建方具备施工承建资质，可以直接进行项目建设。而如果承建方只作为单纯施工方参与，那么就需要依据设计方案、性价比等来竞标以获得承建权利。养老服务 PPP 项目中，项目公司与承建商在进行合作过程中，不但行为受到合同的约束，还受到如股权、利益分配的调节（陈帆、王孟钧，2010），在传统的政府单独投资养老项目管理模式下，承建商与投资主体的关系是雇佣关系，为了提高工程质量和价值，往往采用对承建商持续监管，通常会因为信息不对称导致监督成本巨大，且在项目建成后就不再关注项目的盈利与否，因此承建商在没有资产投入的前提下，提升项目价值方面没有充分发挥作用；而在 PPP 模式下，养老项目社会资本方与承建方的利益可以实现交叉，利用项目股权形式吸引承建商进行项目参与，那么养老服务 PPP 项目中未来收益就与承建商密切相关，从而承建商在项目质量、功能、价值和利益等方面就与项目公司目标相一致，摆脱了以往在项目建设过程中只关注项目建设过程，而忽略项目长远利益的形象，成为项目的主要利益相关者。一般而言，承建商要承担工程质量不合格、成本超支、不能按时完工等风险。

（6）运营商

养老服务 PPP 项目建设完工以后，通常项目公司会将项目的运营和维护事务交给专业运营商，开始进行运营管理业务。根据养老项目性质、风险分配及运营商资质、水平等，运营商在管理、经营和维护等方面承担的工作也会不同，但为了保证养老项目能够获得稳定的收益，减少风险，满足养老项目特许经营协议的相关指标，通常专业运营商会根据相关法规及政策的变动、经济波动等情况，及时调整养老服务项目内容、服务质量、经营策略等，以防止收益率不足，还贷困难等风险。当前，我国已确立部分养老行业标准化执行规范，对养老服务 PPP 项目的专业运营商去推动养老服务的标准化建设、老年护理队伍的专业化提升及科学的养护体系具有重要意义。如何进一步提升养老服务运营商管理能力、稳定高素质专业护工队伍、优化养老服务机构治理结构、强化养老服务运营商的主体地位，会对养老服务 PPP 项目运营阶段市场需求变化、成本上升、利润下降等风险的防范起到重要作用。

7.1.2 不完全信息下养老服务 PPP 项目风险分担博弈分析

各参与方如何在“策略互动”的局势中进行博弈，规避尽可能多的风险，从而获得最大收益是养老服务 PPP 项目风险管理所面临的核心问题。养老服务 PPP 项目开发运作包括多个阶段，每个阶段都涉及众多参与者，但在此仅对养老 PPP 项目采购阶段，对政府部门和私人部门在项目合同谈判中的责任归属和风险分担博弈进行研究，其中参与者之一的政府部门是指政府或是政府授权的职能部门（如民政部门），另一参与者私人部门是指社会资本方，在合作过程中主要承担融资任务的社会投资者。

在养老服务 PPP 项目合同谈判过程中，政府方会委派项目实施机构依次与候选的社会资本方就合同可变的责任分配和风险分担进行合同签署前的确认谈判，率先实现公私意见统一的社会资本方为中标者（傅庆阳等，2017）。而在养老服务 PPP 项目合同谈判中对风险分担最常见的谈判方式是轮流出价的讨价还价博弈。这种讨价还价的博弈通常是贯序的，即由政府部门首先提出风险分担的比例，然后私人部门对此方案进行表态，同意则接受此风险分担方案，不同意则由私人部门出价，政府部门进行同意与否的答复，如果政府部门不同意，则需给出新一轮的风险分担方案，由私人部门来确定同意与否，如此往复“接受—不接受”过程，直到双方达成共识都接受报价。公私双方在讨价还价的博弈过程中，彼此信息掌握程度不同是显而易见的。完全信息博弈以充分了解对方的行为策略选择为前提，不完全信息指的是在博弈过程中一方对博弈另一方的行动或策略并不完全知情。在养老服务 PPP 项目中，代表公众利益的政府部门由于是项目的发起者，不但提供养老项目各项优惠政策，还要拥有部分股权，因此从总体上讲政府部门掌握的信息和资源更充分，在讨价还价中更占主动地位，而私人部门在博弈中处于信息不利位置，只能被迫承担可控的或是较多不可控风险。因此，在不完全信息条件下，分析公私双方在养老服务 PPP 项目风险的博弈情况，有助于实现合作双方的最优风险分配。

李林（2013）在不完全信息和完全信息两种条件下分析了政府先出价

的讨价还价博弈过程；李研（2017）分析了不完全信息下政府先出价和私人部门先出价两种风险博弈模型。但两位学者的假设都是私人部门是风险厌恶者，但在有些情况下，私人部门为了“讨好”政府部门并拿到项目获得更高收益，会在博弈时愿意多承担一部分风险。所以在公私双方进行风险讨价还价博弈过程中，私人部门并不是完全风险厌恶者，会愿意接受一部分风险的情况需要考虑进去。

因此，本研究参考李林（2013）构建的不完全信息下 PPP 项目风险分配博弈模型来对养老服务 PPP 项目风险分担博弈模型在不完全信息下进行构建。考虑到 PPP 领域几乎都是政府首先提出 PPP 项目招标，社会资本来决定是否参与的情况，政府在整个 PPP 项目的论证、招标、合作过程中信息更完全，处于公私合作中更有利地位，所以让政府部门在讨价还价中先出价，是考虑到政府部门作为养老 PPP 项目的发起者所拥有的地位优势而做出这样的选择的，毕竟谁先出价谁更占主动优势。那么当公私两个部门在对分担的风险比例 K 进行讨价还价时，双方出价在不连续的时点上进行。在奇数点上即当 i = 1，3，5，7，9，…时，公共部门首先来表示自己愿意承担的风险比例为 K_i，根据自身风险和收益情况私人部门会判断是否接受，而在偶数点时，即 i = 2，4，6，8，10，…回合时，私人部门先出价，政府部门选择是否接受。

（1）模型基本假设

假设一：讨价还价过程中，只存在政府部门和私人部门两个博弈主体，且双方都是理性的，双方的行动和决策都以自身效益最大化为根本目标。博弈双方希望选择一个最优的行为策略来实现谈判成功。

假设二：私人部门处于劣势地位，政府部门处于强势地位，私人部门会向政府部门示好，会为了获得更多收益而承担更多风险。因此，在政府部门和私人部门是完全理性的前提下，政府部门首先出价。

假设三：公私双方互相掌握对手的信息是不完全、不对称的，因此在双方博弈过程中，针对不同项目风险，彼此都对其他一方的行动策略不能完全了解，但会预测对方行动。

假设四：对于公私共担的一类风险（假设双方承担风险比例之和为

1)，如政府部门只接受风险比例 Ki，则另一方私人部门需承担风险为 1 - Ki，参与双方对 Ki 进行博弈。

假设五：养老服务 PPP 项目中每个风险都是独立的，之间无因果关系。

（2）模型参数的讨论

公私两个部门在不完全信息下会对养老服务 PPP 项目风险分担进行讨价还价，因此模型构建涉及四个参数，如表 7 - 1 所示。在不完全信息下，养老服务 PPP 项目风险分担的谈判可能会持续较长时间，因此需要在风险分担博弈过程中将消耗系数考虑进去。讨价还价所消耗的时间具有价值，δ_1 和 δ_2 分别代表政府部门和私人部门的消耗系数，其中 $\delta_1 \in [1, +\infty)$，$\delta_2 \in [1, +\infty)$；消耗系数越大，说明时间价值成本越高，政府部门和私人部门的耐心程度就会越低，讨价还价成本越高。因为在讨价还价过程中政府部门处于博弈中的主导地位，他遵从自身利益考量会把他自己不愿承担的风险比例 r 转移给私人部门。这一比例 r 反映了公私双方的不对称程度，其中 $r \in [0, 1]$，r 越大意味着政府部门在合作过程中讨价还价能力越强，越会迫使私营部门承担更多风险；当然对于每一个独立的风险，私人部门也并非完全会强制接受政府转移的风险份额 r，根据风险收益相匹配原则，私人部门会为了获得更高收益而只接受一部分。在不完全信息博弈中，虽然公私双方对博弈中另一方的策略信息并不完全知道，但也会进行行动预判，例如，会采用主观概率 P_1 来表示政府部门采取强行姿态来让私人部门接受更多风险的概率，而用 $1 - P_1$ 来表示政府部门不采取强行姿态来让私人部门接受更多风险的概率。

表 7 - 1　模型参数说明

参数	含义
δ_1	公共部门在养老服务 PPP 项目风险分担讨价还价过程中的消耗系数
δ_2	私人部门在养老服务 PPP 项目风险分担讨价还价中的消耗系数
r	公共部门采取强势姿态把一定的风险比例 r 转移给私人部门
P_1	公共部门在不完全信息条件下采用强势姿态把更多风险转移给私人部门的概率

(3) 博弈模型的构建

假设在养老服务 PPP 项目风险分担讨价还价过程中，处于优势地位的政府会在第一回率先提出风险分担比例，然而私人部门并不清楚公共部门所采取的策略，只是根据自己的风险判断和利益诉求来决定是否接受，如接受博弈结束或不接受博弈进入第二阶段。因此，讨价还价博弈会持续到双方都接受为止。

第一回合：假定政府部门以 P_1 概率不但强行要求私人部门接受 $1-K_1$ 的风险份额，还会要求私人部门承担由自己再分配给对方 r_1 大小的风险，而政府部门则只承担 K_1-r_1 的风险份额。那么公共部门承担的风险为 ω'_{G1} 和私人部门承担的风险为 ω'_{P1}。

$$\omega'_{G1}=P_1(K_1-r_1) \tag{7.1}$$

$$\omega'_{P1}=P_1(1-K_1+r_1) \tag{7.2}$$

而当政府预测私人部门会想尽快实现谈判成功，毕竟时间是有价值的，因此政府部门以 $1-P_1$ 的概率不采取强行姿态来要求私人部门接受，再转嫁更多风险的情况下，对方却出于为了与政府部门合作，或是为了获得与更高风险相对应的更高收益，或是为了能比其他投标的社会资本方有更多机会参与该项目，进而可能才愿意多承担在政府部门采取强行姿态时，打算转嫁的风险比例 $1/3r_1$①。因此，政府部门分担的风险为 ω''_{G1} 和私人部门分担的风险为 ω''_{P1}。

$$\omega''_{G1}=(1-P_1)\left(K_1-\frac{1}{3}r_1\right) \tag{7.3}$$

$$\omega''_{P1}=(1-P_1)\left(1-K_1+\frac{1}{3}r_1\right) \tag{7.4}$$

利用（7.1）到（7.4）公式，第一回合博弈中公私双方分别需承担的风险期望为：

$$\omega_{G1}=\omega'_{G1}+\omega''_{G1}=P_1(K_1-r_1)+(1-P_1)\left(K_1-\frac{1}{3}r_1\right) \tag{7.5}$$

① $1/3\ r_1$ 中 1/3 这个比例其实是假设的，也可以是 1/2 或 1/4，它仅代表私人部门不接受全部的 r，出于“讨好”政府，私人部门只愿意接受部分 r。

$$\omega_{P1}=\omega'_{P1}+\omega''_{P1}=P_1(1-K_1+r_1)+(1-P_1)\left(1-K_1+\frac{1}{3}r_1\right) \tag{7.6}$$

如果在第一个回合中政府根据自身评估和预测提出的风险比例不能令私人部门接受，那么公私双方进入第二谈判阶段。

第二回合：政府部门还会以 P_1 概率来对私人部门进行威慑。而此阶段私人部门提出让政府部门分担风险比例为 K_2，而他自身分担风险是 $1-K_2$。因为谈判过程双方都会因为心理承受力和经济承受能力不同而付出不同的消耗成本，消耗越大，双方可能受损概率越高，所以假定政府部门消耗系数分别为δ_1，私人部门博弈中消耗系数为δ_2，政府部门会和第一阶段博弈一样把更多的风险份额 r_2转嫁给私人部门，那么公私双方要分担的风险分别表示为 ω'_{G2}和 ω'_{P1}。

$$\omega'_{G2}=\delta_1P_1(K_2-r_2) \tag{7.7}$$

$$\omega'_{P2}=\delta_2P_1(1-K_2+r_2) \tag{7.8}$$

而当公共部门以$(1-P_1)$概率不另外强加风险给私人部门时，私人部门考虑到风险—收益情况或是自己的地位，可能会愿意多承担政府部门采取强行姿态时转嫁给私人部门$\frac{1}{3}r_2$风险，因此公私双方分担的风险为 ω''_{G2}和 ω''_{P2}。

$$\omega''_{G2}=\delta_1(1-P_1)\left(K_2-\frac{1}{3}r_2\right) \tag{7.9}$$

$$\omega''_{P2}=\delta_2(1-P_1)\left(1-K_2+\frac{1}{3}r_2\right) \tag{7.10}$$

利用公式（7.7）—(7.10)，第二回合中公私双方接受的风险期望为：

$$\omega_{G2}=\omega'_{G2}+\omega''_{G2}=\delta_1P_1(K_2-r_2)+\delta_1(1-P_1)\left(K_2-\frac{1}{3}r_2\right) \tag{7.11}$$

$$\omega_{P2}=\omega'_{P2}+\omega''_{P2}=\delta_2P_1(1-K_2+r_2)+\delta_2(1-P_1)\left(1-K_2+\frac{1}{3}r_2\right) \tag{7.12}$$

如果政府部门不接受第二回合博弈结果，公私双方将进入第三阶段。

同理可得，第三回合政府部门先提风险分担比例，政府部门和私人部门分别承担的风险期望是：

$$\omega_{G3}=\omega'_{G3}+\omega''_{G3}=\delta_1^2P_1(K_3-r_3)+\delta_1^2(1-P_1)\left(K_3-\frac{1}{3}r_3\right) \tag{7.13}$$

$$\omega_{P3} = \omega'_{P3} + \omega''_{P3} = \delta_2^2 P_1(1 - K_3 + r_3) + \delta_2^2(1 - P_1)\left(1 - K_3 + \frac{1}{3}r_3\right) \quad (7.14)$$

以此类推，讨价还价博弈如此往复下去，风险分担比例会不断变化，直到公私双方达成共识。

（4）博弈模型求解

对于不完全信息条件下，养老服务 PPP 项目风险分担无限次讨价还价博弈情形，是很难获得博弈均衡解的。但海萨尼认为，不完全信息下讨价还价博弈是能够变成完全但不完美讨价还价博弈的（李林，2013）；夏克德（Shaked）和萨顿（Sutton）也提出一个不限次数的讨价还价中，逆推归纳不论是第一回合还是第三回合，博弈均衡解都是不变的（李林，2013）。因此，本研究把养老服务 PPP 项目风险分担无限次讨价还价博弈的逆推归纳的最初点设在该博弈中的第三回合。在第三阶段，政府部门风险期望 ω_{G3}；私人部门风险期望 ω_{P3}，但是在第二回合中，私人部门却要求政府部门承担风险期望 ω_{G2}，显然 $\omega_{G2} > \omega_{G3}$，否则政府也不会拒绝私人部门的提议而进入第三回合，但谈判进入第三回合会增加消耗，所以为了节省更多成本，私人部门在第二回合提出的风险配比既要保证政府 $\omega_{G2} \leqslant \omega_{G3}$，与此同时私人部门风险期望最小。因此，在第二回合中私人部门和政府部门的最优策略为：$\omega_{G2} = \omega_{G3}$。

$$\delta_1 P_1(K_2 - r_2) + \delta_1(1 - P_1)\left(K_2 - \frac{1}{3}r_2\right) = \delta_1^2 P_1(K_3 - r_3) + \delta_1^2(1 - P_1)\left(K_3 - \frac{1}{3}r_3\right)$$

$$K_2 = \delta_1 K_3 + \left(\frac{1}{3} + \frac{2}{3}P_1\right)r_2 - \left(\frac{1}{3}\delta_1 + \frac{2}{3}\delta_1 P_1\right)r_3 \quad (7.15)$$

因此，私人部门承担的风险是：

$$\omega_{P2} = \delta_2\left(1 + \frac{2}{3}\delta_1 P_1 r_3 - \delta_1 K_3 + \frac{1}{3}\delta_1 r_3\right) \quad (7.16)$$

由式（7.14）所知：

$$\omega_{P3} = \delta_2^2\left(1 + \frac{2}{3}P_1 r_3 - K_3 + \frac{1}{3}r_3\right) \quad (7.17)$$

比较 ω_{P2} 和 ω_{P3}，可得：

$$\omega_{P2} - \omega_{P3} = \delta_2\left[1 - \delta_2 - (\delta_1 - \delta_2)\left(K_3 - \frac{2}{3}P_1 r_3 - \frac{1}{3}r_3\right)\right] \quad (7.18)$$

其中$\delta_2>1$，$\delta_2>\delta_1$，$0\leqslant r_3\leqslant K_3\leqslant 1$，$0\leqslant P_1\leqslant 1$，从而推导出 $\omega_{P2}<\omega_{P3}$。这意味着公私双方都不愿意持续到第三回合。

同样方法，再逆推回第一阶段，如果私人部门承担的风险期望大于第二回合的风险期望，私人部门一定会选择进入第二阶段谈判来获得更小的风险期望。所以，为了减少因为谈判次数增加所带来的成本消耗，私人部门需接受 $1-K_1$ 比例风险的同时政府部门接受最小风险期望，那么满足：$\omega_{P1}=\omega_{P2}$。

$$P_1(1-K_1+r_1)+(1-P_1)\left(1-K_1+\frac{1}{3}r_1\right)=\delta_2 P_1(1-K_2+r_2)+\delta_2(1-P_1)\left(1-K_2+\frac{1}{3}r_2\right) \tag{7.19}$$

并将式（7.15）带入式（7.19），求得：

$$K_1=1+\frac{2}{3}P_1 r_1-\frac{1}{3}r_1-\delta_2\left(1-\delta_1 K_3+\frac{1}{3}\delta_1 r_3+\frac{2}{3}P_1\ \delta_1 r_3\right) \tag{7.20}$$

按照海萨尼理论和夏克德（Shaked）和萨顿（Sutton）的观点，无限次博弈中无论是从第一回合开始博弈还是从第三回合开始讨价还价其博弈结果都应相同（李林，2013）。所以，政府部门作为理性人，$K_1=K_3$。假设 r 是常数，政府部门与私人部门承担风险比例的均衡结果为：

$$K=(\delta_2-1)/(\delta_1\ \delta_2-1)+\left(\frac{2}{3}P_1\ \delta_1+\frac{1}{3}\delta_1+\frac{1}{3}-\frac{2}{3}P_1\right)r/(\delta_1\ \delta_2-1) \tag{7.21}$$

假设公式（7.21）中 $\dfrac{\left(\frac{2}{3}P_1\ \delta_1+\frac{1}{3}\delta_1+\frac{1}{3}-\frac{2}{3}P_1\right)}{(\delta_1\ \delta_2-1)}$ 为 φ，其中 φ 是与 P_1 直接相联系的。

政府部门　$K=(\delta_2-1)/(\delta_1\ \delta_2-1)+\varphi r$ （7.22）

私人部门　$1-K=(\delta_1\ \delta_2-\delta_2)/(\delta_1\ \delta_2-1)-\varphi r$ （7.23）

从公式（7.22）中所知，$(\delta_2-1)/(\delta_1\ \delta_2-1)$为政府部门在养老服务 PPP 项目中实际承担的风险比例；φr 为私人部门需接受政府部门向他转移的风险比例，私人部门实际承担的风险比例为$(\delta_1\ \delta_2-\delta_2)/(\delta_1\ \delta_2-1)$，而

名义比例只有 $1-K$。显然在不完全信息条件下，政府部门不清楚私人部门的强弱地位，其强势地位没有充分发挥，而私人部门基于“讨好”政府部门的前提，会愿意接受更多额外风险，所以在养老服务 PPP 项目中政府部门越强势，政府分担风险越小，政府部门谈判系数越大，政府承担风险比例越大。

7.2　养老服务 PPP 项目的风险分担方案

养老服务项目 PPP 模式作为一种政府与社会资本在养老服务领域的合作方式，不同于单纯的政府行为或商业行为，涉及领域广，项目当事人的权利义务关系复杂，风险因素众多，在签署项目合同时总是试图将更多的风险转移给对方。养老服务 PPP 项目风险分担包括风险在政府方和社会资本方之间分担，同时 PPP 模式的合作周期通常较长，在中国一般为 10 至 30 年不等，以 BOT 项目为例，其合作期先后经历了建设、运营、移交三个阶段。合作属性以及合作期限的特点进一步加大了 PPP 项目风险分配的难度。在 PPP 模式下，养老服务项目的风险分担机制作为一套规范化的制度体系，在规避系统性风险方面占有优势，保持一个健全的风险分担机制有助于养老服务 PPP 项目实现风险的合理分担目标。

7.2.1　养老服务 PPP 项目风险分担偏好

在养老服务 PPP 项目中，利益相关方凭借自己在项目风险控制上的能力及技术优势，对承担各类风险有着不同的风险分担偏好。同样的风险对于不同的利益主体在不同的项目、不同的时间下有不同的影响和作用，导致利益主体产生风险喜好、风险中性和风险厌恶三种态度。对于养老服务 PPP 项目而言，利益主体承受风险的偏好受到以下因素的影响。第一，投入资本大小。在养老服务 PPP 项目中，利益相关者对项目投入资本越大，成功率越高，所冒风险越少越好。当项目投入较少，项目即使风险较大且获得成功的概率不高时，投资者有可能也愿意接受；当投入逐渐增加，投资者也会加大项目成功的期望，并希望通过减少风险发生率来促成项目成功。第二，收益大小。显然收益与风险是紧密联系在一起的。当投资者承担风险越多，越希望用更多的收益来弥补风险所带来的损失，当然如果投资者为了获得超额收益，也愿意承担更大风险来保障养老服务 PPP 项目的成功。第三，利益相关者的地位和技术优势。养老服务 PPP 项目本身就是通过资源整合、优势互补的融资方式来开发运营养老项目，显然依据责权利相对原则，拥有越多资源和技术，就愿意承担更多风险，并获得更多利益。

尽管从已有的文献中了解到，绝大多数学者认为风险与收益相匹配，风险应由对风险最具有控制力或是成本消耗最小的主体承担，但是在公私合作过程中，政府出于使养老服务项目更具投资价值的目的，往往放弃更多利益或额外承担更多风险。但是如果这样，采取 PPP 模式所能带来的“物有所值”就使人产生怀疑，还不如仍采用政府部门单独供给养老服务模式，所以，基于项目主体的风险偏好以及项目的特殊性，利用谈判方式决定各利益相关方需承担的风险类别及大小，会有助于实现风险管控的目标（操双春，2016）。而在养老服务 PPP 项目中，利益相关者的风险偏好主要有如下表现形式：

（1）政府的风险偏好

公共部门一般以政府为代表，在养老服务 PPP 模式中，政府处于控制和监管地位，其所具有的技术优势存在于行政职能上的操作性和便利性等。因此，在养老服务 PPP 项目风险承担中，政府倾向于承担政策性风险、法律风险及部分相关风险，以化解养老服务 PPP 项目所面临的不确定性。社会资本投资者作为“理性经济人”，会追求经济利益最大化，从而忽略养老项目所带来的社会公共利益，作为政府方拥有众多资源，可以提供政策保障、法律措施和税收支持等相关手段来达到降低项目总成本、提升社会效益、提高项目成功概率的目的。在养老服务 PPP 项目实际运作中，政府更愿意通过将建造风险、运营风险及部分经济风险等分担给项目更大的受益者或更具有优势的受益群体，来转移养老服务 PPP 项目风险，并获得项目总体利益的最大化。所以，政府所承担的风险表现出风险的分担原则和有效控制原则，如养老项目审批、土地获取、养老服务最低需求等这些可以通过行政手段或经济补偿方式来有效化解的风险可由政府承担。

（2）社会资本方的风险偏好

养老服务 PPP 项目之所以能吸引社会资本进行投资，很大程度上是因为可通过项目收费来获得可观的投资回报。社会资本方作为市场中的“理性经济人”，不但关注利益报酬，还关注风险大小，更希望通过最小投入获得最大回报，因此他们通常不愿承担风险，更愿意把风险转嫁给政府或其他利益相关者。然而，风险和利益相辅相成，如果给予社会资本方更高的风险溢价时，私人投资者则愿意承担风险。因此，基于项目回报机制、市场风险管理能力、项目决策优势等要素，社会资本方偏好于承担的风险包括项目设计、建造、财务、运营等方面的风险（唐斌、魏玮，2015）。通常来讲，社会资本方是风险规避者，为了不使社会资本方对养老项目参与的积极性降低，科学、客观、公平、合理的让社会资本方与其他利益相关方共担风险是有助于提升社会资本在养老领域的参与度的。当然，随着外界条件改变和风险溢价提升，社会资本方的风险偏好也会发生改变。

7.2.2　养老服务 PPP 项目风险实际分担情况与分担偏好的差异

《PPP 项目合同指南（试行）》（财政部财金〔2014〕156 号）中，PPP 项目的风险分配基本框架及风险分配方式与国际 PPP 风险分配理念相契合，对政策风险、法律风险等诸多进行了分配。例如，政策风险由政府承担，法律风险中除了合同风险由双方承担，其他法律风险也由政府承担；而融资风险、建设风险、运营风险，分别由社会资本方、建设承包商和运营商来承担。尽管政府给予了风险分担的基本框架，但却没有对养老服务及其他行业涉及的 PPP 项目风险分担进行差异化指导，尤其是对于经济发展水平具有较大差别的各地区也没有出台相关风险分担增补意见。具体表现如下：

（1）风险分担未能体现项目差异化

从目前养老服务 PPP 项目的实际操作情况来看，除了上述政策风险、法律风险、融资风险、建设风险、运营风险有较为明确的分配，绝大多数养老服务 PPP 项目风险分配并未实现项目差异化。多数养老类 PPP 项目会根据《PPP 项目合同指南（试行）》中的风险分配原则、已识别出的风险大类以及风险承担的主体来对实施方案或财政承受能力汇总分析报告进行风险分配基本框架设计，但就个案来讲，个体差异化风险分配不明确。例如，在某些自然灾害高度频发的地区，就不能将灾害因素导致的环境或区域风险作为“不可抗力”的范围让公私双方进行风险分担，而应该通过向保险公司购买保单的方式来解决“不可抗力”风险分担问题[①]。显然针对养老服务 PPP 项目个性化特点，将养老项目所处的地域条件、经济发展水平、人文因素等纳入风险分担中考虑，将有助于细化风险识别的种类。

（2）风险分配未能达到风险全覆盖

当前，在养老类 PPP 项目实施方案中体现的风险大类与《PPP 项目合同指南（试行）》中已经识别出的 8 种风险大类基本吻合。从数量上来讲，包括设计、建造、财务、运营维护、法律、政策、最低需求和不可抗力的这 8 类风险远远不能满足实际养老类 PPP 项目所需的完整性和真实性，例如，涉及的项目融资风险、项目用地风险等重点风险在有些养老项目合同中并未完全体现，更不用说风险承担责任主体的划分，特别是一些具有地域特点、项目个性化突出的养老项目，在项目合同中风险分类的颗粒度较大，风险分配的明确性较弱，不能保障所有潜在风险明确纳入养老类 PPP 项目合同中的“承诺和确认”里，从而最终达到风险在项目合作期内完全分担。

（3）风险分配未能实现全部执行

养老服务 PPP 项目风险分担的方式除了单方承担还可由双方依据协议进行共担，但从目前已有养老服务 PPP 项目合同中不难发现，责任主体承担的义务和做出的承诺主要依据《PPP 项目合同指南（试行）》中的风险分配原则来执行的。一般项目公司承担商业性风险，以“项目公司义务”的形式在 PPP 项目合同中予以明确，而项目公司对合同中所分配的其他项

---

① 王忆南：“分配 PPP 项目风险需要对症下药”，《中国财经报》，2017 年 10 月 19 日。

目风险主要以“违约责任”的方式给予确认。对于政策变动风险，社会资本方会把该风险事件当作“政府违约事件”来要求赔偿，政府方可通过支付额外费用、减少特许经营费或延长合作期来补偿项目资本方。但是对于一些由公私双方共担的养老 PPP 项目风险，在操作过程中却频发风险，分配难执行的状况。例如，针对养老服务 PPP 项目“不可抗力”风险时，合同一般会在“损失承担原则”中约定“双方应各自承担由于不可抗力对其造成的损失”，但至于损失多大，双方各承担多少，并未在合同中得以体现，因此社会资本方和政府方对于这类养老类 PPP 项目的风险责任间接也被弱化了。如何在养老服务类 PPP 项目合同中明确政府和项目公司承担风险的方式，确定合理补偿范围与支付方式，将成为执行风险分配的有力手段。

7.2.3　养老服务 PPP 项目风险分担机制构造

由于在养老服务 PPP 项目风险处置过程中，公私双方对于风险、动机以及行为是否理性的判断并不相同，致使养老服务 PPP 项目的风险分担谈判成为一个极其复杂的博弈过程，不但要考虑公私双方合作绩效，还要明确各参与方之间的风险分担方案，所以合理的风险分担机制成为风险分配的依据，各方利益分配的准则。显然，在养老服务 PPP 项目风险分担博弈中，占有相对主动权的政府部门偏好于将养老服务 PPP 项目中更多的风险转嫁给社会资本方，而社会资本方基于项目未来所产生的收益及投资成本来确定承担风险的大小，如果承担的风险到达到某一临界点后，社会资本方将不会与政府部门合作，即使已经落地的 PPP 项目，也会因为合作参与方的风险与激励相容条件丧失，项目也会终止。因此，合理的风险分担应遵循两个前提条件：一是要让风险分配的结果可以降低风险发生概率、减少风险发生损失；二是风险分配既要突出各自目标，又要实现合作目标，既要约束各自行为，又要共治行为。

（1）养老服务 PPP 项目风险分担原则

通过查阅相关文献发现，风险分担在理论界比较达成共识的原则包括：第一，最具控制力原则。该原则被大量应用于养老服务 PPP 项目实施中，目的是利用最具控制风险能力的主体来实现减风险、降成本的目标。在该原则指导下，绝大多数养老类 PPP 项目风险能够被合理分配，但对于有控制风险能力但不愿承担该风险的情况，就需要再增加风险分配谈判成本。第二，风险收益对等原则。该原则涉及“责权对等”思想，是指当项目某一主体承担责任和风险的同时，有权利享有风险带来的收益。但这一原则不能被看作是承担风险越高，所获收益就越大，因为参与一方如果承担了自身无法承担的风险，尽管能获得更高收益，但都不符合防控、化解风险的最终目标。显然风险与收益对等是相对均衡，而非价值上的绝对均衡。第三，风险成本最小原则。该原则在实际应用中内涵三层概念：一是要实现一方参与者承担该风险所需防控、转移、化解风险成本要小于另一方；二是当某一风险被归属后，能够被双方接受而且时间成本小；三是风险发生后，一方承担该风险付出的经济代价要比另一方更低。第四，归责原则。由于养老服务 PPP 项目风险谈判遵循自愿自主，当参与一方在项目实施过程中，未按合同履约导致发生风险时，可直接对责任过错方进行归责。第五，动态调整原则。随着养老服务 PPP 项目发展，当项目各种内外部客观因素发生变化时，原有合同中已存在的风险分配机制不能满足风险控制要求，就必须重新确定风险分担格局和分担比例，达到动态调整风险分配目标。当然，还有一些原则也被应用，如风险偏好原则、风险上限原则、刺破表象原则等。

这些原则中，一部分属于“实体性原则”，突出具体风险因素在谈判双方主体之间如何进行分摊；另一部分属于“程序性原则”，突出项目实施全过程中风险如何分担及如何调节。结合养老服务 PPP 项目建设及运营周期长、服务对象特殊、老年服务不确定性因素多、风险承担主体间关系复杂等特点，在进行项目风险分担时，可以在不同风险分担阶段考虑不同的风险分担原则。如表 7－2 所示，在养老服务 PPP 项目风险初步分担阶段，可采用风险最具控制力原则、风险偏好原则，利用参与方所具有的风险控制优势和风险偏好来初步分配风险；在项目风险再分配阶段，即谈判博弈阶段，可采用风险收益相匹配原则、风险成本最小原则、风险上限原则、归责原则等进行风险分配，尽管这些原则在某些情况下此消彼长，但是通过约定适用风险分担原则对养老类项目进行风险兜底是十分必要的；在风险跟踪并进行再分配阶段，可利用风险动态调整原则来达到动态管理风险、重构风险分担框架目标，实现灵活、及时控制风险发生，利用归责原则、刺破表象原则来重新认定风险发生动因、过错方，达到对风险的合理再分担。

表 7－2　　养老服务 PPP 项目风险分担原则划分

	风险初步分担阶段	风险博弈谈判分担阶段	风险跟踪再分担阶段
风险分担原则	最具控制力原则 风险偏好原则	风险收益相匹配原则 风险成本最小原则 风险上限原则 归责原则	风险动态调整原则 归责原则 刺破表象原则

（2）养老服务 PPP 项目风险分担流程

养老服务 PPP 项目风险分担是一个较为复杂的过程，由于存在公私双方风险偏好差异、风险控制能力不同、承担风险后果能力不同等情况，养老服务 PPP 项目风险分担需要多次协商谈判，才能达到双方满意的结果。并不是私营部门承担的风险越多，就对整个养老服务 PPP 项目越有利，社会资本方的参与一定程度上能帮助提升养老项目的管理效率，但当社会资本方承担的风险达到某一临界点以后，风险的承受力会越来越小，本着最优分配原则，实现“共赢”才是风险分担的王道。因此，风险分担流程如图 7－2 所示。

由图 7－2 可知，合理的养老服务 PPP 项目风险分担流程有助于确定公私双方风险承担量及承担比例。在风险偏好原则、风险控制原则下，经过各方的风险选择偏好，部分风险直接作为构建初步分担框架的要素，进行初步风险分担。随着风险识别的深入，除了公私双方首先独立承担部分风险外，剩下的风险由双方共同承担。对于社会资本方独自承担的风险，社会资本会根据成本与收益情况来向政府部门提出风险定价，政府部门在接受风险定价后，会对社会资本进行有效的激励及约束，避免风险收益超过某一范围；但当风险损失超过私方承受范围时，政府仍要承担部分超额风险带来的损失，以避免私人部门损失进一步增加（樊寒伟、和军，2016）。

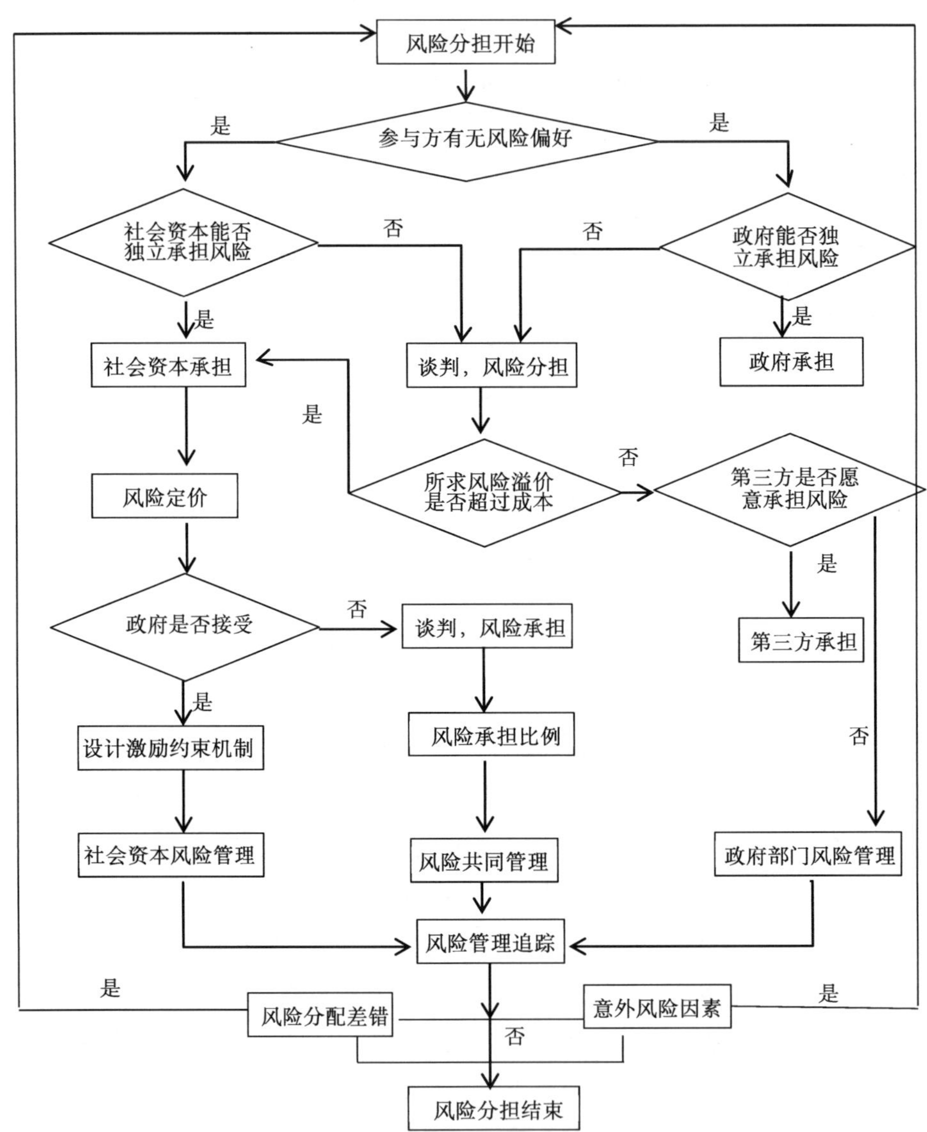

图 7-2　养老服务 PPP 项目风险分担流程

面对社会资本方风险定价过高，或是风险成本与收益不对等情况，则需通过谈判协商，或是社会资本方重新进行风险定价，或是将此类风险改由双方共同承担。如果双方达不成共识，出现风险分配差错，则双方重新谈判，直至双方接受为止。

(3) 养老服务 PPP 项目风险分担框架

系统、合理、高效的风险分担框架是保证养老服务 PPP 项目良好运行的基础。目前，各方对养老服务 PPP 项目各类风险的评估与定价、选择与分担都已具备一定经验，但是针对地域不同、项目不同、目标不同的养老项目，在风险分担阶段，差异性仍表现不足。因此，在养老服务 PPP 项目风险分担过程中，不仅要突出项目各参与方的风险分担优势，更需要清晰明确的风险分担框架，以契合养老服务 PPP 项目投资周期长、收益较低、服务人群特殊等特点，努力实现在获得经济利益的同时换取最大的社会效益。

养老服务 PPP 项目风险分担三维体系框架。仿效霍尔三维空间结构解决问题的思路，对于养老服务 PPP 项目的风险分担可依据三个维度进行合理划分，这三个维度分别为主体维度、内容维度和进程维度。

第一，主体维度。主体维度意味着养老服务 PPP 项目风险需要明确哪些主体应该承担风险。胡振等（2011）发现，PPP 项目中一部分风险的分担方案与范式选择无关，只与风险分担主体有关，即风险主体才能明确防范这类风险。从养老服务 PPP 项目实际运行情况来看，政府和社会投资部门既是项目的主要获益者，又是风险的主要承担者，其他参与部门尽管不作为风险的主要承担者，但也会承担相应风险责任。因此，在养老服务 PPP 项目风险承担框架内，通常容易忽略较小风险分担主体，只关注政府部门和社会资本方两个主体的风险分担。

第二，内容维度。为防止风险分配内容流于形式，应当关注养老服务 PPP 项目全过程中每一次风险分担所涵盖的具体工作内容。从财承报告到风险分担方案，从风险分担原则到风险分析方法，从风险类别到风险概率，从风险大小到风险危害程度，从风险识别、评估到风险分担确定结果都需符合养老项目实际情况，充分实现养老服务项目风险分担个性化特征，把养老项目所处的地区、环境、经济条件等纳入风险分担分析范围，进一步细分风险类别，保证项目运作过程中所有隐性及显性风险都能全面实现分担。

第三，进程维度。进程维度需要把养老服务 PPP 项目风险分担的初步阶段、全面阶段及再分配阶段与项目的可行性研究阶段、实施谈判阶段、建造运营阶段进行一一对应，实现养老项目风险的整体框架内风险分担时点与项目运行节点相匹配，达到项目进程伴随风险管控。依据目前研究成果，可通过三个进程来构建风险全面分担和管控框架，如图 7－3 所示。第一进程为风险初步分担阶段，采用风险分担与控制力对称原则，利用对养老服务 PPP 项目进行可行性论证契机来对 PPP 风险进行初步风险分担，将养老服务 PPP 项目风险分配给具有风险偏好一方或是对风险掌控具有明显优势的一方，如果单纯一方无法承担，则需进行风险共担。对于那些已经识别出来但还不能完全确定风险归属，则需要进一步通过风险定价和谈判博弈来确定风险归属，以达到合理调动和优化配置各方的资源，增加风险初步分担的合理性。第二进程为风险全面分担阶段，通过建立风险分担模型完善风险分担机制，促使政府和社会资本方利用谈判的方式来解决双方在承担风险意愿、风险价格、风险分担比例等方面存在的矛盾，进一步明确风险价格是项目参与双方对承担风险而所获得的收益补偿，如果补偿和激励方式不到位，则可能出现再谈判甚至中止合作的情况。最后进程是风险跟踪阶段，这一阶段主要是对养老项目建设和运营期间可能存在或发生的隐性风险进行跟踪和再分担，目的一是要明确原有风险分担机制和策略是否达到风险分担要求，能否实现风险收益匹配；二是对没有识别出来的风险依据风险分担模型进行再识别、再评估、再分配，达到风险分配与项目进展动态吻合，实现风险分担机制更加灵活。

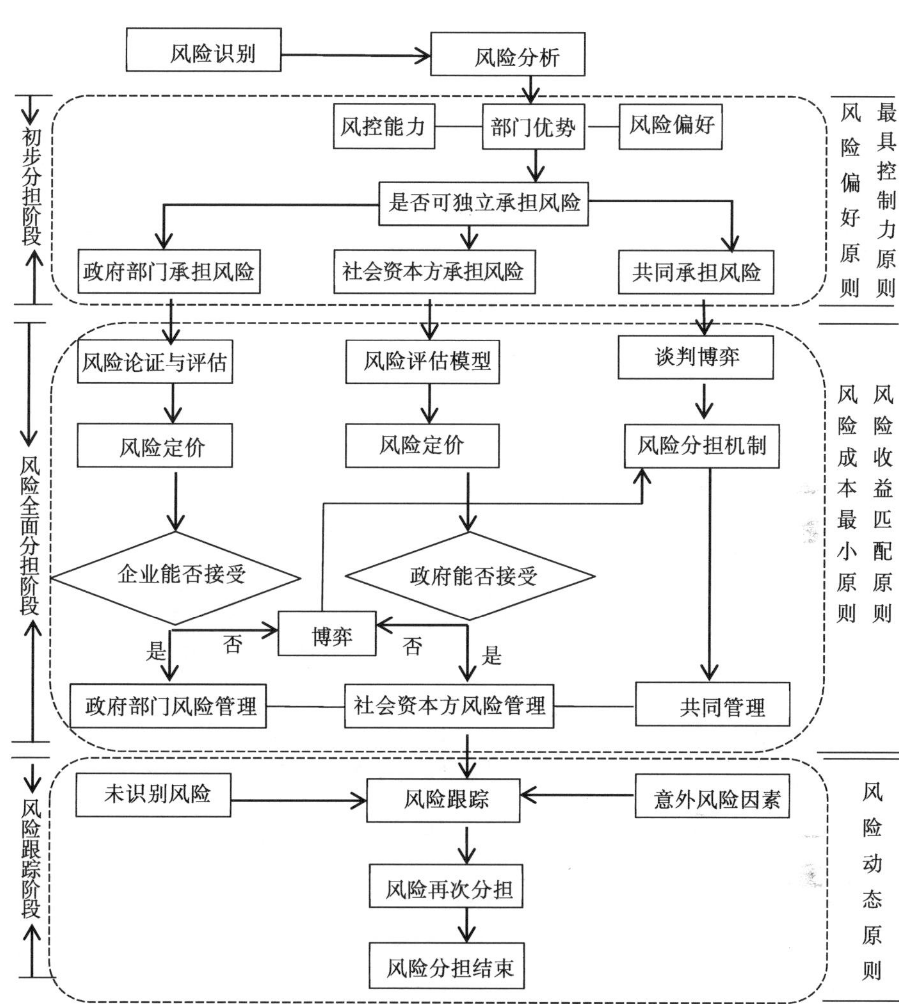

图7-3　养老服务PPP项目风险分担进程

第 8 章

中国养老服务 PPP 项目运作模式选择与风险治理

8.1 养老服务 PPP 项目运作模式选择

在养老服务领域采用 PPP 模式，拓宽了养老服务的融资渠道，降低了融资难度，利用“特殊目的的公司”（SPV）实现了融资效率的提升，但其复杂的组织机构、多重委托代理关系、多中心的治理主体在一定程度上又增加了代理成本、决策成本、博弈成本和其他交易成本，这往往又蕴含了新的风险。从第六章养老服务 PPP 项目风险评估中获得结论显示，养老服务 PPP 项目中处于中等风险级别的风险共有 5 个，分别是融资可行性、融资结构、老年人安全风险、养老服务质量低下风险、养老服务专业化人员短缺，剩下的 37 个风险为低风险级别；其中处于中等风险级别的 5 个风险里，融资风险就包含两个，剩下三个风险都是运营风险。因此，如何在养老服务 PPP 项目运作前期，明确养老服务 PPP 项目开发的价值定位；对该项目的融资开发过程中的产权划分、合同管理、项目运作流程规范化、透明化；对养老服务 PPP 项目的投融资结构进行有效的设计来促进融资方式便利化、节约化，进而加大规避融资风险力度；利用收费机制设计来提升养老项目运营过程效率等问题，对优化整个养老服务 PPP 项目的风险管理都是十分重要的。

8.1.1 PPP 模式下养老服务合作治理定位与合作理性

多主体并存治理是我国目前发展养老服务公私合作、提升养老服务供给质量、满足老年群体养老服务需求、实现养老资源和利益共享的必然选择和趋势。随着社会经济的发展，PPP 模式应用在养老服务领域，转变了养老服务提供机制，完成了市场竞争与公共服务供给相结合，又在一定程度上实现了风险共担与利益共享。但是，就 PPP 模式本身运行机制、多主体治理和养老服务价值层面的统一性方面，是存在部分矛盾的，可能引发社会、经济、伦理价值和政府行政体制等多方面的风险问题。

（1）养老服务领域的福利性与盈利性

养老服务 PPP 项目的建设和运营，都是为了向老年人供给优质养老服务和养老产品，最大限度地保障老年群体的基本物质生活和精神生活诉求。因此，在养老服务领域，PPP 项目所完成的合作治理既要体现以人为本、全面提高老年群体整体利益的福利性，又要保证养老服务 PPP 项目的盈利性、经济性，实现更多主体通过市场参与养老服务领域而获利，进而提高参与积极性。

①养老服务领域的福利性。“公共福利”就是要“公平公正”的保证“公民权利”和“公共利益最大化”（张映芹，2009）。因此“福利性”的诉求就是要秉持“人人平等”的基本价值原则。在养老服务领域谈“福利性”，是我国整合“制度性福利”和“服务性福利”过程中为了增进民生福祉而必须开展的重要方面（周沛，2018）。所以在养老体系方面，以提高老年群体的整体利益为目标，把老年群体的利益放在首位，让更多的老年人享受多样化养老服务，获得更高的满意感（韩冬，2017）。从社会层面看，为人民服务、提高人民群众和公民个体的幸福指数是我国社会发展的必然选择；从伦理层面来看，追求以人为本，创造老年人的幸福生存环境，让更多老年人基本生活质量得到改善，生活水平有所提升是中华文化的有序传承。因此，在养老服务领域坚持“福利性”，就是坚持以老年群体利益为根本，最大限度地满足所有老年人的基本物质和精神需要，帮助更多老年人实现自我价值。目前，我国人口处于未富先老阶段，老年人抗风险能力较差，如何在养老服务领域更好地体现公平、公正及公益，如何在老年人内部异质性需求增强的情况下不断提升养老供给质量，如何在不同程度失能老年人逐步增加的情况下，提高各项专业医疗护理和贴身照护服务等，这些需求都要求我们在社会养老服务体系建设中充分保证“福利性”，保证多样化的社会养老服务，让更多老年人从更多渠道去获得养老及照料服务。尽管目前国内在养老领域仍存在经济发展理性与道德价值目标之间存在偏差的现象，但保证老年人应有福利，让更多的老年人口获得物质及精神支持，是弥补家庭养老功能弱化、积极应对人口老龄化、改善

老年人生活质量的必然要求。

②养老服务领域的微利性。养老服务领域市场化发展是必然趋势，让更多的社会组织、企业和非营利机构进入养老服务市场，是解决养老服务资金不足、养老服务质量无法保证的重要措施。当前，我国的政府资金主要提供给低收入、高龄等老年困难群体，并且有严格的资格审查和评估，而绝大多数需要获得养老服务的老年人是排除政府补贴之外的，政府资金在养老服务事业的人口覆盖面上很小，政府老年社会福利服务的保障作用并不明显，这就需要市场机制来实现养老服务市场的供求平衡，让更多的主体来参与养老服务供给。目前，在我国非营利组织提供养老服务主要还是由政府来提供资金支持，而私人的社会企业作为养老服务的另一个供给主体，完全可以实现养老服务供给多样化，成为我国活跃老年服务产业的重要力量。企业以盈利为目的，在老年服务产业发展过程中，企业想就单个养老产品或服务来获得高额利润是不可能的。因为在养老服务领域，养老产品的供给和运营不仅要考虑经济效益，更需要考虑社会效益，养老产品的定价不能像一般商品一样完全市场定价，实现市场化运作，政府需要在保证福利性、公益性的基础之下，对养老产品及服务的价格进行评估，尽可能地在保证老年人福利最大化的同时保证私人企业可以获得合适的利润，而这个利润显然是微薄的，很难达到一般企业所期待的投资收益目标，进而影响社会投资者进入养老服务领域的积极性。长期以来，我国政府对养老产品与服务价格存在较强的外部控制力，养老服务及产品价格较低，定价机制不灵活，导致很多养老服务机构财务出现问题，企业和社会资本投资热情不高。因此，在考虑养老服务机构建造成本、运营成本之外，老年人口的经济负担能力以及社会综合效益都应成为养老服务及产品的定价标准，在满足老年人口福利性的前提下，发挥市场资源配置效应，处理好公益性与盈利性的关系，保证企业在养老服务微利性原则下，通过政府的资金引导示范作用、养老产品合理的定价、政府的各项优惠措施来吸引社会资本进入养老领域，提高养老机构的运营效率，这是我们必须面对的问题。

(2) PPP 模式下养老服务项目治理主体的合作理性

①PPP 模式下养老服务项目治理主体的合作理性。在养老服务领域采

用 PPP 模式来融资并构建公私合作联盟，显然政府部门和社会资本合作都具有明确的理性指针，都是在资源优势和约束条件下的最优化行为。项目参与主体的任何合作都包含了利益的一致性和风险的潜在性，正是这种冲突、包容和妥协构成了养老服务 PPP 项目参与主体的合作治理结构，这种合作模式要求所有参与主体都必须满足个体理性、联盟理性和总体理性（赵福军、汪海，2015）。而这些理性是维持政府和企业等合作的重要机制，它迫使合作主体面对各种潜在风险，从制度设计、保险和再保险、合约对冲、再谈判等多重角度去权衡，不但要防止政府缺乏契约精神，盲目背书或是转嫁风险，更要防止过分规则化的合约阻碍公私合作的灵活性和动态适应性。养老服务 PPP 项目的利益主体所表现的个体理性，体现为每个参与主体都能够通过多方交换和转移支付来获得合作所带来的收益，这种收益不仅表现为企业商业利润，还包括社会收益、政府收益等。联盟理性是指如银行之间、产业实体间、银企间、政企间抱团结盟后，会带来征信中标、排险对冲、收益递增或成本递减效果，本来不可衡量、交换的资源在通过 PPP 不同参与人合作之后，突破空间和时间限制，拓展了可行空间和时间限制，从而使项目的责任与其他关联主体分离开来，可以动员不同领域和空间的资源并跨空间配置；多方参与因为合作促使联合收益增加和结盟，形成技术联盟、风险联盟、战略联盟等，这些联盟尽管在公私利益诉求和表达方式上存在复杂多样的情况，但在合作博弈的理性基础上，则表现为激励相容。总体理性是指政府、企业、金融及服务各方合作产生的联合绩效超过单干收益之和；在 PPP 项目收益形式上表现为除了企业收益，其外溢收益为社会和谐、安居乐业、老年福利增加、幸福感增强等。在养老服务 PPP 项目中引入银行、险资、信托等资金来降低融资成本、提高资本流动性，优化资本机构，利用风险市场的工具和制度创新，通过多次分配和谈判过程使风险得到有效分配和释放。显然，养老服务 PPP 项目参与各方在合作理性动机上来看，平等协商、共享收益、公平分担成本和风险是 PPP 参与各方的理智诉求，然后通过 SPV、结盟征信、制度保障、税收优惠或补贴、政策配套等措施保证项目具备稳定性，参与各方可以不毁约、不盲目、不失信、不破产。

②PPP 模式下养老服务项目合作治理边界和合作机制。养老服务 PPP 项目具有时间长的特点，许多项目合同期限为 30 年，在长达 30 年的合同生命周期里面，项目要面临社会资本方破产、兼并、资本结构变化等情况，PPP 项目合作周期和企业生命期不一致、不匹配等现象屡见不鲜，各级政府行政领导任期短期化与养老服务 PPP 项目长期运营存在突出矛盾，企业和政府之间缺乏信任机制，出于政绩考量，各级政府决策层在养老项目投资上会拥有过度“动力”，但在风险和绩效上却明显考虑不足；养老服务 PPP 项目跨区域、跨行业、跨职能部门、跨层级、跨任期等问题带来大量责任不清、风险交叉重叠，边界因素直接导致合作治理过程中需对这些特殊风险、责任进行特殊治理。因此，确定政企之间究竟是什么样的合作关系，政府在合作过程中的边界和责任是什么，社会资本在追求商业利润的同时要承担多大程度的社会责任，公私合作绩效如何评估，如何消除合作过程中潜在风险，优化资源配置工具，这些都是养老服务 PPP 项目边界治理过程中亟待解决的问题。明确合作治理过程中的各利益主体的职能范围，尤其要明确政府事权；明确在养老服务 PPP 项目中，政府和市场的边界在哪里，政府内部各个部门的边界是什么。借助 PPP 合约平台一体化协同机制，充分利用 PPP 合同内部合约的集合功能突破政府层级、职能分割，明确合作主体各自的行为和权益边界，对边界重合的领域有效实现公私之间双向捆绑、利益共享和风险共担，达到最大化目标配置资源。

尽管多数研究把 PPP 当作一种融资形式，但 PPP 更应当作为一种基于契约的合作方式。政府、社会资本、银行、保险公司、建筑单位等相互合作支持，资源优势互补，彼此就构成了一个互动化、网络化的行动结构，利用合理的分工快速形成有效的互动合作机制。其中，政府发挥主导作用的同时需采取相应的监督激励措施，提高其他主体合作的积极性并对其他主体进行有限的监督，达到整个“伙伴关系”能够有效运行。PPP 作为新型的合作伙伴关系，与交易契约关系具有区别，但具有关系契约的特点，因此养老服务 PPP 项目治理方式既需要吸收关系契约的治理原则，也需要建设性的进行一系列确保合作伙伴关系和制度有效协调的控制过程活动。养老服务项目采用 PPP 模式成功的关键在于如何平衡私人部门参与公共养老项目的收益和风险。由于公私双方对于风险、收益、动机以及对方行为的感知不同，致使养老服务 PPP 项目合作成为一个极其复杂的博弈过程，那么构建各责任主体的责、权、利关系和行为，利用收益—风险分散机制来完善医养结合 PPP 项目合作治理的合作绩效就变得尤为重要。目前，SPV 的风险分离和隔离机制，保证外部母公司的风险无法威胁 PPP 养老项目的资产安全，进而实现项目资产业务正常运转。利用第三方机制建立信任，构建信任网络，实现公私双方信任匹配，利用银行间合作、产业链上企业与银行合作，解决项目流动性约束，保证风险偏好与时间、空间相匹配。

8.1.2 养老服务 PPP 项目开发模式

我国把 PPP 运用到养老领域是全新的尝试。从“全国 PPP 综合信息平台项目管理库 2019 年 1 月报”① 来看，管理库 PPP 项目中养老服务 PPP 项目数量较少，占比很低，从已执行的养老服务 PPP 项目投资建设来看，大致可以分为两种模式：一种是重资产型投资；另一种是轻资产类型投资。目前这类以养老地产或是高投资养老项目作为载体进行融资且风险相对较高、投资期较长的养老 PPP 项目在财政部全国 PPP 综合信息平台项目库中存量最大，而投资规模小、回收期较短的轻资产项目则数量较少，如社区养老服务综合服务设施、社区日间照料中心、老年精神文化生活中心等养老服务 PPP 项目较少。很多社会资本方进入养老行业往往是因为情怀，行业利润并不能达到预期效果。因此，养老服务 PPP 项目在开发过程中要防止风险发生，必须解决以下核心问题：

第一，明晰合作产权。养老服务 PPP 项目的产权包括了所有权、占有权、使用权、收益权和处置权等多项财产权利。确定养老服务 PPP 项目各融资主体的产权归属，有助于该项目的整个开发和运行实施。例如，对于政府与社会资本共同出资建设的养老服务 BOT 项目，公私双方会根据其出

---

① 财政部 PPP 中心，http：//www. cpppc. org/zh/pppjb/7846. jhtml。

资额设立特殊目的的公司（SPV），由该 SPV 公司负责建设、运营养老服务设施，在该项目运行期间，建设的养老设施所有权仍然归属于国家，而养老设施的运营管理权则交给项目公司，或是项目公司委托指派的运营商，在特许经营期限内，SPV 公司享有养老服务设施收益权，在特许经营期限结束后，政府将收回养老设施的管理权；再如一些 O&M 项目中，国家或集体是养老服务设施的投资人、设立人，因此拥有设施的所有权，而在公私合作后，私人部门则因为承担运营、维护、管理等责任而享有经营权和管理权。所以 PPP 模式下公私合作意味着不是单一的私营部门和公共部门拥有所有产权，需区分各自的权利。

第二，合法有效的合同管理。养老服务 PPP 项目的参与者包括政府、政府职能部门、社会投资者、贷款银行、项目承建公司、原材料供应商等，这些利益相关者会围绕特定的养老服务 PPP 项目签订各项合同，其目的就是要约束各方的权利和义务，合理分担项目风险，保障各方的利益，确保项目全生命周期内顺利实施。可以说合同管理是养老服务 PPP 项目在开发过程中降低风险非常重要的组成部分。

第三，建立科学的项目运作流程。图 8－1 为养老服务 PPP 项目运作流程，在五阶段流程中，“物有所值评价”和“财政能力论证”是项目方案前期论证、防止政府风险的重要环节，是评估公私合作价值、协调各方权利和义务必不可少的阶段；而交易结构的优化设计对于防止养老服务 PPP 项目融资风险、构建灵活的风险分担及价格补偿机制、保证项目运作合法合规都非常重要。因此，科学完善 PPP 项目运作流程是稳妥推进公私合作的重要保证（黄拥政，2016）。在项目识别环节，有效区分养老服务 PPP 项目融资模式，比较不同融资模式的优缺点，最终确定融资模式；而在付费机制方面要把政府付费、使用者付费和可行性缺口补助三种方式与养老服务项目有效匹配，保证项目可持续。在项目采购阶段，要根据养老服务项目的独特性来选择有资历、有信誉、有技术和管理能力的社会投资者作为合作伙伴。在项目执行阶段，重视政府的项目参与和项目监管双重角色，在 PPP 项目盈利模式中体现养老服务的公益属性，在保证基本盈利的情况下创新盈利模式，即利用优化收益来实现盈利。科学管理养老服务

PPP 项目一系列运作过程，简化流程与控制流程并举，标准化流程与科学化流程并举，对整个养老服务 PPP 运作全过程进行有效监督和监管，达到公私双方合作满意、共享收益、风险分担的目标。

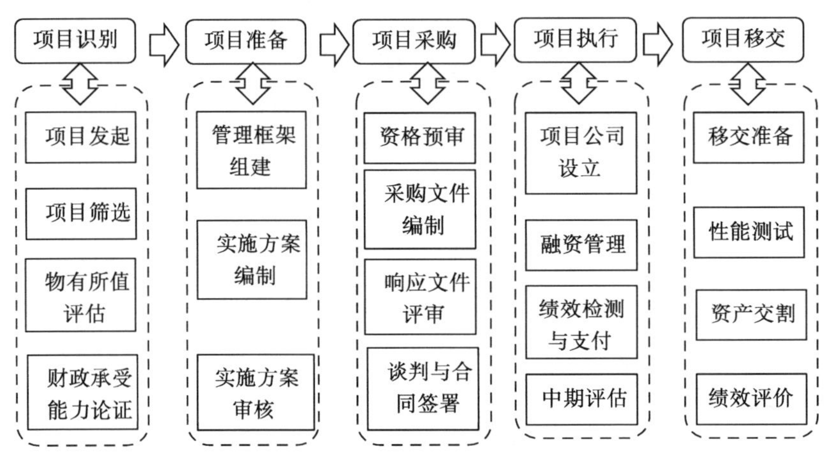

图 8－1　我国养老服务 PPP 项目操作流程

8.1.3　养老服务 PPP 项目融资方式选择——投融资结构设计

我国政府在支持养老服务 PPP 项目融资方面出台了较多鼓励政策。鼓励金融机构、社保资金、保险资金等资本投资养老服务 PPP 项目。当前，市场上 PPP 股权融资和 PPP 债券融资作为最重要的两种融资形式被应用于养老服务 PPP 项目的融资运用上。如图 8－2 所示，养老服务 PPP 股权融资的主要方式包括信托、资管、保险股权计划、养老服务产业基金、政府创投引导基金和 PPP 股权投资基金。而养老服务 PPP 债券、商业银行贷款、信托资管保险债权计划、政策性银行贷款和银团贷款等都属于 PPP 债券模式。不管是采用何种融资方式，养老服务 PPP 项目所融资金的来源方主要还是政府、社会资本方、银行等金融机构。

目前，从财政部 PPP 管理项目库中可以看到，养老服务 PPP 项目采取多种方式进行融资，最多的是银行贷款方式，并伴随其他融资方式。但有些融资方式存在较多阻碍，例如，信托资金如果通过股权投资的方式投入

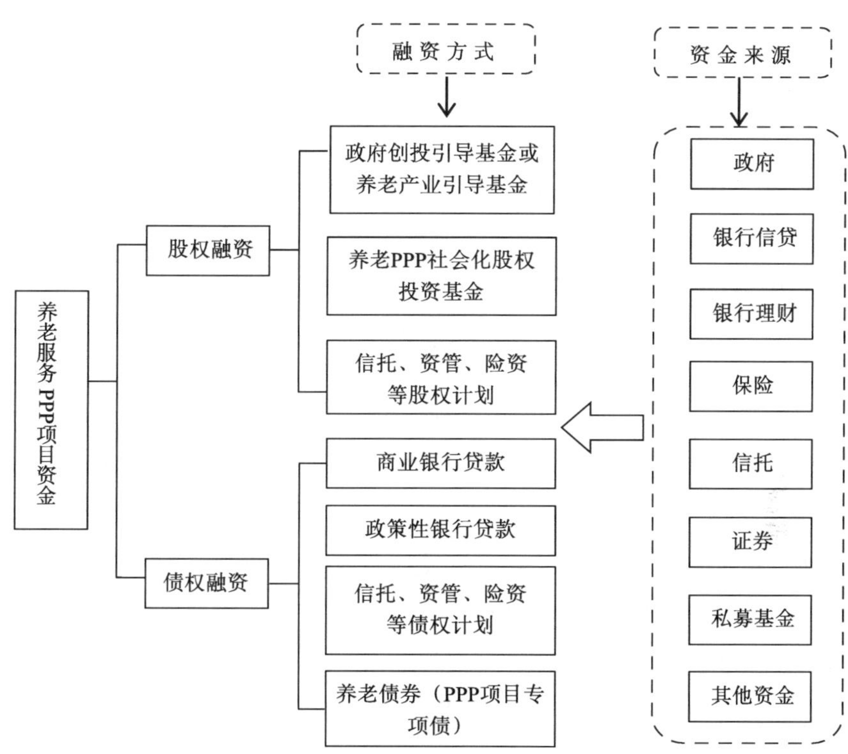

图 8-2　养老 PPP 项目融资方式及资金来源

项目公司，就必须实现信托计划投资回报期（1—2 年）与养老 PPP 项目资金回收期限（10—30 年）相匹配，所以信托入股 PPP 项目就存在障碍。当前，有四种融资方式在养老服务领域值得关注。

（1）银行贷款债权融资模式

相比其他社会资金，养老服务 PPP 项目获得银行贷款的成本更低，期限也较灵活，所以很多在建的养老 PPP 项目多采用银行贷款方式融资。当前，在任何 PPP 项目不允许政府背书的情况下，得到商业银行贷款和政策性银行的低成本项目贷款的难度不断加大。多数养老服务 PPP 项目采用 BOT 模式来开发运作，而 BOT 模式融资结构设计的基本思路是：由养老服务 PPP 项目所在的政府或所属职能部门为项目的建设和经营提供一种特许权协议为项目融资基础，社会资本方作为项目的投资者和经营者安排融资、开发建设项目并在特许经营时间内获得商业利润，最后根据特许结束后将该项目转让给相应的政府机构。在这种模式下，政府一般出资的资本金不高于总投资的 20%，其余由社会资本方全资投入或是采用政府和社会资本方投入部分资本金作为项目前期投资，然后项目公司利用债务融资或是股权融资来保证后期投资。目前，很多养老服务 PPP 项目都采用债务融资的方式获得融资支持，银行贷款成为社会资本方获得融资或是 SPV 公司获得项目融资的最直接来源。但是商业银行对 PPP 项目发起人是没有或只有有限追索权融资，故融资成本较高且所需承担风险更大，因此政策性银行贷款或是银团贷款更容易获得支持。银团贷款的优点之一就是养老服务 PPP 项目可以通过此种方式进行大额融资，贷款风险由各贷款银行共同分担，所以银团贷款无论是从期限结构还是从资金规模上都符合养老服务 PPP 项目融资要求。

（2）养老服务 PPP 项目专项债券融资模式

当前，养老服务 PPP 项目专项债券正在被许多养老类 PPP 项目所关注。2017 年 4 月 25 日，国家发展改革委出台《政府和社会资本合作（PPP）项目专项债券发行指引》（发改办财金〔2017〕730 号）①，在该文件中明确了在养老服务领域，PPP 项目债券所募资金主要用于以特许经营、购买服务等 PPP 形式开展的养老建设及运营项目，该债券类型属于企业债或项目收益债。所以，养老服务 PPP 项目专项债包含如下特点：第一，发行主体既可以是社会资本方也可以是项目公司，发行条件限制有所放宽；第二，养老服务 PPP 项目专项债募集资金用途更灵活，使用期限更久，既可以偿债还可以当作自有资金来使用；第三，征信措施方面，发行项目收益债可不设置差额补偿机制。但市场上大部分 PPP 资产证券化产品和专项债并不受资本追捧，原因是 PPP 参与方的主体评级不完善，大部分 PPP 项目债没有担保回购机制，毕竟是否有担保回购仍作为我国当前债券征信的主要方式，所以养老服务 PPP 项目专项债券发展仍然任重而道远。

（3）养老产业引导基金股权融资模式

养老服务产业引导基金是由中央财政引导基金与地方政府，以及银

---

① 中华人民共和国国家发展和改革委员会网站，http：//www. ndrc. gov. cn/zwfwzx/xzxknew/201705/t20170503_846478. html。

行、企业等其他社会投资者共同投入而设立的养老服务产业发展基金。政府引导基金作为政府设立并按照市场化方式运作的政策性基金，前期主要引导社会资本进入养老产业领域扶持各类养老服务企业发展。随着中央大力推进 PPP 模式之后，如何利用养老产业发展基金来创新财政金融支持方式、发挥财政资金的杠杆、引领作用，进一步优化养老类 PPP 项目投融资环境，成为中央及地方政府都在积极进行探索的目标。目前，全国有湖南、江苏、福建、内蒙古、甘肃部分省市已经建立养老产业基金，为了放大财政杠杆，探索 PPP 模式下养老产业基金运作方式，很多省份的 PPP 基金采取母子两级基金的结构，多次引入社会资本来参与。例如，2017 年 11 月，由金城资本管理有限公司主导组建的甘肃省养老服务产业发展基金（有限合伙）成立①，该基金包括中央财政专项资金 6 亿元，甘肃省财政配套资金 1 亿元，兰州市城市发展投资有限公司 12 亿元，甘肃华龙养老服务产业发展基金管理有限公司 1800 万元、杨民召 2000 元，基金首次规模 19.38 亿元，并准备再引进民营资本、银行资金、保险资金等金融机构资本 15.62 亿元，最终达到 30 元亿总规模。该基金主要投资领域为医养融合型养老住宅、综合性养老示范基地、养老保健护理服务、养老金融服务、养老用品、养老文化教育与休闲娱乐行业的项目或重点企业。养老产业投资基金采取股权投资基金等多种方式参与养老服务 PPP 项目有着天然的优势，可从养老产业、区域的宏观角度出发，进行养老产业内资源的整合与升级。养老产业投资基金通常情况下各级政府通过提供劣后资金的方式作为养老产业引导基金，吸引金融机构、社会资本、产业投资人等共同出资成为养老产业 PPP 股权投资基金。所以，PPP 模式下养老产业基金的投资运作模式通常如图 8－3 所示。

（4）养老 PPP 股权投资基金融资模式

不同于养老产业引导基金资金主要来源于政府机构，养老 PPP 社会化股权投资基金主要由社会资本充当主要力量来募集资金。养老 PPP 社会化股权投资基金的投资运作模式多样，主要资金方会联合地方平台公司、社

---

① 甘肃金控网站，http：//www.gsjkjt.com/developmentfund/pension。

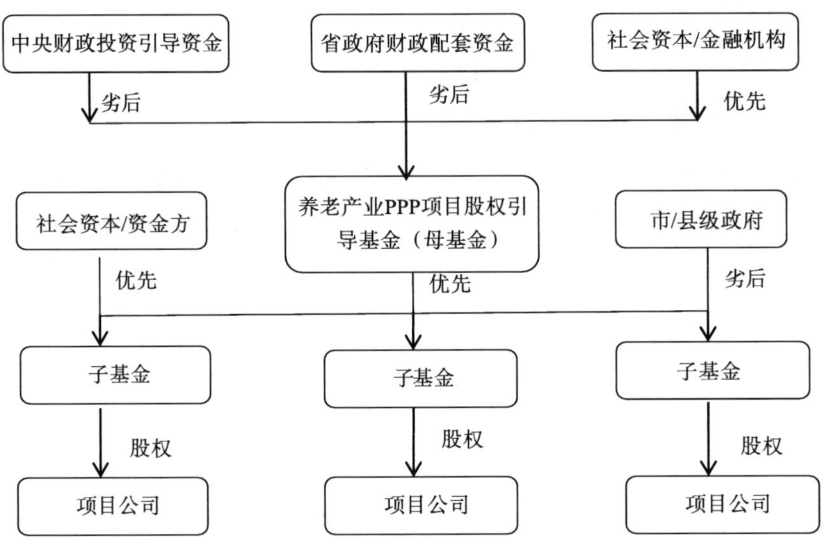

图 8－3　养老产业基金 PPP 项目融资模式

会资本、产业投资人共同出资，以股权投资基金的方式为养老服务 PPP 项目提供资金支持，其中地方平台公司以及产业投资人通过提供劣后资金，可进一步吸引更多社会资本参与其中。PPP 社会化股权投资基金的运作模式通常如图 8－4 所示。

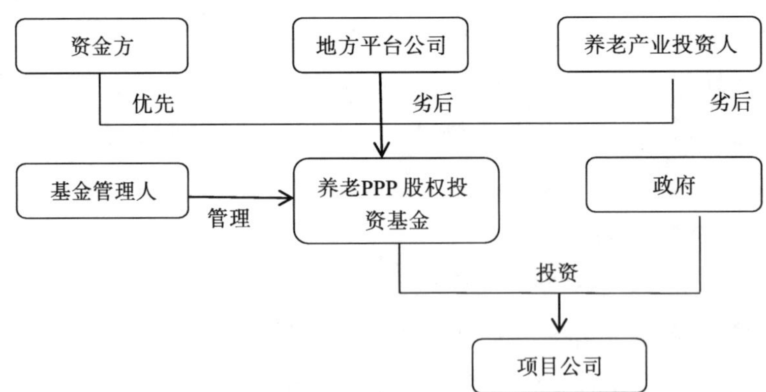

图 8－4　养老 PPP 股权投资基金融资模式

8.1.4　养老服务 PPP 项目运营模式选择——付费机制设计

养老服务 PPP 项目的付费机制与项目风险分配和收益回报密切相关。合理的付费机制，能够对公私双方都产生激励约束作用，降低项目收益不足风险。根据目前实践结果，养老服务根据合作预期、运作方式、风险承受能力等情况，确定了三类主要付费模式，包括政府付费、使用者付费和可行性缺口补助。在养老服务 PPP 项目中采用何种付费模式，既可以保障公共利益，又可以稳定社会资本收益预期，达到风险共担，利益共享，就需要在设置收益模式时考虑以下三个方面：一是要注重公共利益保障，确立合理的定价/调价及政府补贴机制；二是要采用政府付费或者政府补贴模式的，要考虑财政承受能力；三是合理设置项目规模，明确服务的老年人群结构，防止政府补贴超预算或是社会资本亏损等风险发生（游洋，2018）。

我国社会养老体系建设的最终目标是满足不同年龄段老年人不同养老需求。但当前各地区养老服务体系建设的内容和进度受该地区经济发展、老年人群社会经济特征的影响存在很大差别，要保证老年群体基础需求，还要兼顾较高层次的养老需求，应结合老年人实际特点做出的制度安排，需充分体现公平与效率的兼顾性。社会保障制度作为调解收入差距的手段，对弱势群体具有重要作用，而养老服务作为社会保障制度中非常重要的一部分，应以公平、平等为前提。在养老服务领域引入 PPP 模式，并不意味着政府把养老服务供给责任全部推给市场，由市场完全来决定养老服务价格和供需关系，而是希望通过公私合作进一步满足不同层次老年人口的服务需求。遵循平等、公平的原则，让经济特别困难的老年群体能够享受经济发展成果、让收入中等的老年群体能够获得较高满足，让高收入群体完全实现自我，这就需要设计不同的养老服务 PPP 范式。如表 8－1 所示，针对基础性、混合型、康乐型养老服务 PPP 项目所面向的不同老年群体，采取不同的收益方式，解决不同老年群体的养老服务；还可以根据已建和新建项目分类确定公私合作模式，如已建类公私合作项目，可采用服务外包、O&M 或 TOT 三种合作方案中一种，而新建类公私合作项目则可采用 BTO、BOO、BOT 三种 PPP 运行方案中的一种。

表 8－1　　我国养老服务 PPP 项目开发模式

类型	人群	项目建设阶段	项目经营阶段	养老照料服务等	生活资料费用	采用 PPP 模式
基础型	“三无”老人	政府投入社会资本投入并建设	政府投入社会资本投入并建设	政府付费	政府购买	新建（BOT、ROT、BOO）已建（TOT、O&M）
基础型	低收入人群（贫困老人）	政府投入社会资本投入并建设	政府投入社会资本投入并建设	政府付费	个人购买，政府补贴	新建（BOT、ROT、BOO）已建（TOT、O&M）
补充型	中等收入老人	政府投入社会资本投入并建设	政府投入社会资本投入并建设	联合付费（个人购买、政府补贴）	个人购买	新建（BOT、ROT、BOO）已建（TOT、O&M）
康乐型	高收入老人	政府投入企业投入并建设	企业经营	使用者付费	个人购买	新建（BOT、ROT、BOO）已建（TOT、O&M）

（1）基础型养老服务 PPP 项目运作模式

基础型养老服务 PPP 项目主要解决“三无”老人和贫困低收入老年人口的养老服务需求，在养老照料服务方面采用政府付费、生活资料费用方面采用政府付费或购买方式。我国在 2020 前要完成全面脱贫目标，而“三无”老人、贫困老年人的养老问题，应该获得政府更多的保障倾斜。基础型养老服务保障对象主要是贫困、高龄、失能半失能、孤寡独居等特殊老年群体，近些年政府通过付费购买方式来为这些特殊老年人提供基础养老服务，而且范围不断扩大、方式方法也在逐渐完善。例如，我国政府对符合政府资助条件的居家老年人提供助养经费，社区日间照料和老年康复文体活动等服务付费；为采用机构养老方式的弱势老年人提供全面资助。与此同时，各地区政府根据本地区财政承受能力进一步细化了养老服务购买清单，对于不属于政府职责范围内的服务项目，禁止购买。显然，基础型养老服务面向弱势老年群体，这既体现了公平、平等的价值理念，也符合构建服务型政府的目标，所以在基础性养老服务引入 PPP 模式，要保证“三无”、低收入、高龄老年人口的生存权和发展权，政府就需要在公私合作中保证一定的控制权，健全监管机制、加强绩效评价，利用政府付费方式加强监管，保证基础型养老服务承接主体绩效达标。在养老领域，多数 PPP 项目会在可用性付费、使用量付费和绩效付费中选择一种或是多种结合型付费方式。显然，可用性付费的核心要素就是“可用”的标准；而使用量付费依据养老项目的性质、预期使用量、项目融资结构和还款计划来分层设置使用量付费机制，利用最低使用量付费安排来保证社会资本稳定收益，降低项目公司承担的实际需求风险，而最高使用量的政府付费显然是为了防止政府承担过度财政风险而安排的；而对于绩效政府付费方式来讲，绩效监控机制可以对项目公司形成有效约束，可以依据未达到绩效标准的情形设置政府付费扣减比例（刘尚希、赵福军，2017）。

（2）补充型养老服务 PPP 项目开发模式

补充型养老服务主要为中等收入人群提供较高层次的养老服务，这部分老人除了需要满足基本生活及医疗照料以外，精神慰藉、文化娱乐、健身康体等服务也越来越获得老年人关注。在我国目前的经济发展条件下，政府除了对“三无”、高龄、经济困难等特殊弱势老年群体购买部分养老服务以外，绝大多数老年人仅能获得很少的养老服务补贴，其余大部分要老年消费者自行付费。根据 2016 年 10 月 12 日《中共中央国务院关于推进价格机制改革的若干意见》里提到，政府投资兴办的养老服务机构对“三无”老人免费，对其他特殊困难老人在床位费、护理费方面实行政府定价，其他养老服务价格经营者自定。而面对非政府单独投资的养老服务机构，显然需要依据市场供求关系来进行养老服务定价。当前，对于补充型养老服务，不但需求人数众多，而且需求内容愈发多样化，所以在目前经济环境下政府无法承担全部养老服务费用。补充型养老服务涉及养老人群最广，这些老年人通常都拥有部分退休收入且自有资产和储蓄，基于养老服务公平的考虑，政府对这部分老年人提供多少补贴是合适的，显然要和当地政府经济发展水平和财政收入相挂钩，因此在引入 PPP 模式建设养老服务机构时，寻求福利性和盈利性之间最佳的平衡点，才能既减轻政府负担，又活跃了养老服务市场，提升了养老服务供给效率。目前，我国财政部 PPP 项目库中，养老项目采用 BOT 联合付费模式所占比例相对较高，原因是这种模式既能实现新建养老保障项目的公益性又能提升社会资本的积极性，一方面保证了政府在养老项目中的所有权和控制权；另一方面发挥社会资本的优势，稳定社会资本收益预期，促进补充型养老服务可持续发展和养老服务效率加速提升。我国养老服务 PPP 项目可行性缺口补贴模式主要包括两类：一是投资补助；二是价格补贴。投资补助多半应用在 PPP 项目前期资金压力较大的时期；而价格补贴策略则是为了控制养老服务价格水平，同时保证社会资本方合理收益的同时采用的一种有效方式，这种方式需在签订 PPP 合同之前就对养老服务的补贴标准、时限、方式、覆盖人群等作出约定，防止补贴不足和补贴过度等问题。

（3）康乐型养老服务 PPP 项目开发模式

康乐型养老服务一般主要满足收入较高的老年群体的需要，一般包括老年大学、老年金融、老年旅游及高端养老养生服务等。在我国目前经济社会发展情况下，那些经济条件好、自我认知较强的老年群体对养老服务的内容、方式、品质都较补充型养老服务更加多样化、高端化。如养老地产、花园式养老公寓、24 小时全方位贴身服务越来越吸引这部分老年人购买。尽管我国目前只有较少部分老年人可以享受此类高端养老服务，但随着我国经济水平的不断提升，一定会有越来越多的老年人对康乐型养老服务产生需求。当前，基于我国经济发展水平，我国政府并没有把这些高端养老服务作为政府重点帮扶对象，而是充分依靠市场来配置这些养老资源。所以，在发展康乐型养老服务 PPP 项目时，政府普遍的做法是创造法律环境，政策环境，把责任和风险更多归于社会资本，政府主要的职责是监督养老服务机构，而实际建造权、经营权和管理权交给社会资本，在国家价格管控下获得合适利润，其中政府不付费，主要靠使用者付费方式来支付养老机构收益要求。使用者付费方式通常用于养老项目可经营性或高端养老服务项目，这些项目一般具有向使用者收费的实操性，符合政府和法律规定的政府定价或是政府指导价标准，保证项目公司营利目标和养老服务需求的价格弹性。

基础型、补充型、康乐型养老服务 PPP 项目之间并没有完全的界限，在财政部 PPP 项目管理库中，很多项目就是在以提供补充型养老服务为主、基础型养老服务供给为辅的 PPP 模式，这部分项目中政府对“三无”、贫困老年人提供养老服务政府购买，而对其他老年人则采取可行性缺口补助模式。所以对养老服务这三类型的划分，主要是基于政府需要承担多少责任、财政需要拿出多少预算而提出的界限性概念。那么，在养老服务 PPP 项目中，明确养老机构所供给的老年人群的经济情况，政府有区分的对不同经济收入的老年人提供补贴，明确政府承担的责任边界，保证社会资本的合理收益，是防范养老服务 PPP 项目风险的重要前提。

8.2 养老服务 PPP 项目风险治理途径

养老服务 PPP 项目风险治理是一种风险管理制度的“再升级”，除了对项目本身风险进行管控外，更重要的是通过制度安排，在复杂的委托—代理关系和多重信息不对称中，协调利益相关方之间权、责、利关系，降低利益相关方承担养老服务 PPP 项目管理角色的风险。我国养老服务 PPP 项目普遍运作周期在 10 年至 30 年，不确定因素较多，风险较为复杂，不合理的风险分担机制和风险管理措施往往会直接或间接影响 PPP 项目的安全和稳健经营。故此利用 PPP 模式来发展养老服务，不是简单地把政府风险进行风险最大化转移或剥离，而是着重要对风险进行合理分担以及在风险分担过程中实现治理机制安排（吉富星，2015）。

8.2.1 风险预防——征信机制

养老服务 PPP 项目建立征信机制对于增加社会资本方参与医疗服务领

域的积极性，遏制地方政府性债务恶化，降低社会资本方参与项目风险具有重大的现实意义。我国 PPP 征信机制的设计和研究尚属起步阶段，但通过国外已有的较成熟经验，可以认为征信机制是一种跨组织冲突来扩充信用资源的制度化机制。通过对政府与社会资本间适度征信，可进一步化解养老项目融资系统性风险，弥补不完善合约的制度化缺失，实现公私合作风险与收益、激励与约束的兼容结构，达到降低资产杠杆率，获得更多高质量的养老服务供给。我国养老服务 PPP 征信机制构建，应立足于防范和化解养老项目系统性风险底线要求，在财政可承受的合理范围内，建立更加牢固的公私资本合作信任关系，不断拓展征信资源空间，适度提高政府与社会资本合作的征信水平，以获取更多的正向激励。

（1）影响信用的关键要素

养老服务 PPP 项目中，公私部门基于相互的信任而进行合作，并在合作过程中不断发展相互的信任关系，并形成持续的合作信用。信用既是公私合作关系互惠互利的需要，也是伙伴关系顺利发展的必要途径之一。信用具有传递性，以前的合作满意度会直接影响到以后合作的选择及结果。在养老服务 PPP 项目的不同发展阶段，影响信用的关键要素存在不同。例如，在项目初始阶段，可能社会资本方的声誉、公司实力、融资能力以及养老服务专业化能力等要素都能影响社会资本方信用，在项目存续阶段，可能养老服务的管理能力、化解养老运营风险的能力等会影响社会资本方的信用。因此，在养老服务 PPP 项目不同阶段，不同的要素会引起不同类型信用的产生，如图 8－5 所示。

声誉是合作双方的历史记录，良好声誉的存在和传递，会提升合作双方的预期，并最终会影响行为的选择；养老服务专业化能力越强，在合作中潜在的风险越小，公私双方达成目标的可能性越高，而风险的降低反过来有助于信用的提升；财政支付能力是政府公信力的外在表现，可持续的财政支付能力可以支撑养老 PPP 项目实现可持续化运转，并加强公私资本合作背后的彼此信任关系；社会资本方的融资能力更多地取决于项目结构化融资设计，良好的融资设计可以达到商业征信与可持续性经营的目的。近几年来，养老服务 PPP 项目建设及运营过程中，越来越多的不确定风险

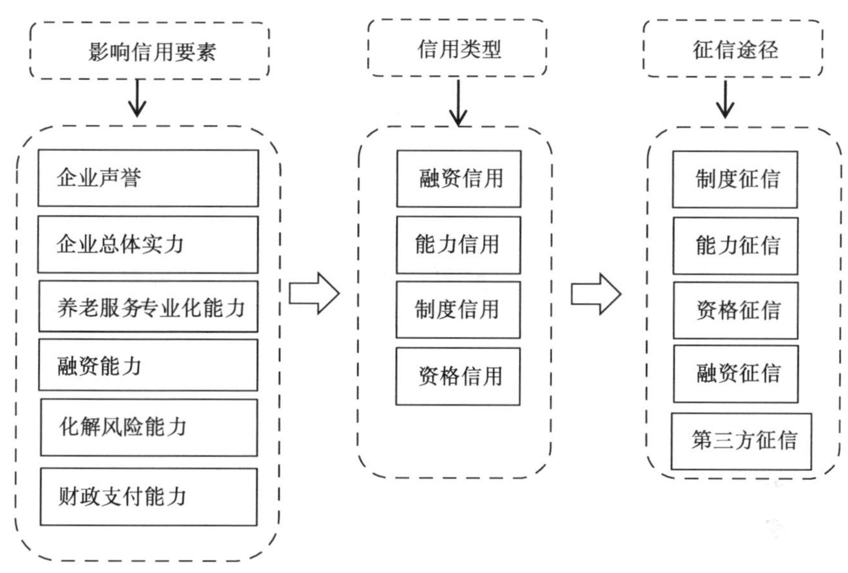

图 8-5　不同阶段影响养老 PPP 项目信用的要素关系

影响 PPP 项目公私双方信用。因此，信用扩张成为维持 PPP 项目利益主体之间信任关系的有效方法（刘瑞华等，2017），如何挖掘信用影响因素，拓展其信用资源空间，优化信用资源结构，是公私合作双方实现共赢的必然选择。

（2）征信的主要途径

合格征信主体的缺失是目前养老服务 PPP 项目融资的主要难点。建立多层次增信措施，采用多重信用增进手段，对于解决信息不对称、提升项目融资能力、预防项目风险极其重要。

①制度征信。通过制度征信，促成政府对社会资本方运用市场机制配置信用资源方面的制度性激励，实现养老服务 PPP 项目在建设和运营各个重要环节的信用提升。当前，我国明令禁止了各级政府在 PPP 项目中承诺固定回报率、各种非理性担保或承诺过高补贴与定价，明股实债等方式进行变相融资的情形也被明令禁止。企业在面临政府方可能出现的兑现风险、政策随意性风险和换届风险等方面，无法通过更直接的信用保证方式来保障自己的权益。因此，不断规范 PPP 制度环境和法律环境，积极构建 PPP 项目中长期财政预算体制，通过土地、税收等配套优惠政策来加强制

度信用，形成 PPP 项目建设运营的紧密型制度网络信任群。把信用体系提升转化为合作共赢的规范交易，才是制度征信的目标（刘瑞华等，2017）。尽管政府就 PPP 项目禁止使用固定收益回报承诺，但在养老服务 PPP 项目运作过程中，最低使用量承诺条款目前是被允许的。因此，须在养老服务 PPP 项目建设和运营的各个环节，合理确定养老服务使用量（政府付费和可行性缺口）的最低值，对养老项目产出最低需求风险的承担方进行归责，构建公私双方在养老 PPP 领域长期制度激励及约束机制，通过缔结有效合约来防止信用空间受限等外生问题；进一步内化 PPP 信用制度，突显制度征信效应，拓展信用资源剩余空间，强化公私资本合作博弈所产生的信任优势，保证政府不仅要在实际公私合作项目中达到权利完全交付，委托代理契约完整，还需要在法律允许框架内保障社会资本方获得合理收益的同时，增加资本收益、降低交易成本，实现公私双方激励相容，养老服务 PPP 项目正向外部性溢出。

②融资征信。在养老政策与养老市场规则的博弈中，融资征信作为金融机构风险防控手段普遍在采用。养老服务 PPP 项目中借贷资金的利息大小、现金流与还款匹配程度、收益权可否质押都一定程度上影响了项目风险，进而影响公私双方的收益，因此需要进一步的征信方式抵消项目可能的风险。养老服务 PPP 项目融资的征信方式具有一般养老项目融资征信的特征，即利用外部征信和内部征信方式来实现融资征信，其中外部征信以担保为主，如保证、抵押、质押、留置和定金五种方式；但因为在养老服务 PPP 项目融资过程中，作为融资主体的项目公司，通常因为是新设立的公司，难以获得高水平的主体信用评级，没有外部征信或外部担保的情况下，很难获得商业银行贷款支持。于是很多项目就采用第三方商业担保机构来提供担保的征信策略。但担保这种外部征信方式通常与项目本身的资本收益相关联，项目的资本收益越高，担保结构设计就越简单，担保征信越容易实现。因此，合理的融资征信是养老服务 PPP 项目融资的关键环节，事关 PPP 项目的成败。从养老服务 PPP 项目融资系统来看，进一步拓展信用资源空间，形成不同投融资之间的信用关系网络，利用信用关系网络来将点状化信用资源进行串联重组，达到不同市场之间、不同规则之间

的机构能互相认同，实现融资征信的目标（刘瑞华等，2017）。例如，形成资产证券化征信、养老产业基金征信、PPP 引导资金征信、多边银行信贷征信等方式来构建结构化融资征信系统，让更多的融资主体在参与养老服务 PPP 项目时风险可控。

③能力征信。养老服务管理能力、运营能力、控制风险能力等的提升，意味着信任的增加。由于项目公司通常是社会资本方为了某特定养老项目执行而专门设立的公司，因此社会资本方本身的资本规模、经营历史、资信水平、管理经验、专业技术知识等方面的能力，就是为完成合作而具备的工作能力，养老服务相关各项能力越强，双方达成目标的可能性越大，风险发生率越低。各级地方政府在 PPP 市场竞争过程中，要促成养老服务 PPP 项目私人企业或非盈利机构在改进效率、控制成本、增强养老服务专业化等方面的发展潜力提升，让私人企业或非盈利机构利用本身的经营与管理优势来实现能力征信，从而获得更多的融资支持和外部合作机会。

④合同征信。PPP 项目合同是约束公私双方行为的制度规范，也是 PPP 项目实施的指针与方略。政府与合作企业能否按照养老服务 PPP 项目合同的约定合理地主张权利、履行义务、互助互利、彼此资源共享，是规避 PPP 合作风险的关键要素。养老服务 PPP 合同存在着一个共同的契约基础，政府与社会资本方都需“重诺守约”，切实兑现合同中各项契约承诺，在合作项目发生重大风险时，合理合法地启动合同再谈判机制，以达到养老 PPP 项目实施的长期、稳定与可持续。但实际情况是，由于养老 PPP 项目合同中预设了一些不合理、超过财政承受能力的政府保证，如高固定投资回报率、高付费标准、过长的特许经营期等。这些非现实、超能力范围的政府保证实际导致政府违约，在许多企业人士看来，这些政府的不守信用行为会增加合作风险。但从政府不守信用的深层因素来考量，政府做出不符合实际的承诺是导致政府不守信用的原因之一。因此，为了确保养老服务 PPP 项目顺利履行，政府应当从源头即制定合同开始就明确“政府保证”的合理性与合法性，保证政府的承诺能够兑现，这样就可以进一步增加合同的信用。通常政府作为养老服务 PPP 项目合同的“甲方”，对自身

将切实履行 PPP 项目合同中约定的责任义务进行的承诺，内容涉及各项保证，包括特许权期限保证、付费或补助保证、土地权利保证、税收优惠保证、配套支持保证、协助审批保证、回购事项保证及其他政策优惠保证等事项。当违背保证时，政府承担的是合同违约责任。所以未经国家有关部门批准，不得承诺税收优惠或财政优惠，不得违法违规制定与项目公司缴纳税收或非税收入挂钩的财政支出方案；其次，依照土地出让收入和支出管理严格分开的规定，不得变相承诺减免养老服务项目土地出让收入；再次，不能超越政策规定与管理权限，承诺将涉及税收地方留成部分、地方行政事业性收费和土地出让收入以及政府债券作为养老 PPP 财政支出的资金来源；还有，应将唯一性保证的具体条款细化、明晰，尽量约定短于特许经营期的保证期间，并明确竞争性项目的范围边界，如在有些养老服务项目中会明确在多大空间范围内禁止新建或改善类似设施。政府保证作出后，政府便应严格践诺守约，确保养老 PPP 项目合同的顺利履行。当前，政府决策者应当认识到违约失信不仅是对养老 PPP 项目的不负责，也是对公共服务和政府契约形象的不负责，同时也是对自身政治生命的不负责。在 PPP 项目的合作过程中，社会资本应当放弃利用政府订约经验欠缺的机会主义行为动机，不可诱导其作出不平等，甚至是不合法的保证；政府自身则应高度重视契约行为的合法合规，强化契约刚性意识，尽量避免各种主动或被动的违约失信行为，尤其是不要把 PPP 视为单纯的融资工具，给予社会资本不切实际的，甚至是违法违规的担保（潘萍，2014）。

（3）征信机制

信用对公私合作效果的影响是肯定的，也是多方面的。显然在交易成本一定的情况下，政府或企业的信用越好，公私间的信任程度越高，公私之间的交换成本越低，客观上有助于交易成功且企业盈利（李桂华等，2011）；在信用充分且信任的环境下，信用承诺可以维持和巩固合作关系，并促使公私双方可以牺牲短期利益来维持长期关系（任志涛，2015）。显然，信用、关系承诺是公私双方合作行为发生的前提和保证，也是公私合作双方获得有利结果的关键，这将会对合作效果产生显著的正向影响。总结以上论述，可以构建养老服务 PPP 项目征信机制的逻辑框架（见图 8－6）。

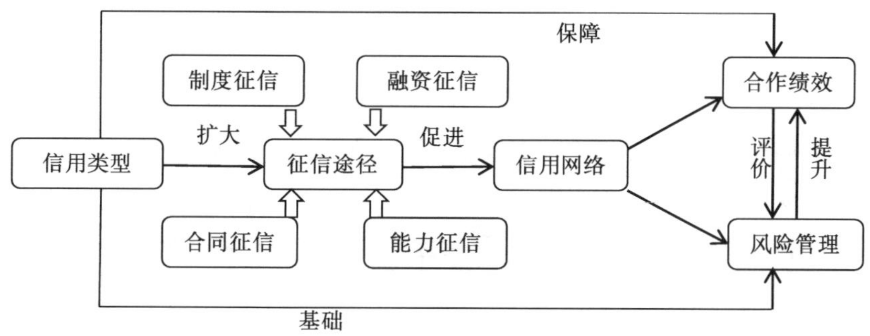

图8－6 征信机制逻辑框架

8.2.2 风险缓解——收益补偿机制

出于社会公益性及老年群体可承受力等方面的考虑，养老服务PPP项目所供给的养老服务及产品不能完全依靠市场定价来获得收益，因此绝大多数养老服务PPP项目的经营收入不能弥补项目的投资，社会资本方参与养老服务PPP项目存在项目投资回报率不达标的情况。为了让社会资本在决定是否参与投资时不表现犹豫或拒绝，合理回报才是前提（严华东，2017）。激励社会资本参与养老服务PPP项目，对养老服务PPP项目政府给予合理且适当的补偿有助于弥补项目投资收益不足，增加私人部门积极性，而非仅靠情怀来参与养老服务供给。进一步优化养老服务PPP项目补偿机制，可以实现养老项目风险分担和利益共享。在养老服务领域，公私合作的目标和利益诉求并不一致，政府重公益，私人部门重经济效益，差异化的角色诉求、所处地位的优劣都影响着公私双方的风险承担和收益分配，公共部门应从法律层面、制度层面、政策层面、社会层面、经济层面，对养老服务PPP项目私人部门在建设期和运营期应对风险分担不合理和契约权责利错位而遭受的损失进行弥补，对项目预期收益和实际收益之间差距进行补贴，真正形成一种合作共赢、社会资源优化配置的状态。

（1）收益补偿目标和原则

①收益补偿目标。养老服务PPP项目所面临的风险收益问题庞大复

杂，政府方对这些项目建设和运营中各类风险进行无限制补偿是不合理的，因此对风险的收益补偿需要设置合理的上限。政府应综合考虑政府财政承受能力、社会资本投资收益目标、老年人的需求倾向等来确定收益补偿目标及收益补偿额度。老年公寓、社区养老服务设施、医养结合养老机构等不同类型的养老服务 PPP 项目，因为所服务的老年群体不同，还因为这些老年群体收入存在差距，所以具体项目的补贴金额及补偿方式都要根据 PPP 项目具体类型来确定，但是补偿的目标几乎是相同的。一是要保证老年人的社会权利和基本利益。在养老领域采用公私合作的目的之一就是要活跃养老服务市场，增加养老服务供给质量，维护老年人各项基本权利，但如果在老年人经济承受能力范围内保证他们的各项利益和权利，那么政府向项目公司的收益补偿就毫无意义。二是保证社会资本的实际收益能够达到预期收益。通过财政补贴、税收优惠、土地划拨等方式促使养老服务 PPP 项目满足财务评价的要求，以保证社会资本的财务稳定和项目公司的有序运营，一定程度上可以吸引更多的企业和组织进入养老服务领域。三是保证社会资本高效率履行 PPP 模式合同项下的各项义务。如果项目公司无法获得合理回报，就有可能无法提供高效率、高质量的养老服务，也无法达到老年使用者和社会公众对养老服务设施的要求标准。

②收益补偿原则。从我国养老服务的发展实践来看，部分养老服务机构出现养老服务需求不足的风险，即社会公众的养老实际需求低于预期，导致养老项目服务供给量超过需求量，政府通常要承担差额补偿来保证社会资本得到对应的投资回报。但也有可能出现项目需求大于供给，政府不需要对社会资本进行补偿。因此，养老服务 PPP 项目收益补偿要以一定的规则和约束关系为前提，在保证公正和效率的前提下，寻找应进行补偿的收益风险因素。为了缓解风险，收益补偿原则包括：一是以老年人福利提升为前提，在政府财政可承受能力范围内进行补偿。如果养老服务项目的社会效益显著，加大对养老服务的补贴力度，显然符合社会民生的要求，但是 PPP 模式的初衷是缓解政府支出压力，所以收益补偿必须在政府财政承受能力范围内。二是要保障社会资本“微利”。当养老 PPP 项目收益不足时，政府通过各种途径补贴，但当项目获得较大收益时，要停止补偿，

动态调整利益再分配机制。三是资金补偿和政策补偿等方式相结合。毕竟完全的资金补偿会加大政府中长期财政预算，10% 的红线容易突破。所以，应对养老服务 PPP 项目的财政补偿应尽可能是以政策加资金，充分考虑项目养老服务标准和绩效水平，充分利用奖励和惩罚，及时调整补偿方式，这样才能激励社会资本不断进行效率提升。

（2）收益补偿方式

养老服务 PPP 项目投入巨大，社会资本方想短时间内从项目中获得合理收益比较困难，资金回收期要 10—20 年。政府方在项目运作期间给予私人部门部分补贴，用于弥补在运营过程中因为出于公益目的而造成的收益减少，帮助私人部门降低流动性短缺风险。从目前实践来看，我国养老服务 PPP 项目的补偿方式主要包括两类：一类是资金补偿；另一类是政策补偿（严华东，2017）。资金补偿作为直接性补偿，由政府财政划拨资金来对养老服务 PPP 项目进行直接补贴，弥补因为项目免费服务于弱势老年群体而造成的经济损失。但此种方式如果政府在资金监管和运行监管不到位，可能会导致私人资本为了套取国家资金而造假等道德风险的出现。政策补偿可以算作是政府对私人部门的间接性补偿，这种补偿方式包含了较多的经营扶持政策，如表 8－2 中，建设期政府给予项目税收减免、税收时间放宽、贷款利息优惠政策、土地划拨等，同时在项目运营期也可以通过如可行性缺口补贴、养老服务优惠政策对公众进行补偿来实现对私人部门给予间接收益补偿。无论是采用资金补偿还是政策补偿，目的都是政府希望利用资金或政策杠杆来撬动更多的社会资本投入养老服务领域。

表 8－2　　养老服务 PPP 项目政府收益补偿方式比较

补偿方式 / 补偿时点	资金补偿	政策补偿
养老服务 PPP 项目建设期	财政资金 土地作价入股 建设风险资金	税收优惠政策 土地划拨 政策性银行信贷支持
养老服务 PPP 项目运营期	可行性缺口补贴 通货膨胀补偿 养老服务资源补偿	税费减免 养老服务投资优惠

当前，财政部和各省 PPP 政策文件中也开始提倡和鼓励政府对养老 PPP 项目的补偿应从单一补偿向多元化、动态补偿转变。2017 年 4 月，福建省民政厅、财政厅联合出台《关于鼓励社会资本投资养老服务 PPP 工程包的实施方案》①，提出要建立以奖代补机制，非营利性民办养老服务机构将享受一次性开办补助和床位运营补贴；社会力量投资建设的非营利性养老服务机构（PPP 项目），优先安排用地计划指标，经批准后采取划拨方式供地。在养老开发领域，对于土地资源补偿方式的研究和应用越来越受到各级政府的重视，如养老用地作价入股已应用到多个养老服务 PPP 项目中。这种养老项目土地资源补偿模式对于那些风景旖旎、旅游发达的地区而言，盘活存量养老服务设施，加快资源有效利用也是一个不错的方式。

（3）收益风险补偿机制

养老服务 PPP 项目涉及公共利益，养老服务价格虽受到市场供求关系的影响，但是也会受到政府的部分价格管控，因此对社会资本方提供必要的经济及政策支持，通过项目补偿实现养老服务 PPP 项目经济与财务双达标是必要的。当前，很多养老服务 PPP 项目合同中补偿约定或约定模糊，大多采用“机动式”补偿，即补偿多少只根据养老服务供给数量和绩效等来决定，缺乏完善的约束和控制机制，客观上导致补偿额度增大。进一步优化养老服务 PPP 项目补偿机制，如图 8－2 所示，通过进一步优化补偿方式，完善政府补偿私人部门的路径设计，在充分考量各方利益的同时，设置风险收益补偿机制，保证社会资源合理配置。所以补偿机制的运行是以一定的规则和约束关系为前提，利用 PPP 合同的强制力和政府的监管作用，来保证养老服务 PPP 项目补偿机制的正常，否则项目运行中效率和公正都无法保证，补偿机制就会失效，风险危害程度就会加大。

---

① 泉州市财政局网站，《关于鼓励社会资本投资养老服务 PPP 工程包的实施方案》http：//www. czj. fjqz. gov. cn/ztzl/pppzl/201804/t20180417_624083. htm。

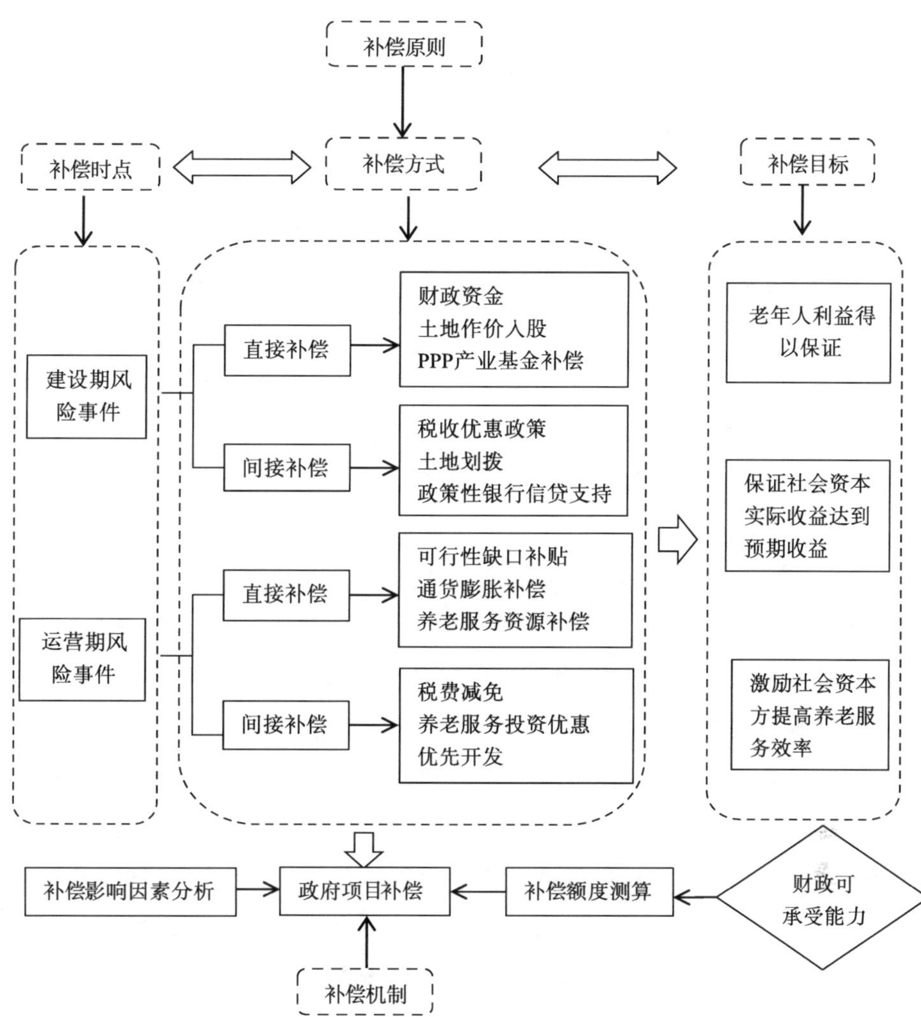

图8-7　养老服务PPP项目收益补偿机制框架

8.2.3　风险规避——社会资本退出机制

由于养老服务PPP项目存在合作期限长、投资规模较大等特点，如何吸引优质、具备资金实力且具备养老服务管理能力的社会资本来参与养老服务业，是规避风险，确保养老服务PPP项目成功运作的关键。但当前社会资本在参与养老服务PPP项目中多持观望态度，社会资本退出难是导致这一情况的原因之一。退出机制可以算是最彻底最有效的风险规避措施，当社会资本方不能接受且无能力承担项目风险时，主动放弃项目或改变项目参与主体来规避风险的退出机制及方法就显得极为重要且不容忽视。目前，我国养老服务 PPP 项目中社会资本退出渠道简单且单一，实践经验较匮乏，大多处于摸索阶段。建立健全多元化、多路径、规范化、市场化且可操作的退出机制势在必行（胡冰冰，2017）。一方面利用退出机制消除社会资本方参与养老服务项目的忧虑；另一方面可以有效规范社会资本的退出行为、退出方式、退出路径，这对于进一步规范养老服务 PPP 项目发展非常有必要。目前，养老服务 PPP 项目社会资本方退出，主要存在两种情况：一种是在养老服务 PPP 项目合同期满后，根据 PPP 合同要求程序，社会资本方在完成项目移交后实现退出。但从已有经验来看，社会资本方可能因为某些原因并不会在合同期满结束后才退出，选择提前终止合作而退出也是有可能的；第二种情况是在项目合同存续期内的社会资本退出，此时社会资本方退出是基于多方面原因的，如政府履约不力、监管失效、项目长期处于低营收状态、收益无法保证、不可抗拒外力风险等原因导致社会资本方不得不选择退出。当前，我国政府已明令禁止通过政府回购方式来实现社会资本退出，各种形式的政府背书活动也违法，因此社会资本采用何种方式退出，选择何种途径把项目股权、债权、特许经营权等转交给除政府、社会资本方之外的第三方来完成社会资本方退出，就十分有必要。当前，养老服务领域 PPP 项目中社会资本方可选择的资本退出方式有以下四种。

（1）项目清算——资产移交退出

养老服务 PPP 项目资产移交退出，是目前政府政策允许社会资本退出较为规范的方式。在众多 PPP 模式中，BOT、BOOT、BT、ROT 等模式都涉及社会资本特许经营期满后的移交退出。目前，我国在列的养老服务 PPP 项目还没有一项涉及资产移交退出问题，但这种退出方式已经在其他领域，如基础设施建设方面有过先例，“来宾 B 电厂”已在 2015 年将项目相关的资产或管理经营权无偿转移给当地政府，达到了盈利退出的目的。由于此种退出方式重点在于资产的移交转让，所以社会资本退出方便简洁，一定程度上以社会资本方获利为主，能达到公私双方宾主尽欢。但此种方式过程漫长，导致很多社会资本因惧怕风险较大而选择中途退出。

（2）股权转让退出

股权转让退出是社会资本实现退出相对理想的方式。养老服务 PPP 项目融资通常以股权融资形式出现，公私双方在项目中都拥有股份。当社会资本方想中途退出养老服务 PPP 项目时，他所拥有的项目内部股份转让方式就变相成为他进行退出的途径。但社会资本方采用股权转让而中途退出方式在当前我国政策体系下并不顺畅，如政府会对股权受让方的资格进行审查，会对股权转让时点进行期限限制等。这些规制虽然保证了不良社会资本进入养老服务 PPP 项目，但也对原社会资本方的退出在体制机制上增加了难度。但就社会资本方而言，通过自身风险收益情况的衡量，选择退出可能是他制定出的最佳策略，因此让社会资本方的股权何时转让、如何转让、转让给谁就变得尤为重要，在退出机制技术层面上，对股权被转让方的关注点集中在融资能力、技术能力、管理能力。因此，在实践操作中需根据不同养老服务 PPP 项目的特点，明确不同项目股权变更的范围和程度，采取对公私双方都有利的股权变更方式，既保证股权变更范围大小符合养老项目经济收益和质量要求，又能保证社会效益的提升的目的，进一步增强政府方对养老服务质量保障上。当前，这种股权转让退出方式因操作简便、成本低廉、风险可控等优点越来越受到政府及市场肯定，选择股权退出的私营企业获得收益满意离场，而股权受让方也可以通过控股得到管理项目的机会，所以这种方式一定会成为主流的 PPP 资本退出方式（苗雨聪，2017）。

（3）资产证券化退出

在养老服务 PPP 领域，实现资产证券化的条件往往比较严苛。建立依法合规、有稳定的现金流、独立的 SPV 法人实体，是能够成为证券发起人，实现项目资产证券化的基本条件。2017 年 6 月 7 日，《关于规范开展政府和社会资本合作项目资产证券化有关事宜的通知》（财金〔2017〕55 号）①中就推动 SPV 公司开展资产证券化优化融资进行安排部署。文中明确了项目公司作为证券发行者，可以按照使用者付费、政府付费、可行性缺口补助等不同类型，发行资产证券化产品；在项目运营阶段，依据 PPP 合同约定的未来收益权、合同债权作为证券化基础资产，在资产证券化产品发行规模和期限的合理范围内，保障综合融资成本有效降低。资产证券化是养老服务 PPP 项目资本退出机制发展的一个重要方向，可以帮助社会资本方盘活缺乏流动性的存量股权、债权资产，进而提升资产效率。养老服务产业本身投资大、盈利模式不成熟、专业度要求较高、各项成本偏高，导致投资各方盈利难、退出难，而利用资产证券化可以实现快速投资回收，完成有效退出。例如，许多老年公寓 PPP 项目在建设时期，固定资产缺乏流动性，会占用大量资金，但随着老年人入住率稳定后，可以预见能够有定期、稳定的现金流收入，那么可以将未来 5—10 年的预期收入折价，通过征信机制向投资人发行证券，实现资产证券化，达到原有社会资本方、融资方有效且有收益的退出。再如，当前我国试点发行房地产投资信托基金（REITs），这将对需要大量资金投入和稳定现金流的养老服务 PPP 项目的发展产生积极的影响。但在养老服务 PPP 项目中利用 REITs 也需具备一些前提条件，如土地的产权问题。我国养老机构大部分是划拨产权用地，不涉及土地买卖，所以即使是该养老服务 PPP 项目投资收益达标、经营状况良好，但因为产权不明确也无法利用 REITs 来资产证券化，无法向购买债券的投资方支付利息；即使是养老服务 PPP 项目产权清晰，REITs 需要收益率至少达到 8% 左右的养老项目，如果在没有政府补贴，还需缴纳各种税且盈利情况很差的情况下，无法利用 REITs 来资产证券化。所以未来养老服务 PPP 项目中无论是养老产业投资金、金融信贷资金、私人企业资本还是政府 PPP 引导基金投入养老服务 PPP 项目后，要想实现盈利退出，必须要等项目运营成熟后，有了长期稳定的项目收益，才能有条件通过发行

① 中华人民共和国财政部网站，http://jrs.mof.gov.cn/zhengwuxinxi/zhengcefabu/201706/t20170619_2626363.html。

资产证券化产品或 REITs 等资产证券化方式来实现资本退出（徐继明、郭晨，2017）。

（4）IPO 上市退出

将养老服务 PPP 项目中有稳定收入来源的 SPV 公司整体打包进行 IPO（首次公开募股）上市，发行股票的价格由股市来决定，然后 PPP 项目原来的社会资本方可通过在公开的二级市场上进行股票交易的方式进行退出（王善才，2017）。IPO 方式具备高溢价特性，在禁售期股票成为可交易股票后，养老服务 PPP 项目原社会资本方可通过在股市售卖项目股票来获取收益，同时实现了资本退出，带来了资金的流动性。尽管目前 IPO 方式受到投资机构追捧，且为投资机构带来较高的收益，成为 PPP 项目融资机构最为迫切希望的退出方式。但实践过程中，许多养老服务 PPP 项目很难做到拥有足够的收入预期，且对于 IPO 审核流程十分复杂、费用高昂、核准周期长、要求较高一般难以满足，因此 IPO 方式退出在养老领域里实施起来很难。例如，北京碧水源科技股份有限公司的云南水务 PPP 项目在香港联交所上市，为中国 PPP 项目社会资本方高效便利退出 PPP 项目的长经营期限而产生的社会资本方束缚，创造性的提供了又一有效路径选择。养老服务与环保领域都涉及国计民生，都属于国家重点关注的领域，养老服务 PPP 项目可从 IPO 退出机制中吸取经验。因为 IPO 条件较高，这一方式仅适用于盈利状况好且各项财务数据符合 IPO 要求的养老服务 PPP 项目，所以尽管这一退出方式对于公私双方都比较理想，但风险不确定性依然存在。

第 9 章

结论与展望

9.1　研究总结

在社会治理变革的背景下，政府利用 PPP 这一工具对于促进养老服务的治道变革，优化养老服务体系具有重要作用。政府利用 PPP 模式来发展养老服务要体现多元价值的平衡。因此，养老服务 PPP 项目风险管理中，在考虑养老服务机构建造风险、运营风险之外，老年人口的经济负担能力以及社会综合效益风险都应成为养老服务项目风险分担及管理的目标。在满足老年人口福利性的前提下，发挥市场资源配置效应，处理好公益性与盈利性的关系，保证企业在养老服务微利性原则下，确定养老服务 PPP 项目风险的分担，以此来达到收益共享、风险共担的目标，是我们必须面对的问题。

本书试图构建中国养老服务 PPP 项目风险管理的理论框架。从 PPP 模式应用于养老服务业的可行性与应用条件出发，在对中国养老服务 PPP 项目风险管理现状分析之后，进一步对中国养老服务 PPP 项目风险进行识别、评估，通过对养老服务 PPP 项目的风险进行从宏观、中观、微观三个层面的分析后，利用文献分析、风险歧义筛查、头脑风暴法来对养老服务 PPP 项目进行风险因素识别，最终获得了包含 42 种养老服务 PPP 项目风险清单。然后又通过两轮德尔菲调研，获得中国养老服务 PPP 项目风险因素的发生概率和危害程度，并以此为出发点通过养老服务 PPP 项目风险指数矩阵评估获得所有风险因素的风险等级，从而得出影响养老服务 PPP 项目成功的最大的风险主要是融资可行性风险、融资结构风险、老年人安全风险、养老服务质量低下风险、养老服务专业化人员短缺风险这五个风险。构建了养老服务 PPP 项目的风险分担方案。在对风险分担研究过程中，明确了养老服务 PPP 项目风险治理的途径：风险预防——征信机制、风险补偿——收益平衡机制、风险规避——退出机制。

9.2 进一步研究展望

我国人口老龄化具有三个特点，即未富先老、未备而老和孤独终老（穆光宗、张团，2011）。人口老龄化带给中国沉重的养老服务负担。中国的养老服务难题除了更多的源于老化的人口年龄结构与现有社会经济体制之间的不协调所产生的矛盾，更多的来源于社会整合及长期发展不足这一问题。PPP模式作为破解养老服务供给中的“政府失灵”和“市场失灵”的药方，是否能够真正成为满足养老服务需求，克服养老服务体系弊端的“良药”，还需时间去检验。

当下，在我国养老服务领域实施公私合作模式将会是我国养老服务机构发展的有效途径。但管理和控制养老服务PPP项目风险就变得更加重要。尽管本书对中国养老服务PPP项目风险管理进行了研究，实现了对我国养老服务PPP项目风险管理方面研究的拓展，但在养老服务公私合作关系的治理，养老服务PPP项目的风险管控、治理方面仍存在较多不足。第一，虽然本研究中，项目风险管理的方法被大量借鉴于养老服务PPP项目风险管理的研究过程中，但这些项目工程中的风险管理方法是否全面、深入的描述养老服务PPP项目的风险管理还需进一步论证，毕竟养老服务PPP项目风险因为涉及更多利益相关方，风险更加复杂化，且因为涉及公私合作，风险分担更需要谨慎，尤其是风险分担方案的制定应该在法律制度框架下进行，否则可能产生更多、更严重的风险。第二，现有养老服务PPP项目风险的评估方法更多是套用基础设施项目风险评估方法，养老服务PPP项目的风险评估方法还有待进一步扩展，尤其是动态的风险评价方法对养老服务PPP项目更重要。第三，本书中养老服务PPP项目的风险分担虽然研究较多，但仅限于风险分担框架和风险分担原则性的问题研究，针对风险分担比例的研究仍需要进一步去填补空白。第四，养老服务PPP项目风险管理有更集中于项目共性风险的识别、评估、分担和控制等方面，个性风险并没有进行有效研究，研究层次还较多停留在基础管理层面，而风险治理显然就公私合作的理念、价值、定位等方面对养老服务 PPP 项目风险管理有更高的回应性及更宽的法律性、综合性，所以进一步拓展养老服务 PPP 项目风险治理途径会有助于对原有风险管理有更深度提升。

综上所述，本研究受本人知识能力限制，对中国养老服务 PPP 项目风险管理的研究还不够深入和全面。因此，在今后的研究中加强量化研究层次和水平，注重养老服务 PPP 项目风险治理途径的研究，政府在养老服务 PPP 项目中的角色定位、风险控制及管理的研究，以及识别不同养老服务 PPP 项目的特殊风险等方面的研究将是我未来研究的方向，这将会是对我国养老服务 PPP 项目风险管理理论的完善，也会对我国养老服务 PPP 项目风险管理提供有力指导。

参考文献

（一）中文部分

［1］邓大松，刘昌平．中国社会保障制度改革与发展报告2013［M］．北京：北京大学出版社，2014（12）：1－3.

［2］戴维·奥斯本，特德·盖布勒．改革政府：企业精神如何改革着公营部门［M］．上海：上海译文出版社，1996：68－110.

［3］E.S. 萨瓦斯．民营化与公私部门的伙伴关系［M］．北京：中国人民大学出版社，2002：100－200.

［4］冯·诺伊曼，摩根斯坦．博弈论与经济行为［M］．北京：北京大学出版社，2018（04）：24－55.

［5］傅庆阳，张阿芬，李兵．PPP 理论精要与范例［M］．北京：机械工业出版社，2017（05）：36－46.

［6］郭波，龚时雨，谭云涛等．项目风险管理（第二版）［M］．北京：电子工业出版社，2018（6）：4－5，174－178.

［7］韩俊江，郭晖艳，林晓宁．人口老龄化背景下吉林省社会养老服务体系创新研究［M］．吉林：吉林人民出版社，2013：24－40.

［8］黄耀明，陈景亮，陈莹．人口老龄化与机构养老模式研究［M］．吉林：吉林大学出版社，2012（01）：83－90.

［9］胡丽．城市基础设施 PPP 模式融资风险控制研究［M］．重庆：重庆大学出版社，2013（12）：104－117.

［10］句华．公共服务中的市场机制——理论、方式与技术［M］．北京：北京大学出版社．2006（02）：60－72.

［11］江合．养老不动产投资与管理［M］．北京：社会科学文献出版社，2011（10）：15－30.

［12］贾康，孙洁．公私合作伙伴关系理论与实践［M］．北京：经济科学出版社，2015（05）：114－115.

［13］柯永建，王守清．特许经营项目融资（PPP）——风险分担管理［M］．北京：清华大学出版，2011（08）：29－69.

［14］毛寿龙，李梅．西方政府的治道变革［M］．北京：中国人民大学出版社，1998：300－320.

［15］任志涛．PPP 项目合作治理及其互动机制研究［M］．北京：化学工业出版社，2015：1－5，45－59.

［16］孙晓莉．中外公共服务体制比较［M］．北京：国家行政学院出版社．2007：44－46.

［17］唐纳德·凯特尔著，孙迎春译．权利共享：公共治理与私人市场［M］．北京：北京大学出版社，2009（01）：5－10.

［18］吴敏．基于需求与供给视角的机构养老服务发展现状研究［M］．北京：经济科学出版社，2011.

［19］王丽娅．宏观经济风险部门间分担与转移研究——基于 CCA 方法的分析［M］．北京：中国金融出版社，2011（11）：48－84.

［20］杨立雄．老年福利制度研究［M］．北京：人民出版社，2013：25－27.

［21］约翰·纳什著，张良桥等译．纳什博弈论论文集［M］．北京：首都经济贸易大学出版社，2015（08）：4－5.

［22］余文恭．PPP 模式与结构化融资［M］．北京：经济日报出版社．2017（04）：16.

［23］张奇．公私合作（PPP）项目决策与评估［M］．北京：经济科学出版社，2016（3）：2－47.

［24］张文娟．中国社会养老服务体系建设［M］．北京：社会科学文献出版社，2017（07）：20－39.

［25］朱国玮．公共服务供给绩效评价研究：基于消费者视角的理论

阐释与实证分析 [M]. 北京：中国教育文化出版社，2006.

[26] (美) 珍妮特.V. 登哈特，罗伯特.B. 登哈特，丁煌译. 新公共服务：服务，而不是掌舵 [M]. 北京：中国人民大学出版社.2004：36-55.

[27] 赵福军，汪海. 中国 PPP 理论与实践研究 [M]. 北京：中国财政经济出版社，2015 (11)：55-139.

[28] 鲍捷，毛宗福. 社会医疗保险助推医养结合服务的政策探讨 [J]. 卫生经济研究，2015 (08)：40-43.

[29] 查勇，梁云凤. 在公用事业领域推行 PPP 模式研究 [J]. 中央财经大学学报，2015 (05)：19-25.

[30] 蔡晓琰，周国光. PPP 项目政府和社会资本合作的投资回报机制研究 [J]. 财经科学，2016 (12)：101-109.

[31] 操双春. 政府与社会资本合作 (PPP) 项目风险分担机制研究 [J]. 安徽建筑，2016，23 (1)：237-238.

[32] 曹富国. 物有所值理论的内涵与发展 [J]. 中国政府采购，2016 (7)：34-36.

[33] 曹阳. 中国 PPP 模式风险的法律规制研究 [J]. 广西师范学院学报 (自然科学版)，2017 (3)：94-102.

[34] 巢小丽，毛寿龙. 合作优势、运营方式与规制设计：F 省机构养老 PPP 模式分析 [J]. 理论探讨，2017 (03)：173-178.

[35] 巢莹莹，张正国. 上海市养老服务业供给侧改革路径选择——基于 ppp 模式经济论，2016 (04)：16-19.

[36] 陈琴. 再谈 PPP 几个热点问题——专访中国财政科学研究院金融研究中心主任赵全厚 [J]. 新理财-政府理财，2017 (7).

[37] 陈婉玲. 公私合作制的源流、价值与政府责任 [J]. 上海财经大学学报，2014，16 (5)：75-83.

[38] 陈帆，王孟钧. 基于关系契约的 PPP 项目业主与承包商合作机制研究 [J]. 项目管理技术，2010，08 (5)：19-23.

[39] 陈振明. 评西方的"新公共管理学"范式 [J]. 中国社会科学，

2000 (06): 73 -82.

[40] 陈敬武，袁志学，黄耕，李雅. PPP 项目风险的模糊综合评价方法研究 [J]. 河北工业大学学报，2006 (05): 46 -50.

[41] 程杰. 养老保障的劳动供给效应 [J]. 经济研究，2014 (10): 60 -73.

[42] 程启智，罗飞. 中国公办养老机构改革改制路径选择 [J]. 河北经贸大学学报，2016, 37 (2): 48 -52.

[43] 程强. 人口老龄化下的养老产业发展 [J]. 劳动保障世界，2012 (12): 84 -86.

[44] 邓小鹏，申立银，李启明. PPP 模式在香港基础设施建设中的应用研究及其启示 [J]. 建筑经济，2006 (09): 14 -18.

[45] 杜亚灵，闫鹏. PPP 项目缔约风险控制框架研究——基于信任提升与维持的视角 [19]. 武汉理工大学学报（社会科学版），2013 (06): 880 -886.

[46] 杜亚灵，尹贻林. 基于治理的代建项目管理绩效改善研究 [J]. 北京理工大学学报（社会科学版），2010 (06) : 19 -26.

[47] 杜荣胜. 政府购买公共服务问题和对策研究 [J]. 财政研究，2014 (06) : 29 -32.

[48] 段洪波，杨竹晴. PPP 模式与河北省养老服务业相对接的 SWOT 分析及建议 [J]. 经济研究参考，2015 (63): 51 -55.

[49] 丁志宏，王莉莉. 我国社区居家养老服务均等化研究 [J]. 人口学刊，2011 (5): 83 -86.

[50] 丁华. 整合与综合化——香港养老服务体系改革的新趋势及其借鉴 [J]. 西北人口，2007 (1): 1 -6.

[51] 董红亚. 养老机构公建民营：发展、问题及规制 [J]. 中州学刊，2016 (05): 71 -76.

[52] 董光耀. PPP 模式纠偏——PPP：规则的探索之路 [J]. 中国投资，2015 (03): 28 -32.

[53] 董宇，尹贻林，王垚，徐志超. 信任视角下工程项目风险分担

困境改善研究框——基于情境嵌入的仿真实验［J］. 科技进步与对策，2014（11）：71-76.

［54］付诚，韩佳均. 我国养老服务产业化发展的现实困境与改进策略［J］. 经济纵横，2015（12）：26-31.

［55］樊寒伟，和军. PPP 项目公共部门和私人企业契约设计——基于委托代理关系视角［J］. 财会月刊，2016（33）：90-93.

［56］郜凯英. PPP 模式应用于中国社区居家养老服务研究［J］. 现代管理科学，2015（09）：82-84.

［57］郜凯英. 我国养老机构应用 PPP 模式建设与管理研究［J］. 价格理论与实践，2015（10）：120-122.

［58］葛果. 侯懿. 基于风险偏好的 PPP 项目风险分担的三方博弈模型. 四川理工学院学报（自然科学版），2015（01）：87-91.

［59］耿永志. 养老服务业发展研究：目标、差距及影响因素［J］. 湖南社会科学，2013（03）：113-116.

［60］郭晓琨. PPP 项目风险分担问题研究［J］. 现代商贸工业，2009，21（1）：313-313.

［61］关信平，赵婷婷. 当前城市民办养老服务机构发展中的问题及相关政策分析［J］. 西北大学学报（哲学社会科学版），2012（05）：52-56.

［62］苟欢. 多中心治理视野下公共服务供给机制的改善——以 N 市 J 区政府购买居家养老服务为例［J］. 四川理工学院学报（社会科学版），2013（10）：19-23.

［63］韩亚品，蒋根谋. 敏感性分析及其改进在 PPP 项目风险评估中的应用［J］. 水利科技与经济，2009，15（1）：1-3.

［64］何涛，赵国杰. 基于随机合作博弈模型的 PPP 项目风险分担［J］. 系统工程，2011（4）：88-92.

［65］何寿奎，陈璨. PPP 项目合作风险形成机理与协同治理机制［J］. 当代经济管理，2018，40（7）：54-59.

［66］和军，樊寒伟. 制度能力、产业特性与公私合作（PPP）治理机

制［J］. 商业研究，2016（07）：1－8.

［67］何婷婷. PPP 模式垄断化风险与规制进路研究［J］. 法制博览，2017（34）：28，62－63.

［68］危恒昌，王军武，程康，等. 城市基础设施 PPP 项目风险分担博弈模型研究［J］. 建筑经济，2017，38（4）：71－75.

［69］胡丽，张卫国，叶晓甦. 基于 SHAPELY 修正的 PPP 项目利益分配模型研究［J］. 管理工程学报，2011（02）：149－154.

［70］胡振，刘华，金维兴. PPP 项目范式选择与风险分配的关系研究［J］. 土木工程学报，2011（09）：139－146.

［71］胡桂祥，王倩. PPP 模式应用于养老机构建设的必要性与应用条件分析［J］. 建筑经济，2012（02）：101－102.

［72］胡改蓉. PPP 模式中公私利益的冲突与协调［J］. 法学，2015（12）：30－40.

［73］黄匡时. 供求关系视角下的中国老年照料服务资源分析［J］. 中国人口：资源与环境，2013（11）：488－491.

［74］黄佳豪，孟昉. "医养结合"养老模式的必要性、困境与对策［J］. 中国卫生政策研究，2014，7（6）：63－68.

［75］黄俊辉. 公共服务供给中的网络治理困境——基于南京市鼓楼区居家养老服务网的案例分析［J］. 人口与社会，2012（1）：69－73.

［76］黄徐会. PPP 模式下财政承受能力研究——基于英国的实证分析［J］. 地方财政研究，2015（08）：37－43.

［77］黄闯. 民办养老服务机构运行：自我发展与支持体系［J］. 重庆社会科学，2016（2）：66－72.

［78］黄拥政. PPP 项目的运作流程管理探析［J］. 湖南财政经济学院学报，2016，32（2）：16－23.

［79］吉鹏，李放. 政府购买居家养老服务的绩效评价：实践探索与指标体系建构［J］. 理论与改革，2013（03）：104－107.

［80］吉富星. 我国 PPP 政府性债务风险治理的研究［J］. 理论月刊，2015（7）：120－124.

[81] 贾康，孙洁．新农村基础设施建设中 PPP 模式的应用 [J]．地方财政研究，2006 (05)：4 -7.

[82] 贾丽，徐振宇．在养老服务业中推广应用 PPP 模式的风险与收益分配分析 [J]．科技和产业，2014 (11)：57 -61，140.

[83] 贾帅令，李玉彤，陈旭，等．基于“AHP&FCE 模型” PPP 养老项目的风险评价研究 [J]．金融经济，2017 (20)：71 -73.

[84] 姜玉贞．社区居家养老服务多元供给主体治理困境及其应对 [J]．东岳论丛，2017 (10).

[85] 姜向群，丁志宏，秦艳艳．影响我国养老机构发展的多因素分析 [J]．人口与经济，2011 (04)：58 -63.

[86] 康蕊，吕学静．政府购买服务视角下养老机构公办民营建设研究 [J]．广西社会科学，2016 (02)：130 -134.

[87] 柯永建，王守清，陈炳泉．基础设施 PPP 项目的风险分担 [J]．建筑经济，2008 (04)：31 -35.

[88] 赖丹馨，费方域．公私合作制 (PPP) 的效率：一个综述 [J]．经济学家．2010 (07)：97 -104.

[89] 赖丹馨，费方域．公私合作制 (PPP) 的效率：一个综述 [J]．经济学家.2010 (07)：97 -104.

[90] 黎民，胡斯平．中国城镇机构养老及其模式选择——以广州为实例的研究 [J]．南京社会科学，2009 (01)：89 -95.

[91] 李晓光，郝生跃，任旭．契约治理影响 PPP 项目公司控制权配置研究——基于信任的前因和中介作用 [J]．中央财经大学学报，2018，371 (7)：115 -128.

[92] 李丽，丰景春，钟云，等．全生命周期视角下的 PPP 项目风险识别 [J]．工程管理学报，2016，29 (1)：54 -59.

[93] 李春，王千．政府购买养老服务过程中的第三方评估制度探讨 [J]．中国行政管理，2014 (12).

[94] 李明顺，陈涛，滕敏．交通基础设施 PPP 项目实物期权定价及敏感性分析．系统工程，2011 (03)：67 -73.

［95］ 李丽红，朱百峰，刘亚臣，等. PPP 模式整体框架下风险分担机制研究［J］. 建筑经济，2014（09）：11－14.

［96］ 李桂华，卢宏亮，李剑文. 中国式信任与企业购买决策——基于普遍信任与特殊信任的二维视角［J］. 软科学，2011，25（1）：102－109.

［97］ 李林，刘志华，章昆昌. 参与方地位非对称条件下 PPP 项目风险分配的博弈模型［J］. 系统工程理论与实践，2013，33（8）：1940－1948.

［98］ 李月梅，张同功. 我国养老服务产业资金投入体系及运行机制研究［J］. 中国劳动，2011（12）：21－23.

［99］ 廖剑，马浩. 基础设施 PPP 项目风险管理模式的探讨——基于全生命周期动态集成的角度［J］. 现代商业，2016（18）：121－122.

［100］ 刘瑞华，许振宇，李清均. 中国 PPP 项目征信机制建构：基于提升鲁棒性视角的理论解析［J］. 理论探讨，2017（4）：102－105.

［101］ 刘薇. PPP 模式理论阐释及其现实例证［J］. 改革，2015（01）：78－89.

［102］ 刘小川，张艳芳，刘威礼. 基于政府职能转变的政府购买服务制度创新研究［J］. 财政研究，2015（05）：97－101.

［103］ 刘振宇，李泽正. 金融机构参与 PPP 项目的若干重点问题［J］. 宏观经济管理，2016（10）：56－60.

［104］ 刘志. PPP 模式在公共服务领域中的应用和分析［J］. 建筑经济，2005（07）：13－18.

［105］ 刘新平，王守清. 试论 PPP 项目的风险分配原则和框架［J］. 建筑经济，2006（2）：59－63.

［106］ 罗春梅. 基于激励视角的 PPP 项目风险管理研究［J］. 大庆师范学院学报，2018（03）：69－72.

［107］ 缪青. 中国社会化养老的主要趋势：家居养老和家居护理［J］. 城市问题，2000，49（5）：18－20.

［108］ 穆光宗. 中国“老龄产业”发展的市场潜力和战略取向［J］. 人口与发展，2000，6（4）：63－68.

[109] 穆光宗. 我国机构养老发展的困境与对策 [J]. 华中师范大学学报（人文社会科学版），2012（02）：31 – 38.

[110] 穆光宗，张团. 我国人口老龄化的发展趋势及其战略应对 [J]. 华中师范大学学报（人文社会科学版），2011（05）：29 – 36.

[111] 倪东生，张艳芳. 政府购买公共服务市场化中承接主体激励机制研究 [J]. 中国流通经济，2015（04）：174 – 180.

[112] 宁勇，赵世强. 基于 AHP 的轨道交通 PPP 项目全生命周期风险识别 [J]. 北京建筑大学学报，2016（02）：28 – 32.

[113] 彭桃花，赖国锦. PPP 模式的风险分析与对策 [J]. 中国工程咨询，2004（07）：11 – 13.

[114] 潘萍. 论 PPP 的治理价值及其实现 [J]. 理论月刊，2017（10）：124 – 130.

[115] 屈群苹，许佃兵. 论现代孝文化视域下机构养老的构建 [J]. 南京社会科学，2016（02）：92 – 97.

[116] 屈群苹. 复合治理视域下的城市社区养老服务供给 [J]. 中南大学学报（社会科学版），2015（05）：105 – 110.

[117] 仇晓光，杨硕. 政府和社会资本合作（PPP）中风险转移的法律实现研究 [J]. 西南民族大学学报（人文社科版），2016，37（8）.

[118] 任琦鹏，杨青. PPP 用于不同地域养老院的风险评价模型 [J]. 工程管理学报. 2012（04）：46 – 49.

[119] 史永乐. PPP 项目融资结构分析与风险识别方法的研究 [J]. 中国商论，2016（15）.

[120] 单大圣. 中国养老服务管理体制的改革与发展 [J]. 经济论坛，2011（09）：192 – 196.

[121] 侍苏盼. 商业银行参与 PPP 项目融资法律风险防控研究 [J]. 金融理论与实践，2016（6）.

[122] 孙喜峰. PPP 项目在我国社区式居家养老服务体系中的运用 [J]. 金融经济，2016（22）：17 – 19.

[123] 宋煜. 社会学视角下社区治理与社区养老服务的实践——以北

京市汽南社区社会组织的实践为例［J］. 经济研究参考，2014（57）：80－84.

［124］谭英花. 我国社区养老服务文献综述［J］. 劳动保障世界，2012（11）：45－47.

［125］汤薇，吴海龙. 基于政府角度的PPP项目融资效益研究——以BOT与BOO模式为例［J］. 科研管理，2014（01）：157－162.

［126］唐斌，魏玮. 环境责任、环境金融与融资模式创新［J］. 福建金融，2015（2）：10－14.

［127］魏文斌，李永根，高伟江. 社会养老服务体系的模式构建及其实现路径［J］. 苏州大学学报（哲学社会科学版），2013，34（2）：48－52.

［128］温海红，马玉娟，王怡欢，等. 人力资本视角下养老机构老人入住率及其影响因素分析——以陕西省为例［J］. 社会保障研究，2018（2）：21－29.

［129］王桂云. 多元化社会养老服务体系建设对策研究［J］. 中国人口资源与环境，2015（12）：154－165.

［130］王莉莉. 中国城市地区机构养老服务业发展分析［J］. 人口学刊，2014，36（4）.

［131］王莉莉，杨晓奇，董彭滔. 城市社区养老服务业发展现状分析［J］. 老龄科学研究，2014（03）：29－36.

［132］王俊豪，金暄暄. PPP模式下政府和民营企业的契约关系及其治理——以中国城市基础设施PPP为例［J］. 经济与管理研究，2016（05）：62－68.

［133］王灏. PPP的定义和分类研究［J］. 都市快轨交通，2004（05）：23－27.

［134］王秀芹，梁学光，毛伟才. 公私伙伴关系PPP模式成功的关键因素分析［J］. 国际经济合作，2007（12）：59－62.

［135］王建波，刘宪宁，赵辉，盛雪艳. 城市轨道交通PPP融资模式风险分担机制研究［J］. 青岛理工大学学报，2011（02）：95－100.

[136] 王佳. 人口老龄化背景下的养老服务产业发展对策研究——以河南省为例 [J]. 科技创业月刊, 2011 (5): 60-61.

[137] 王福英, 潘婷婷. 关于建立与完善沈阳市养老服务产业体系的对策 [J]. 经济管理者, 2013 (7): 199.

[138] 王雪青, 喻刚, 邴兴国. PPP 项目融资模式风险分担研究 [J]. 软科学, 2007, 21 (6): 39-42.

[139] 王雪辉. 养老机构公建民营运作模式探析 [J]. 行政管理改革, 2016 (09): 38-43.

[140] 王华, 乔业, 王海军. 城市基础设施 PPP 项目风险分担研究 [J]. 沈阳工业大学学报 (社会科学版), 2018, 11 (1).

[141] 王晓彦, 钮若晗. PPP 项目的风险及其治理研究 [J]. 中国物价, 2017 (6): 14-17.

[142] 王俊豪, 付金存. 公私合作制的本质特征与中国城市公用事业的政策选择 [J]. 中国工业经济, 2014 (7): 96-108.

[143] 王经绫, 华龙. PPP 机制应用于我国养老机构建设的必要性研究 [J]. 经济研究参考, 2014 (52): 57-61.

[144] 王培培, 李文. PPP 模式下社会养老服务体系建设的创新与重构 [J]. 理论月刊, 2016 (8): 135-140.

[145] 王善才. PPP 模式退出机制多样性研究 [J]. 财政监督, 2017 (14): 90-94.

[146] 王要武, 万东君. 姚兵. 基础设施 PPP 融资模式及其在小城镇的应用研究 [J]. 土木工程学报. 2006 (06).

[147] 王亚柯, 王宾. 我国养老保障水平差异研究——基于替代率与相对水平的比较分析 [J]. 管理世界, 2013 (08): 109-117.

[148] 王颖林, 刘继才, 赖芨宇. 基于风险偏好的 PPP 项目风险分担博弈模型 [J]. 建筑经济, 2013 (12): 44-47.

[149] 王志刚, 郭雪萌. PPP 项目风险识别与化解: 基于不完全契约视角 [J]. 改革, 2018, 292 (6): 91-98.

[150] 吴孝灵, 周晶, 彭以忱, 段庆康. 基于公私博弈的 PPP 项目政

府补偿机制研究 [J]. 中国管理科学, 2013 (S1): 198-204.

[151] 吴守荣, 王程程, 阎祥东. 城市轨道交通 PPP 项目运营期风险评估研究. 都市快轨交通, 2016 (05): 36-40.

[152] 吴玉韶, 王莉莉, 孔伟, 董彭滔, 杨晓奇. 中国养老机构发展研究 [J]. 老龄科学研究, 2015 (08): 13-24.

[153] 武献峰, 高德慧, 孔祥荣. 我国加快发展养老服务业问题研究 [J]. 现代经济信息, 2016 (3): 399-401.

[154] 伍迪, 王守清. PPP 模式在中国的研究发展与趋势 [J]. 工程管理学报, 2014 (06): 75-80.

[155] 魏一, 安宝丹. 发展城市社区养老应对人口老龄化 [J]. 理论学刊, 2002 (05).

[156] 向运华, 姚虹. 养老服务体系创新: 智慧养老的地方实践与对策 [J]. 西安财经学院学报, 2016, 29 (6): 110-114.

[157] 谢荷锋, 基于风险管理视角的信任与知识分享决策的关系研究 [J]. 研究与发展管理, 2012 (02): 58-66.

[158] 邢会强. PPP 模式中的政府定位 [J]. 法学, 2015 (11): 17-23.

[159] 邢潇雨, 赵金煜, 刘彩霞. 政府视角下养老 PPP 项目合作伙伴选择研究综述 [J]. 价值工程, 2018, 502 (26): 281-283.

[160] 许坚, 谢跃, 李永. 基于 PPP 视角企业参与社会管理模式创新: 理论溯源与实践 [J]. 现代管理科学, 2012 (1): 99-101.

[161] 徐继明, 郭晨. 低利率背景下保险基金以 PPP 模式支持地方建设研究 [J]. 北方金融, 2017 (12).

[162] 徐倩, 周沛. 现状、进展及趋势: 公共管理视角下关于我国城市社会养老服务研究的分析 [J]. 中国海洋大学学报 (社会科学版), 2016 (01).

[163] 闫明星, 范君晖. 养老 PPP 项目治理机制研究——基于不完全契约理论 [J]. 中国发展, 2018, 18 (1).

[164] 闫继文, 王海平. 城市轨道交通 PPP 项目风险评估研究. 价值

工程，2017（02）：1－6.

［165］严华东．准经营性基础设施 PPP 项目补偿方式比较及选择［J］．地方财政研究，2017（6）：100－105.

［166］杨宜勇，杨亚哲．论我国居家养老服务体系的发展［J］．中共中央党校学报，2011（05）：94－98.

［167］杨继瑞，薛晓．社区居家养老的社会协同机制探讨［J］．经济理论与经济管理，2015（6）：106－112.

［168］杨亚萍，王蕾，刘群英．经营性 PPP 项目资产证券化退出机制设计［J］．工程经济，2018（05）.

［169］袁永博，叶公伟，张明媛．基础设施 PPP 模式融资结构优化研究［J］．技术经济与管理研究，2011（3）：91－95.

［170］袁竞峰，邓小鹏，李启明．汪文雄 PPP 模式立法规制及其在我国的应用研究［J］．建筑经济，2007（03）：95－99.

［171］姚东旻，李军林．条件满足下的效率差异：PPP 模式与传统模式比较［J］．改革，2015（2）：34－42.

［172］叶晓甦，徐春梅．我国公共项目公私合作（PPP）模式研究述评［J］．软科学．2013（06）：6－9.

［173］叶晓甦，石世英，田娇娇．城市基础设施 PPP 项目公私责任厘定：公平与效率视角［J］．青海社会科学，2015（04）：52－57.

［174］叶晓甦，周春燕．PPP 项目动态集成化风险管理模式构建研究［J］．科技管理研究，2010（3）：129－132.

［175］郁建兴，金蕾，瞿志远．民办社区养老机构建设及其政府责任——以杭州市上城区为例［J］．浙江社会科学，2012（11）：76－83.

［176］于新循．论我国养老服务业之市场化运行模式及其规范——基于公建民营、民办公助和以房养老等模式的法律分析与探讨［J］．四川师范大学学报（社会科学版），2010（01）：13－20.

［177］苑红，王宁，任兵．PPP 物有所值论证（VFM）的可行性思考［J］．中国工程咨询，2015（05）：38－39.

［178］游洋．PPP 项目的主要风险及应对措施［J］．管理观察，2018，

685（14）：169－172.

［179］曾莉，罗双双．不完全契约视角下PPP项目的风险规避——以H市环卫一体化为例［J］．长白学刊，2018，199（01）：73－79.

［180］章晓懿．政府购买养老服务模式研究：基于与民间组织合作的视角［J］．中国行政管理，2012（12）：48－51.

［181］章晓懿，刘永胜．利益相关者理论视角下的养老机构运行风险研究［J］．上海交通大学学报（哲学社会科学版），2012，20（6）：39－48.

［182］张硕宇，任志涛，胡欣．不完全契约视角下PPP项目政府补偿机制研究［J］．项目管理技术，2017，15（8）：15－19.

［183］张禄，石磊，戴大双，马力．PPP项目政府担保对项目效率影响研究［J］．中国管理科学，2017，25（8）：89－102.

［184］张韬．PPP模式下优化养老机构建设与运营的策略研究［J］．兰州学刊，2018（03）.

［185］张志红，刘慧．机构养老PPP项目风险识别与分担研究［J］．中国财政，2017（10）：45－47.

［186］张会娟，张强．不确定性下非合作博弈强Nash均衡的存在性［J］．控制与决策，2010，25（8）：1251－1254.

［187］张荣艳，王爱苹，孙贵玲．2012—2050年我国老龄人口预测研究［J］．四川理工学院学报（自然科学版），2013，26（5）：82－85.

［188］张萍，刘月．城市基础设施PPP模式下融资风险水平度量研究［J］．工程管理学报，2015（2）：65－70.

［189］张惠．“PPP＋B”参与主体的博弈分析与商业银行的对策［J］．南方金融，2015（7）：13－21.

［190］张晶，万迪防，贾明．PPP三层次定义及契约特征［J］．软科学，2008（01）：5－8.

［191］张燕华，黄思棉．PPP模式在城市社区居家养老中的应用研究——以南宁市为例［J］．经营管理者，2015（20）：265.

［192］张艳芳．促进养老服务供求均衡的中国政府购买养老服务政策

研究［J］. 西北人口，2016（01）：87－98.

［193］张映芹. 民生本位时代的财政公共性——基于公共福利价值目标视角的分析［J］. 北京大学学报（哲学社会科学版），2009，46（1）：108－115.

［194］郑生钦，冯雪东. 风险分担视角下社区养老服务 PPP 项目投资决策［J］. 土木工程与管理学报，2015（03）：47－52.

［195］周海珍. 保险资金参与 PPP 项目的风险及控制［J］. 中国保险，2017（2）：19－21.

［196］周沛. 基于"增进民生福祉"的制度性福利与服务性福利整合研究［J］. 东岳论丛，2018，v. 39；No. 287（05）：56－62，193－194.

［197］周和平，陈炳泉，许叶林. 公私合营（PPP）基础设施项目风险再分担研究［J］. 工程管理学报，2014（03）：89－93.

［198］周小付，闫晓茗. PPP 风险分担合同的地方善治效应：理论构建与政策建议［J］. 财政研究，2017（09）：79－87.

［199］周小付，萨日娜. PPP 的共享风险逻辑与风险治理［J］. 财政研究，2016（4）：39－46.

［200］朱冰，李启明. 工程项目风险分担问题的探讨［J］. 江苏建筑，2005（03）：50－53.

［201］朱浩. 养老服务社会化和社会治理创新：以浙江省为例［J］. 浙江工商大学学报，2016（6）：114－121.

［202］朱向东，肖翔，征娜. 基于三方博弈模型的轨道交通 PPP 项目风险分担研究［J］. 河北工业大学学报，2013（02）：97－101.

［203］陈意. 政府在 PPP 项目中的风险及防范［D］. 华东政法大学硕士学位论文，2016（05）：49－50.

［204］杜亚灵. 基于治理的公共项目管理绩效改善研究［D］. 天津：天津大学博士学位论文，2009：47－48.

［205］段喜枚. 我国养老机构建设引入 PPP 模式的研究［D］. 广东财经大学硕士学位论文，2016（05）：20－27，40.

［206］何涛. 基于 PPP 模式的交通基础设施项目风险分担合理化研究

[D]. 天津：天津大学博士学位论文，2011.

[207] 何寿奎. 公共项目公私伙伴关系合作机理与监管政策研究[D]. 重庆：重庆大学博士学位论文，2009：1-15.

[208] 韩冬. 我国养老服务业发展的伦理困境研究 [D]. 河北师范大学硕士学位, 2017 (05).

[209] 胡灵芝. 我国养老服务业效率研究 [D]. 江西财经大学硕士学位论文，2015 (06)：32-33，49.

[210] 胡冰冰. PPP 模式下社会资本退出机制的法律问题研究 [D]. 东南大学硕士学位论文，2017 (05)：12-19.

[211] 柯永建. 中国 PPP 项目风险公平分担 [D]. 北京：清华大学博士学位论文，2010.

[212] 赖丹馨. 基于合约理论的公私合作制 (PPP) 研究 [D]. 上海：上海交通大学博士学位论文，2011.

[213] 梁冬玲. PPP 模式建设项目隐性风险研究 [D]. 东北林业大学博士学位论文，2014 (04)：32-50.

[214] 李妍. 基于博弈论的基础设施 PPP 模式风险分担研究 [D]. 中国矿业大学博士学位论文, 2017 (05)：90-104.

[215] 马丹. 于公共比较指标 (PSC) 的社会化养老 PPP 模式选择究[D]. 大连工业大学硕士学位论文, 2016 (06)：12-24.

[216] 苗阳. 养老机构 PPP 项目风险分担与收益分配研究 [D]. 山东建筑大学武汉科技大学硕士学位论文, 2016 (06)：30-36.

[217] 苗雨聪. PPP 产业投资基金退出机制研究 [D]. 天津财经大学硕士学位论文，2017 (05).

[218] 孙荣霞. 基础设施 BOT—TOT—PPP 集成融资模式的研究[D]. 昆明：昆明理工大学博士学位论文，2010.

[219] 孙红玉. 城镇公办养老机构公私合作制研究 [D]. 华中科技大学博士学位论文，2017 (05)：52-59.

[220] 沈晶. 民办公助养老院管理模式的探索和应用 [D]. 浙江工业大学硕士学位论文，2014 (06)：36-38.

[221] 吴敏. 基于需求与供给视角的机构养老服务发展现状研究[D]. 山东: 山东大学博士学位论文, 2011.

[222] 王浩鹏. 大连市社会养老 PPP 模式合作伙伴选择研究 [D]. 大连工业大学硕士学位论文, 2014 (05): 16 - 17.

[223] 徐代忠. PPP 模式在养老机构建设中的应用研究 [D]. 武汉科技大学硕士学位论文, 2017 (09): 24 - 25.

[224] 杨晓慧. 促进我国养老服务业发展的财税政策研究 [D]. 山东财经大学硕士学位论文, 2016 (05): 86 - 88.

[225] 余鹏程. 我国社会养老服务领域中 PPP 模式应用研究与分析[D]. 中国财政科学研究院硕士学位论文, 2016 (05): 62 - 64.

[226] 张凌晨. 苏州民办养老机构发展状况及其政策启示 [D]. 苏州: 苏州大学硕士学位论文, 2012 (05): 1 - 5.

[227] 张雷. PPP 模式的风险分析研究 [D]. 财政部财政科学研究所硕士学位论文, 2015 (05): 58 - 62.

(二) 英文部分

[1] HM, Treasury. Private opportunity, public benefit: progressing the private finance initiative [M]. London: The Stationery Office, 1995.

[2] K. T. YEO, ROBERT L. K. TIONG. Positive management of differences for risk reduction in BOT projects [M]. International journal of project management, 2000: 257 - 265.

[3] Loosemore M, Raftery J, Reilly C, Higgon D. Risk management in projects [M]. London: Taylor & Francis, 2006.

[4] Lucy C. Recent trends in private financing of public infrastructure projects in South Africa [M]. South Africa: CSIR Building and Construction Technology, 2001.

[5] M. M. KUMARASWAMY, X. Q. ZHANG. Governmental role in BOT - led infrastructure development [M]. International journal of project management, 2001: 195 - 205.

[6] Robert Holzmmann, Joseph E. Stiglitz. New Ideas about old age securi-

ty: toward sustainable pension systems in the 21st century [M]. New Yorkr World Bank, 2001.

[7] Asenova D, Stein W, Mccann C, et al. Private sector participation in health and social care services in Scotland: assessing the risk [J]. International Review of Administrative Sciences, 2007, 73 (2): 275 -292.

[8] Akintoye A, Chinyio E. Private Finance Initiative in the healthcare sector: trends and risk assessment [J]. Engineering, Construction and Architectural Management, 2005, 12 (6): 601 -616.

[9] Anna Walker D, Ameyaw E E, Chan A P C. Evaluating key risk factors for PPP water projects in Ghana: a Delphi study [J]. Journal of Facilities Management, 2015, 13 (2): 133 -155.

[10] Alireza V, Mohammadreza Y, Zin R M, et al. An enhanced multi - objective optimization approach for risk allocation in public - private partnership projects: a case study of Malaysia [J]. Canadian Journal of Civil Engineering, 2014, 41 (2): 164 -177 (14).

[11] Alireza V, Mohammadreza Y, Zin R M, et al. An enhanced multi - objective optimization approach for risk allocation in public - private partnership projects: a case study of Malaysia [J]. Canadian Journal of Civil Engineering, 2014, 41 (2): 164 -177 (14).

[12] Athias, Laure. Local Public - Services Provision under Public - Private Partnerships: Contractual Design and Contracting Parties Incentives [J]. Local Government Studies, 2013, 39 (3): 312 -331.

[13] Chan A P C, Oseikyei R, Yi H U, et al. A fuzzy model for assessing the risk exposure of procuring infrastructure mega - projects through public - private partnership: The case of Hong Kong - Zhuhai - Macao Bridge [J]. Frontiers of Engineering Management, 2018, 5 (1).

[14] Chee T S, Yeo K T. Risk analysis of a build - operate - transfer (B. O. T.) power plant project [C] // IEEE International Engineering Management Conference. IEEE, 1995.

[15] Chen C, Doloi H. BOT application in China: Driving and impeding factors [J]. International Journal of Project Management, 2008, 26 (4): 388 -398.

[16] Duarte D, Aslan C. How do countries measure, manage, and monitor fiscal risks generated by public - private partnerships? Chile, Peru, South Africa, Turkey [J]. Social Science Electronic Publishing, 2014.

[17] Garvin M J. Enabling Development of the Transportation Public - Private Partnership Market in the United States [J]. Journal of Construction Engineering & Management, 2009, 136 (4): 402 -411.

[18] Grimsey D, Lewis M K. Evaluating the Risks of Public Private Partnerships for Infrastructure Projects [J]. International Journal of Project Management, 2002, 20 (2): 107 -118.

[19] Ham H V, Koppenjan J. Building public - private partnerships: Assessing and managing risks in port development [J]. Public Management Review, 2001, 3 (4): 593 -616.

[20] Hood J, Mcgarvey N. Managing the Risks of Public - Private Partnerships in Scottish Local Government [J]. Policy Studies, 2002, 23 (1): 21 - 35.

[21] Hwang B G, Zhao X, Gay M J S. Public private partnership projects in Singapore: Factors, critical risks and preferred risk allocation from the perspective of contractors [J]. International Journal of Project Management, 2013, 31 (3): 424 -433.

[22] Iossa E, Martimort D. Risk allocation and the costs and benefits of public - private partnerships [J]. Rand Journal of Economics, 2012, 43 (3): 442 -474.

[23] Jin, Xiao - Hua, Doloi H. Interpreting risk allocation mechanism in public - private partnership projects: an empirical study in a transaction cost economics perspective [J]. Construction Management and Economics, 2008, 26 (7): 707 -721.

[24] Jianbo W, Xueyan S, Xianning L. Risk Assessment on the PPP Financing Project of AHP - based Urban Rail Transit [C] // International Conference on Sustainable Construction & Risk Management. 2010.

[25] Kraak V I, Harrigan P B, Mark L, et al. Balancing the benefits and risks of public - private partnerships to address the global double burden of malnutrition [J]. Public Health Nutrition, 2011, 15 (3): 15.

[26] Kurniawan, Fredy. An integrated project evaluation tool for public - private partnership projects [J]. Heriot - Watt University, 2013.

[27] Li J, Liu X. Risk Evaluation of PPP Project Based on Matter - Element Analysis [C] // International Conference on Management & Service Science. IEEE, 2011.

[28] Li B, Akintoye A, Hardcastle C. The allocation of risk in PPP/PFI construction projects in the UK [J]. International Journal of Project Management, 2005 (23).

[29] Lam K C, Wang D, Lee P T K, et al. Modelling risk allocation decision in construction contracts [J]. International Journal of Project Management, 2007, 25 (5): 485 - 493.

[30] Medda F. A game theory approach for the allocation of risks in transport public private partnerships [J]. International Journal of Project Management, 2007, 25 (3): 213 - 218.

[31] Ozdoganm I D, Birgonul M T. A decision support framework for project sponsors in the planning stage of build - operate - transfer (BOT) projects [J]. Construction Management & Economics, 2000, 18 (3): 343 - 353.

[32] Roumboutsos A, Anagnostopoulos K P. Public - private partnership projects in Greece: risk ranking and preferred risk allocation [J]. Construction Management & Economics, 2008, 26 (7): 751 - 763.

[33] Sfakianakis E, Laar M V D, Roumboutsos A. Fiscal effects and public risk in public - private partnerships [J]. Built Environment Project & Asset Management, 2013, 3 (2): 181 - 198.

[34] Schwartz G, Corbacho A, Funke K. Public Investment and Public - Private Partnerships [J]. Imf Economic Issues, 2008, 11 (100): 159 - 160.

[35] Wang S Q, Tiong R L K, Ting S K, et al. Evaluation and management of foreign exchange and revenue risks in China\" s BOT projects [J]. Construction Management and Economics, 2000, 18 (2): 197 - 207.

[36] Xu Y, Yeung J F Y, Chan A P C, et al. Developing a risk assessment model for PPP projects in China — A fuzzy synthetic evaluation approach [J]. Automation in Construction, 2010, 19 (7): 929 - 943.

[37] Zayed T M, Chang L M. Prototype Model for Build - Operate - Transfer Risk Assessment [J]. Journal of Management in Engineering, 2002, 18 (1): 7 - 16.

附录 1　德尔菲调研第一轮问卷

中国养老服务 PPP 项目风险因素评估问卷 1

尊敬的专家：

您好！非常感谢您能在百忙之中抽出时间参与此次调查。

养老服务设施建设项目是指具有一定公益性，且可进行一些收费的老年人养老服务的工程设施项目，包括老年公寓、敬老院、社区日间照料中心、托老所、医养结合等养老项目。

PPP 模式是一种公私合作关系（Public – Private – Partnership，PPP），是指政府和私人企业合作投资建设运营项目。利用 PPP 模式对这些投资大、收费低，投资回收期长的养老项目进行投资，既可以弥补政府部门的专业缺陷，减少政府部门资金压力，加快养老服务设施建设，企业也可以得到不同形式的资源补偿，实现社会、政府、企业三赢。

此次调研的目的在于获得专家对我国养老服务 PPP 项目风险因素的评估意见。冒昧的邀请您参与此次问卷调查，对您带来的不便我深感抱歉。我们承诺，此次问卷调查只用于学术研究，请您放心并客观填写。

问卷说明：

1. 本问卷中 PPP 项目是广义的概念，包含 BOT \ 狭义的 PPP 及其衍生模式。

2. 本问卷分为三个部分：第一部分是受访者背景信息；第二部分是养老服务 PPP 项目风险因素评估，请您根据您的观点客观的判断各个风险的严重性，并用 5 分制打分。

3. 5 分制含义：对于风险发生的概率：1—几乎不可能发生；2—极小；3—偶然发生；4—很可能发生；5—经常发生；对于风险危害程度：1—很低；2—低；3——般；4—高；5—很高。

第一部分：背景信息

1. 您的性别（　　）

A. 男　　B. 女

2. 您的年龄（　　）

A. 20—29 岁　　B. 30—39 岁　C. 40—49 岁　　D. 50 岁以上

3. 您所在的单位性质（　　）

A. 政府部门　　B. 金融机构　　C. 建筑企业　　D. 养老经营机构　E. 学校及科研机构

4. 请问您从事 PPP 融资及建设运营或养老服务设施建设项目相关的工作或研究的年限（　　）

A. 3 年及 3 年以下　　B. 3—5 年　　C. 5—7 年　　D. 7—10 年　E. 10 年以上

5. 你已参与过的 PPP 项目数量（　　）

A. 0 个　　B. 1—2 个　　C. 3—5 个　　D. 6 个及以上

第二部分：风险因素评估

以下是 42 个初步指标，感谢您就每个风险指标对项目影响程度发表您的意见。

1. 政府信用风险（政府部门领导换届或调整，或因政府财政无法进一步承担已承诺的补贴义务，进而产生无法兑现承诺的可能性）

风险发生概率 1 分　2 分　3 分　4 分　5 分

风险危害程度 1 分　2 分　3 分　4 分　5 分

2. 政府政策变动（养老服务业政策及 PPP 政策变动会导致养老服务 PPP 项目中止或叫停）

风险发生概率 1 分　2 分　3 分　4 分　5 分

风险危害程度 1 分　2 分　3 分　4 分　5 分

3. 政府干预（政府试图干预项目实施过程，进而降低社会资本方的自主运营能力）

风险发生概率 1 分 2 分 3 分 4 分 5 分

风险危害程度 1 分 2 分 3 分 4 分 5 分

4. 项目审批延误（养老服务 PPP 项目审批流程不透明或者复杂，提高了项目的运作成本）

风险发生概率 1 分 2 分 3 分 4 分 5 分

风险危害程度 1 分 2 分 3 分 4 分 5 分

5. 税收优惠调整（税收优惠政策的变化可能会导致养老 PPP 项目营利能力的降低）

风险发生概率 1 分 2 分 3 分 4 分 5 分

风险危害程度 1 分 2 分 3 分 4 分 5 分

6. 土地获取风险（城市规划、拆迁安置困难等其他原因会导致养老 PPP 项目难以及时取得土地使用权）

风险发生概率 1 分 2 分 3 分 4 分 5 分

风险危害程度 1 分 2 分 3 分 4 分 5 分

7. 法律变更风险（PPP 相关法律条款变更导致项目实际运作与已有合同条款出现冲突）

风险发生概率 1 分 2 分 3 分 4 分 5 分

风险危害程度 1 分 2 分 3 分 4 分 5 分

8. 法律及监管体系不完善（现有养老服务相关政策、PPP 相关法律条款不完善）

风险发生概率 1 分 2 分 3 分 4 分 5 分

风险危害程度 1 分 2 分 3 分 4 分 5 分

9. 合同违约/冲突（养老 PPP 项目合同文件不完善，如部分条款与中央经济政策相违背等）

风险发生概率 1 分 2 分 3 分 4 分 5 分

风险危害程度 1 分 2 分 3 分 4 分 5 分

10. 第三方违约（由于合作的第三方的原因导致的违约）

风险发生概率 1 分　2 分　3 分　4 分　5 分

风险危害程度 1 分　2 分　3 分　4 分　5 分

11. 环保风险（养老服务 PPP 项目不符合逐渐提高的环保要求）

风险发生概率 1 分　2 分　3 分　4 分　5 分

风险危害程度 1 分　2 分　3 分　4 分　5 分

12. 不可抗力风险（地震、洪水、战争等非人力可控制的风险）

风险发生概率 1 分　2 分　3 分　4 分　5 分

风险危害程度 1 分　2 分　3 分　4 分　5 分

13. 地理位置及环境条件（项目所在区域的自然条件或地理条件较为恶劣，不适合建造及运营该养老服务 PPP 项目）

风险发生概率 1 分　2 分　3 分　4 分　5 分

风险危害程度 1 分　2 分　3 分　4 分　5 分

14. 养老行业舆论风险（收费过高或老年人利益受损等其他原因，导致老年群体的集体反对）

风险发生概率 1 分　2 分　3 分　4 分　5 分

风险危害程度 1 分　2 分　3 分　4 分　5 分

15. 重大社会事件风险（社会重大安全、刑事、恐怖、民族宗教冲突等突发事件，国家和社会进入紧急状态，进而可能采取严厉管控以应对危机，从而可能影响项目建造及运营）

风险发生概率 1 分　2 分　3 分　4 分　5 分

风险危害程度 1 分　2 分　3 分　4 分　5 分

16. 利率风险（中央政府宏观经济调控导致金融市场利率变化，直接或间接影响项目收益）

风险发生概率 1 分　2 分　3 分　4 分　5 分

风险危害程度 1 分　2 分　3 分　4 分　5 分

17. 通货膨胀风险（宏观经济环境导致货币实际购买力下降，进而引起项目筹资成本增加，投资者无法按期收回预期投资）

风险发生概率 1 分　2 分　3 分　4 分　5 分

风险危害程度 1 分　2 分　3 分　4 分　5 分

18. 汇率风险（涉及外资投资。外汇汇率调控以及外汇兑换规定变化所引起的风险）

风险发生概率 1 分　2 分　3 分　4 分　5 分

风险危害程度 1 分　2 分　3 分　4 分　5 分

19. 融资可行性（金融市场原因、融资结构不合理或项目存在融资障碍）

风险发生概率 1 分　2 分　3 分　4 分　5 分

风险危害程度 1 分　2 分　3 分　4 分　5 分

20. 融资结构（融资方式异化，“名股实债”等违规操纵变相融资，形成项目融资的实质性障碍）

风险发生概率 1 分　2 分　3 分　4 分　5 分

风险危害程度 1 分　2 分　3 分　4 分　5 分

21. 高融资成本（政府利用 PPP 项目变相举债获得高成本融资，社会资本方通过向银行进行高利息借贷，以社会资本的债务性资金充当资本金）

风险发生概率 1 分　2 分　3 分　4 分　5 分

风险危害程度 1 分　2 分　3 分　4 分　5 分

22. 养老服务市场需求变化（养老服务市场需求变化等其他因素导致项目所供给的养老服务无法满足养老服务需求，老年人对项目认可度下降）

风险发生概率 1 分　2 分　3 分　4 分　5 分

风险危害程度 1 分　2 分　3 分　4 分　5 分

23. 同质项目竞争风险（新建类似养老服务项目，导致原项目面临实质性外部商业竞争困境）

风险发生概率 1 分　2 分　3 分　4 分　5 分

风险危害程度 1 分　2 分　3 分　4 分　5 分

24. 定价限制（基于老年人利益考虑，政府通常会对养老服务价格进行限制，而养老服务价格较低可能无法满足企业利益要求）

风险发生概率 1 分　2 分　3 分　4 分　5 分

风险危害程度 1 分　2 分　3 分　4 分　5 分

25. 老年人购买力下降风险（老年收入约束导致支付困境，老年人消费能力下降，购买养老服务、进入养老服务机构人数降低）

风险发生概率 1 分　2 分　3 分　4 分　5 分

风险危害程度 1 分　2 分　3 分　4 分　5 分

26. 技术风险（项目所使用的技术和方法无法达到养老项目对安全质量的要求，特别是专业医疗服务设施的设计、建造和安装）

风险发生概率 1 分　2 分　3 分　4 分　5 分

风险危害程度 1 分　2 分　3 分　4 分　5 分

27. 完工风险（社会经济等外部原因导致项目进度落后，致使项目无法达到预期完工标准）

风险发生概率 1 分　2 分　3 分　4 分　5 分

风险危害程度 1 分　2 分　3 分　4 分　5 分

28. 项目工程质量风险（施工方选聘不合格，导致养老服务项目建设质量不符合“老年人照料设施建筑设计标准”，导致项目不能按期投入使用）

风险发生概率 1 分　2 分　3 分　4 分　5 分

风险危害程度 1 分　2 分　3 分　4 分　5 分

29. 运营成本超支（养老服务标准提升、运营环境恶劣、运营商经营能力低下、人为管理费用超支等所导致的运营成本项目超支风险）

风险发生概率 1 分　2 分　3 分　4 分　5 分

风险危害程度 1 分　2 分　3 分　4 分　5 分

30. 运营效率低下（招投标过程不合理，优秀运营管理团队无法入围，导致项目经营不善）

风险发生概率 1 分　2 分　3 分　4 分　5 分

风险危害程度 1 分　2 分　3 分　4 分　5 分

31. 养老项目配套基础设施风险（水、电、暖、燃气等基础设施配套不到位引发养老服务 PPP 项目进度）

风险发生概率 1 分　2 分　3 分　4 分　5 分

风险危害程度 1 分 2 分 3 分 4 分 5 分

32. 收费变更（政府物价部门统一调整养老服务及产品收费标准，导致项目运营收入不符合预期要求）

风险发生概率 1 分 2 分 3 分 4 分 5 分

风险危害程度 1 分 2 分 3 分 4 分 5 分

33. 老年人安全风险（老年人因为生理机能退化，很容易滑倒、摔伤等意外受伤，责任很难划清，很容易发生纠纷）

风险发生概率 1 分 2 分 3 分 4 分 5 分

风险危害程度 1 分 2 分 3 分 4 分 5 分

34. 养老服务质量低下风险（养老服务人员经验少、素质差，运营管理不到位，可能导致服务质量难以满足老年人需求）

风险发生概率 1 分 2 分 3 分 4 分 5 分

风险危害程度 1 分 2 分 3 分 4 分 5 分

35. 养老服务标准变化（养老服务标准不断优化、提升，从而影响养老服务 PPP 项目的经济效益）

风险发生概率 1 分 2 分 3 分 4 分 5 分

风险危害程度 1 分 2 分 3 分 4 分 5 分

36. 费用支付风险（政府或服务使用者因为养老服务不符合要求或财务压力等不能按时、足额支付养老服务费用）

风险发生概率 1 分 2 分 3 分 4 分 5 分

风险危害程度 1 分 2 分 3 分 4 分 5 分

37. 组织协调风险（参与各方经验不足导致协调不足，沟通难度大，陷入僵局）

风险发生概率 1 分 2 分 3 分 4 分 5 分

风险危害程度 1 分 2 分 3 分 4 分 5 分

38. 养老服务专业化人员短缺（养老护理员工资较低、文化程度偏低、年龄偏大，养老服务队伍流动性大）

风险发生概率 1 分 2 分 3 分 4 分 5 分

风险危害程度 1 分 2 分 3 分 4 分 5 分

39. 收益低于预期（养老服务收费价格调整或运营成本提升等导致项目的运营收益低于预期）

风险发生概率 1 分　2 分　3 分　4 分　5 分

风险危害程度 1 分　2 分　3 分　4 分　5 分

40. 项目财务监管不足（政府部门、金融机构及社会资本方对项目的财务监管不到位，导致项目资金被挪用或不合理使用）

风险发生概率 1 分　2 分　3 分　4 分　5 分

风险危害程度 1 分　2 分　3 分　4 分　5 分

41. 残值风险（过度使用养老服务设施、不及时维护各项设备，造成移交时，项目设施残值远小于预期）

风险发生概率 1 分　2 分　3 分　4 分　5 分

风险危害程度 1 分　2 分　3 分　4 分　5 分

42. 政府财政承受能力风险（政府财政预算不足，财政对 PPP 项目财政承受能力不足，补贴不能及时到位，项目公司容易出现资金缺口）

风险发生概率 1 分　2 分　3 分　4 分　5 分

风险危害程度 1 分　2 分　3 分　4 分　5 分

附录 2　德尔菲调研第二轮问卷

中国养老服务 PPP 项目风险因素评估问卷 2

尊敬的专家：

您好！首先，非常感谢您参与本论文的调研并认真填写了第一轮的调查问卷。

此次问卷调研总共两轮：第一轮调查中，各位专家对中国养老服务 PPP 项目风险因素的发生概率、危害程度提出了宝贵意见；第二轮在第一轮的基础上，请各位专家根据第一轮汇总结果，选择是否修改自己在第一轮的打分。对于某一特定风险因素的评分和判断，如果您与其他专家的观点不一致，我们很希望您能留下对该问题的解释，我们将不胜感激！对各位专家的热情帮助再次表示感谢，同时也对给您造成的不便表示抱歉。以下是第二轮调查问卷，以征求您的判断和宝贵意见。

问卷说明：

1. 5 分制含义：对于风险发生的概率：1—几乎不可能发生；2—极小；3—偶然发生；4—很可能发生；5—经常发生；对于风险危害程度：1—很低；2—低；3——般；4—高；5—很高。

2. 对于某一特定的风险因素，请各位专家根据第一轮汇总结果选择是否修改自己第一轮的打分，如要修改，请重新打分，如不修改，请还写原分数。

3. 关于风险的含义请查看第一部分。

第一部分：风险含义的解释说明

序号	风险因素	含义解释
1	政府信用风险	政府部门领导换届或调整，或因政府财政无法进一步承担已承诺的补贴义务，进而产生无法兑现承诺的可能性
2	政府政策变动	养老服务业政策及 PPP 政策变动会导致养老服务 PPP 项目中止或叫停
3	政府干预	政府试图干预项目实施过程，进而降低社会资本方的自主运营能力
4	项目审批延误	养老服务 PPP 项目审批流程不透明或者复杂，提高了项目的运作成本
5	税收优惠调整	税收优惠政策的变化可能会导致养老 PPP 项目营利能力的降低
6	土地获取风险	城市规划、拆迁安置困难等其他原因会导致养老 PPP 项目难以及时取得土地使用权
7	法律变更风险	PPP 相关法律条款变更导致项目实际运作与已有合同条款出现冲突
8	法律及监管体系不完善	现有养老服务相关政策、PPP 相关法律条款不完善
9	合同违约/冲突	养老 PPP 项目合同文件不完善，如部分条款与中央经济政策相违背等
10	第三方违约	由于合作的第三方的原因导致的违约
11	环保风险	养老服务 PPP 项目不符合逐渐提高的环保要求
12	不可抗力风险	地震、洪水、战争等非人力可控制的风险
13	地理位置及环境条件	项目所在区域的自然条件或地理条件较为恶劣，不适合建造及运营该养老服务 PPP 项目
14	养老行业舆论风险	收费过高或老年人利益受损等其他原因，导致老年群体的集体反对
15	重大社会事件风险	社会重大安全、刑事、恐怖、民族宗教冲突等突发事件，国家和社会进入紧急状态，进而可能采取严厉管控以应对危机，从而可能影响项目建造及运营
16	利率风险	中央政府宏观经济调控导致金融市场利率变化，直接或间接影响项目收益
17	通货膨胀风险	宏观经济环境导致货币实际购买力下降，进而引起项目筹资成本增加，投资者无法按期收回预期投资
18	汇率风险	涉及外资投资。外汇汇率调控以及外汇兑换规定变化所引起的风险
19	融资可行性	金融市场原因、融资结构不合理或项目存在融资障碍
20	融资结构	融资方式异化，“名股实债”等违规操纵变相融资，形成项目融资的实质性障碍

续表

序号	风险因素	含义解释
21	高融资成本	政府利用PPP项目变相举债获得高成本融资，社会资本方通过向银行进行高利息借贷，以社会资本的债务性资金充当资本金
22	养老服务市场需求变化	养老服务市场需求变化等其他因素导致项目所供给的养老服务无法满足养老服务需求，老年人对项目认可度下降
23	同质项目竞争风险	新建类似养老服务项目，导致原项目面临实质性外部商业竞争困境
24	定价限制	基于老年人利益考虑，政府通常会对养老服务价格进行限制，而养老服务价格较低可能无法满足企业利益要求
25	老年人购买力下降风险	老年收入约束导致支付困境，老年人消费能力下降，购买养老服务、进入养老服务机构人数降低
26	技术风险	项目所使用的技术和方法无法达到养老项目对安全质量的要求，特别是专业医疗服务设施的设计、建造和安装
27	完工风险	社会经济等外部原因导致项目进度落后，致使项目无法达到预期完工标准
28	项目工程质量风险	施工方选聘不合格，导致养老服务项目建设质量不符合“老年人照料设施建筑设计标准”，导致项目不能按期投入使用
29	运营成本超支	养老服务标准提升、运营环境恶劣、运营商经营能力低下、人为管理费用超支等所导致的运营成本项目超支风险
30	运营效率低下	招投标过程不合理，优秀运营管理团队无法入围，导致项目经营不善
31	养老项目配套基础设施风险	水、电、暖、燃气等基础设施配套不到位引发养老服务PPP项目进度
32	收费变更	政府物价部门统一调整养老服务及产品收费标准，导致项目运营收入不符合预期要求
33	老年人安全风险	老年人因为生理机能退化，很容易滑倒、摔伤等意外受伤，责任很难划清，很容易发生纠纷
34	养老服务质量低下风险	养老服务人员经验少、素质差，运营管理不到位，可能导致服务质量难以满足老年人需求
35	养老服务标准变化	养老服务标准不断优化、提升，从而影响养老服务PPP项目的经济效益
36	费用支付风险	政府或服务使用者因为养老服务不符合要求或财务压力等不能按时、足额支付养老服务费用

续表

序号	风险因素	含义解释
37	组织协调风险	参与各方经验不足导致协调不足，沟通难度大，陷入僵局
38	养老服务专业化人员短缺	养老护理员工资较低、文化程度偏低、年龄偏大，养老服务队伍流动性大
39	收益低于预期	养老服务收费价格调整或运营成本提升等导致项目的运营收益低于预期
40	项目财务监管不足	政府部门、金融机构及社会资本方对项目的财务监管不到位，导致项目资金被挪用或不合理使用
41	残值风险	过度使用养老服务设施、不及时维护各项设备，造成移交时，项目设施残值远小于预期
42	政府财政承受能力风险	政府财政预算不足，对 PPP 项目财政承受能力不足，补贴不能及时到位，项目公司容易出现资金缺口

第二部分：风险概率与危害程度评级

序号	风险因素	发生概率			危害程度		
		第一轮汇总平均值	您的第一轮打分	您的第二轮打分	第一轮汇总平均值	您的第一轮打分	您的第二轮打分
1	政府信用风险	1.870			3.565		
2	政府政策变动	2.391			3.522		
3	政府干预	2.522			3.130		
4	项目审批延误	2.609			3.217		
5	税收优惠调整	2.217			2.826		
6	土地获取风险	2.522			3.217		
7	法律变更风险	2.130			2.952		
8	法律及监管体系不完善	2.565			3.043		
9	合同违约/冲突	2.348			3.130		
10	第三方违约	2.870			3.130		
11	环保风险	2.478			2.870		
12	不可抗力风险	1.957			3.391		
13	地理位置及环境条件	2.217			3.130		
14	养老行业舆论风险	2.913			3.348		
15	重大社会事件风险	1.957			3.217		

续表

序号	风险因素	发生概率			危害程度		
		第一轮汇总平均值	您的第一轮打分	您的第二轮打分	第一轮汇总平均值	您的第一轮打分	您的第二轮打分
16	利率风险	2.739			3.130		
17	通货膨胀风险	2.783			3.391		
18	汇率风险	2.739			2.783		
19	融资可行性	2.957			3.435		
20	融资结构	3.043			3.391		
21	高融资成本	2.783			3.391		
22	养老服务市场需求变化	2.652			3.130		
23	同质项目竞争风险	2.913			3.000		
24	定价限制	2.870			3.000		
25	老年人购买力下降风险	2.522			3.000		
26	技术风险	2.304			2.957		
27	完工风险	2.391			2.957		
28	项目工程质量风险	2.652			3.261		
29	运营成本超支	2.957			3.217		
30	运营效率低下	3.000			3.217		
31	养老项目配套基础设施风险	2.478			3.043		
32	收费变更	2.609			2.609		
33	老年人安全风险	3.087			3.478		
34	养老服务质量低下风险	3.000			3.478		
35	养老服务标准变化	2.826			3.087		
36	费用支付风险	2.913			3.043		
37	组织协调风险	2.826			2.870		
38	养老服务专业化人员短缺	3.217			3.261		
39	收益低于预期	2.913			2.870		
40	项目财务监管不足	2.739			3.478		
41	残值风险	2.652			2.870		
42	政府财政承受能力风险	2.652			3.130		

附录3　接受德尔菲调研的专家信息

专家	工作单位	年龄	从事 PPP 或养老服务时间	参与 PPP 项目数量
1	山西财经大学公共管理学院	30－39	3－4	1－2
2	山西财经大学公共管理学院	40－49	5－7	3－5
3	山西财经大学经济学院	40－49	5－7	3－5
4	山西财经大学管理科学与工程学院	30－39	3－4	1－2
5	山西财经大学管理科学与工程学院	40－49	5－7	3－5
6	贵州民族大学管理学院	30－39	3－4	3－5
7	江西农业大学人文与公共管理学院	30－39	3－4	1－2
8	山西省财政厅	40－49	5－7	≥6
9	山西省财政厅	20－29	3－4	≥6
10	山西省发展和改革委员会	40－49	5－7	≥6
11	山西省发展和改革委员会	30－39	3－4	≥6
12	山西省发展和改革委员会	30－39	3－4	3－5
13	山西省民政厅	30－39	3－4	1－2
14	上海浦发银行总行	40－49	5－7	≥6
15	上海浦发银行太原分行	30－39	3－4	3－5
16	中国工商银行山西省分行	30－39	3－4	1－2
17	中国人寿资产管理有限公司	40－49	5－7	3－5
18	中国人寿资产管理有限公司	30－39	5－7	3－5
19	中国农业发展银行山西省分行	40－49	5－7	3－5
20	中国银行山西省分行	30－39	5－7	1－2
21	中铁十四局集团有限公司	30－39	5－7	≥6
22	中铁十四局集团有限公司	40－49	5－7	≥6
23	中国建筑一局（集团）有限公司	20－29	3－4	3－5
24	中交三公局第一工程有限公司	20－29	3－4	≥6

续表

专家	工作单位	年龄	从事PPP或养老服务时间	参与PPP项目数量
25	山西晋龙泽养老院	30－39	3－4	0
26	太原市迎泽区安康老年颐养园	20－29	3－4	0
27	山西吕梁市交城县社会福利养护院	30－39	5－7	1－2
28	北京市朝阳区第二社会福利中心	30－39	5－7	1－2
29	太原太航社区日间照料中心	20－29	3－4	0
30	山西金信清洁引导投资有限公司	30－39	<3	1－2
31	山西财惠资本管理有限公司	≥50	>10	3－5

后　记

秋去冬来，砥志研思，本书终要出版面世了，心中颇多感慨。

“老有所养，安享天伦”是人类生存繁衍的美好愿望，如何在当前的社会经济条件下整合更多优质养老资源、提供更完善的养老服务、创造更体面的健康照护成为当代社会保障学者砥砺追求的目标，而我就是这其中的一员，我感到荣幸和自豪。

从事教学科研十余年，我对养老服务、老年健康等问题始终保持着浓厚的兴趣，在兴趣、工作、家庭的影响下，我深入基层，参与多项养老服务问题的调研工作，耳闻目睹了中国养老服务领域的发展进步，亲身体会了养老服务工作者的不易，借此敦促自己为中国老年人的健康养老问题提供更多的理论支持，用自己的所思、所想、所悟来诠释中国养老服务在体制、机制、模式方面的发展与路径，本书就是在这样的背景下完成的。

在写作的过程中，我要感谢来自老师、同学、单位等各方面的帮助和支持，他们的付出让我心中充满感激之情。

感谢中国人民大学公共管理学院程永宏老师。工作多年，仍能沐浴师恩，感激涕零。程老师严谨的治学态度和对学术研究的求真精神深深感染了我，他对我的写作给予了大量的指导，让我在研究写作过程中茅塞顿开、受益匪浅。

感谢中国人民大学的李珍教授、董克用教授、王虎峰教授，他们对我学术上的点拨和引导让我深深体会学术没有捷径，只能脚踏实地。

还要感谢山西财经大学的马培生教授、赵俊康教授、白凤峥教授，他们经常过问我的研究情况，鼓励我刻苦钻研；感谢苗迎春院长、董军伟书记和各位同事，他们给予我在科研、工作方面最大的支持。

感谢我的同学陈敬博士、叶祝发博士、孙晶晶博士、尚进云博士、张栋博士、谢莉琴博士、黄万丁博士、张强博士，他们给了我无私的帮助和精神的力量，他们的年龄都比我小，但他们的学术能力和人格魅力都是我学习的榜样。

感谢我的家人，他们的爱是我前行的动力。让我觉得，无论科学研究遇到多少阻碍，我都不会孤独，有他们的陪伴和支持我就一定不会放弃。

当然，本书的出版离不开教育部青年基金、山西财经大学公共管理学院的资助和中国财政经济出版社的支持，吕小军编辑的帮助付出，由此特别感谢。

本书的观点和建议可能有一些不完善，有的地方还需要推敲和提高；一些逻辑性、理论性不足之处还需要进一步琢磨和指正。不妥之处，恳请读者提供建设性意见和建议。

刘瑞莲

2021 年 11 月 17 日